高速公路服务区规划
——理论与实践

邱　宏　翟国方　顾福妹　程大林　编著

中国建筑工业出版社

图书在版编目（CIP）数据

高速公路服务区规划——理论与实践/邱宏等编著.
—北京：中国建筑工业出版社，2017.5
ISBN 978-7-112-20360-4

Ⅰ.①高… Ⅱ.①邱… Ⅲ.①高速公路-服务设施-
规划 Ⅳ.①U491.8

中国版本图书馆 CIP 数据核字（2017）第 012900 号

我国交通运输正处于快速发展时期，截至 2015 年底，全国高速公路总里程已
达 125373km，预计"十三五"期末，新建改建的高速公路里程约 3 万 km。伴随
着高速公路的大力建设，作为高速公路的重要组成部分——高速公路服务区的发
展也已进入新的阶段。

本书作者对国内外高速公路服务区规划、建设、运营和管理进行了全面梳理
和总结，并以贡川高速公路服务区的成功规划作为实际案例，详细介绍了高速公
路服务区规划的相关理论，以及贡川高速服务区规划项目在服务区规划设计上的
创新举措。全书分为理论篇和实践篇，内容清晰，实用性强，对于国内高速公路
服务区的规划建设，具有很好的参考借鉴作用。

责任编辑：刘婷婷 刘文昕
责任设计：李志立
责任校对：李欣慰 焦 乐

高速公路服务区规划——理论与实践

邱 宏 翟国方 顾福妹 程大林 编著

*

中国建筑工业出版社出版、发行（北京海淀三里河路 9 号）
各地新华书店、建筑书店经销
唐山龙达图文制作有限公司制版
北京君升印刷有限公司印刷

*

开本：787×1092毫米 1/16 印张：12¼ 字数：304 千字
2016 年 12 月第一版 2016 年 12 月第一次印刷
定价：**46.00** 元
ISBN 978-7-112-20360-4
（29902）

前　言

  德国于 1932 年建成的波恩至科隆高速公路是世界上最早的高速公路，随后在美国、英国、法国、日本等国家得到了快速建设发展。我国大陆第一条高速公路是 1988 年建成通车的上海至嘉定高速公路，实现了我国大陆高速公路零的突破。之后，我国的高速公路建设步入了加速发展的快车道。2014 年，我国新增高速公路 7450km，总里程达 11.2 万km。根据《国家公路网规划（2013—2030 年）》，到 2020 年，中国高速公路里程将达到13.5 万 km。

  随着我国高速公路的发展建设，作为高速公路重要组成部分的高速公路服务区也得到了同步快速发展。据统计，2015 年拥有高速公路服务区大约 2000 对，将形成 2000 多亿元的消费市场，在我国国民经济发展中具有重要的影响。但是，由于我国高速公路建设起步晚，特别是与我国快速发展的高速公路建设势头相比，我国在高速公路的规划、建设、运营和管理方面还存在一些不足，这要求我们城市规划工作者必须对此从理论和实践两方面加以思考和完善。

  南京大学和三明市城市规划设计研究院，受三明高速公路经营开发有限公司委托承担了"贡川高速公路服务区绿色产业服务综合体概念性规划"，对国内外高速公路服务区规划、建设、运营和管理的理论和实践进行了较为系统而全面的梳理和总结，进而对贡川高速公路服务区的未来发展进行了规划，得到了委托方、福建省高速公路经营开发总公司以及三明市政府的一致认可。总的说来，这是一个既有理论支撑、又接地气的成功规划，也是具有推广价值的规划。受大家的鼓励和要求，在原有规划说明书和规划文本的基础上，又增加了不少理论和国内外案例的内容，形成了更为系统完整的体系，并付梓出版。

  在章节安排上，本书主要分为理论篇和实践篇两大部分。其中理论篇分为 10 个章节，主要以高速公路服务区规划相关理论介绍为主，包括高速公路服务区概念、主要发达国家和地区高速公路服务区发展、中国服务区发展历程、服务区功能拓展、服务区经营管理模式、服务区体系规划、高速公路服务区设计、服务区智慧化、高速公路服务区应急管理、服务区发展保障等内容。实践篇主要以贡川高速服务区规划项目为例，介绍了其在服务区规划设计上的创新举措。规划成果一方面丰富了服务区模式转型发展的实践成果，另一方面，又可以为国内同类地区的服务区规划建设发展提供参考借鉴。

  本书的整体结构设计、内容安排和最后的统稿校核，主要由邱宏（三明市城乡规划设计研究院院长）、翟国方（南京大学建筑与城市规划学院副院长，教授）、顾福妹（南京大学建筑与城市规划学院助理研究员，博士）和程大林（南京大学城市规划设计研究院副院长）等人负责。负责全书的结构设计、内容安排和最后的通稿校核。南京大学建筑与城市规划学院的施益军、周姝天、李文静、牛赓、凌子健、刘宏波、白雪音、张皓乐、王皓筠等人参加了资料的收集和初稿的撰写。福建省高速公路有限责任公司三明管理分公司提供了宝贵的规划实践平台和重要的理论思考机会，陈郑平董事长给予了宝贵的技术指导，本书在出版过程中，得到中国建筑工业出版社刘文昕、刘婷婷老师的大力支持和帮助，在此一并表示衷心的感谢。

　　本书在成文过程中，参考引用了众多国内外专家学者的论著或科研成果，对引用部分在文中都一一作了标注，或在每章后的参考文献中进行了标注，但仍恐有挂一漏万之处，敬请多加包涵，并告知我们，以便再版时补充完善。由于我们能力有限，才疏学浅，再加时间仓促，书中一定存在着一些疏漏与不当之处，恳请广大读者不吝赐教。

邱宏，翟国方，顾福妹，程大林

目　录

理论篇

理论篇

第1章 高速公路服务区及其发展

1.1 高速公路服务区基本概念

1.1.1 高速公路服务区的定义

高速公路是 20 世纪 30 年代在西方国家开始出现的交通基础设施，现代高速公路由于采用全封闭、全立交的管理原则，严格控制出入，因此车辆驶入高速公路后，除在互通式立交处允许上下外，基本上与外界隔离，从而体现其高效、安全、节时、舒适的优越性。相应地，它却人为地隔阻了车辆和外界的联系，给部分车辆和旅客带来了不便和困难。为了给旅客尤其是长途旅行运输的旅客，在生活上提供食宿方便，补充日常用品；为了给驾驶员提供燃油、汽车零配件以及车辆故障的检修、上水、清洗等各项服务，高速公路服务区就应运而生了。服务区的设置是高速公路不同于一般公路的特点之一，也是现代化公路的一个重要标志。

在一般公路两侧的服务场所可以沿线随意设点，而全封闭的高速公路并不能如此，它只能靠高速公路管理部门解决。为了确保高速公路行车安全舒适、快速经济，对驾乘人员心理、生理的过度疲劳有所缓解，在建设全封闭的高速公路的同时，必须在沿线建设服务区。

高速公路服务区（Service Area）是指设置在高速公路上，主要为车辆、驾乘人员和旅客提供服务的设施，它包括休息、停车和辅助设施三部分，是专门为人、车服务的场所和建设设施范围的称谓。高速公路服务区在高速公路运营中起到了重要的行车保障作用，为过往的车辆和驾乘人员提供了维修、休息、恢复精力的场所，服务项目少的称为停车区（Parking Area）。它的数量、规模和在高速公路上的分布要根据道路使用者的生理、心理需求和机械性能的客观要求，并结合地理环境和道路景观而精心规划和设计。

一般而言，高速公路服务区的设施组成如图 1.1 所示。

1.1.2 高速公路服务区的作用

高速公路服务区的重要作用概括起来表现在以下几点：

(1) 高速公路服务区是高速公路不可缺少的基本设施

高速公路具有行车速度快、通行能力大、高效、舒适的优势。但另一方面，它人为地阻隔了车辆和司乘人员与外界的联系。司乘人员在旅途中如厕、休息、食宿、购物、加油、维修车辆等都不便与路外联系，必须借助于高速公路内部的服务设施来实现。

(2) 高速公路服务区保证了车辆安全、持续的行驶

由于在高速公路上行车，驾驶员必须保持精力的高度集中，容易造成精神疲劳。同时，高速公路线形单调，容易引起驾驶能力的降低。为解除连续行驶的疲劳和紧张，满足驾驶员生理上的需求，一般来说，在高速公路上连续行驶 2 小时左右，至少需要休息 15 分钟以上。服务区为驾驶人员提供了免费的休息场所，确保了安全驾驶。

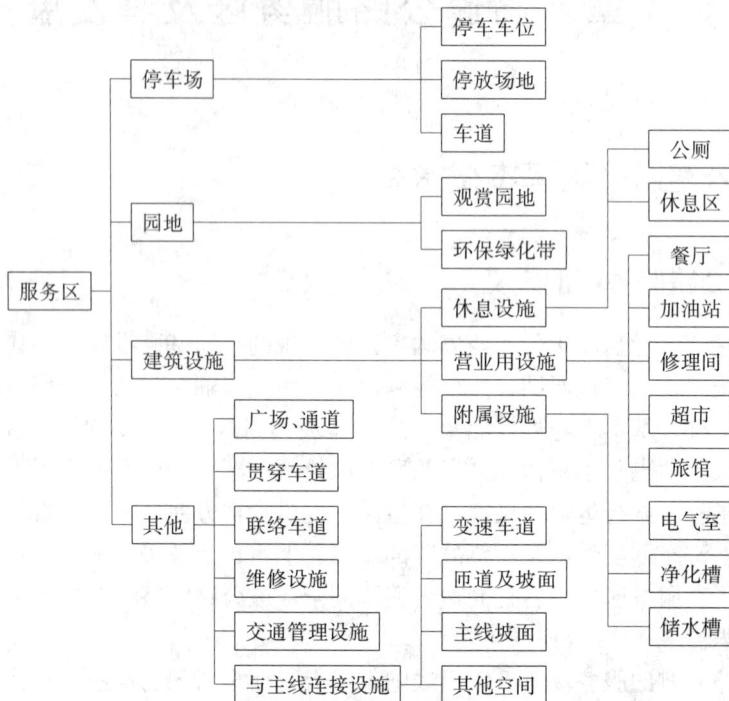

图 1.1　服务区的设施组成

在高速公路上，长时间、长距离、高速行驶的车辆很容易出现机械故障，尤其部分汽车车况较差、重型货车比重大，车辆的故障率较高。在服务区内对车辆进行维修保养，保证了车辆的安全行驶。

(3) 高速公路服务区拓宽了高速公路的服务功能，体现了以人为本的服务理念

高速公路的驾驶人员和游客，经过长时间的行车和旅途，必然疲惫、劳累。高速公路服务区以其良好的硬件设施、热情周到的服务，为司乘人员提供了旅途生活的便利，体现了高速公路经营管理部门以人为本的服务理念。

(4) 高速公路服务区逐渐成为高速公路产业链上新的经济增长点

高速公路服务区除了公厕、停车、免费休息场所以外，其余都是有偿服务。良好的经营管理模式，多方面、多层次的优质服务，既可以满足过往的司乘人员需求，又能为高速公路服务区带来可观的经济效益。众多投资者越来越关注服务区的投资建设，也加快和促进了服务区的硬件建设，达到了"双赢"的效果。

1.1.3　高速公路服务区的性质

高速公路服务区，是高速公路的组成部分，其功能是为高速公路全封闭、高速行车提供保障条件。它既为行车提供物质供应服务，也为旅客、驾驶员、公路管理人员提供生产生活服务，因此，服务区具有公益性，属事业单位的性质。同时该项公益事业具有商品经济的属性，服务区通过向公路的使用者提供商品和服务来完成自己的经济活动，获取自身利益，因此服务区的生产劳动是社会劳动的一部分，它具有经营性质。

高速公路服务区的社会公益性和商品性导致了服务区的双重性。一方面服务设施作为高速公路设施的一部分，一切产权归投资主体所有，服务区的生产、经营、服务活动要注重道路使用者的利益，它的规划建设、管理由国家交通主管机关及高速管理机构统一领导，体现了服务区管理属于事业性管理；另一方面，由于高速公路服务区的有偿使用决定了它要用价值规律的一般原则调节自己的生产、经营服务活动，通过有偿服务实现服务区设施的价值补偿和实物补偿，因此，它具备企业管理的属性，与高速公路其他活动相比较，服务区的管理活动更偏重于企业性经营管理。

1.1.4　高速公路服务区的类型

根据目前高速公路建设现状和发展趋势，参考国内外有关经验，结合服务区的功能分析，我们可以将高速公路按照功能及规模大小统一划分为四种类型：即一类服务区、二类服务区、三类服务区和停车区，以方便使用和区分。

一类服务区设置有最完善的服务功能，设有停车场、公共厕所、免费休息所、营业餐厅、加油站、汽修厂、便利店等服务设施，设置较好的住宿设施。另根据服务区所处地理位置和路段情况，可以建设旅游休闲、商务会议、物流仓储等设施。

二类服务区设置有完善的服务功能，包括停车场、公共厕所、餐厅、加油站、汽修厂、便利店等服务设施，其规模适中，并设有住宿、洗浴设施等。

三类服务区，与一、二类服务区相比，三类服务区只具有最基本的服务功能，也就是满足司乘人员最迫切的需求，主要设施为停车场、加油站、公共厕所、餐厅、便利店等，一般不设住宿。

停车区只具有部分服务功能。一般设有停车场、公共卫生间（包括无障碍卫生间）、便利店等服务设施，根据具体情况可以考虑设置加油站。

划分四类服务区的意义体现在以下几个方面：

（1）保证服务区的基本功能，体现差异性，利于节约建设资金。服务区主要为车、为人服务，对于车的服务，主要就是加油、停车、检修等；对于人的服务主要是如厕、休息、用餐、购物、住宿、休闲娱乐等。这样，对于各类服务区首先要保证基本的服务功能，如停车、加油、休息、如厕等，而对于住宿、洗浴等需求不是特别紧迫的，完全可以到相邻的服务区去接受服务。服务区差异性的好处就在于满足服务要求的同时，可以节省建设资金的投入，做到各类服务区建设有所侧重。

（2）有利于各类服务区的经营管理定位。对于四类服务区，功能定位不同，经营方式和经营理念也有各自的侧重点。如一类服务区，就是综合性服务区，服务区要扩大自己的经营范围，不仅为来往车辆服务，还需要扩大宣传力度，吸引更多的潜在顾客前来接受综合性服务，如开会、商务活动、旅游休闲等。二类服务区，主要有住宿和洗浴设施等服务，可以发展高中低档、服务质量好、价钱适中的客房，吸引司乘人员住宿，保证客房的入住率，也带动了服务区的购物、餐饮等服务。三类服务区提供的是最基本的服务，经营方向可以定位为餐饮服务，在经营餐饮服务时，首先要降低自己的价格，提高饭菜质量，目前服务区的快餐价高且不实惠，司机和乘客更愿意选择吃方便面等，这种局面不利于服务区的经营发展。所以三类服务区需要在餐饮上下功夫，发展餐饮连锁，以物美价廉来吸引顾客用餐，提高服务区的经济效益。

1.1.5　高速公路服务区的功能

高速公路服务区的功能大致可以概括为以下三点：

（1）基础型功能。高速公路服务区最主要、最基本的功能就是为高速公路过往车辆和司乘人员提供加油、修车、如厕等各种服务，这也是衡量一条高速公路的重要指标。服务是基础，在服务区一切工作中占据第一位。高速公路服务区要树立"以人为本、以车为本"的思想，为高速公路司乘人员提供人性化服务的同时，确保行车安全、停车安全、乘客安全，以保证服务功能。

服务区是各项服务的载体，为了从种类繁多的服务体系中提出真正适合服务区的项目，我们必须从司乘人员的需求入手，分析各种功能在需求上的紧迫程度，针对这些功能的需求差别，在各类服务区有重点、有区别地设置服务项目。

人们对于服务区的需求紧迫程度有所不同，如加油站、停车场、公厕这些需求很高，而住宿、商务中心、休闲中心等需求就相对较弱，所以可根据司乘人员需求的紧迫程度来划分为几类服务区，以不同的间隔设置。如提供最基本服务的服务区，规模稍小，做成小型服务区，按照标准间距设置；对于提供住宿、洗浴的服务区，规模中等，可以适当加大布设间距，间隔设置；对于那些提供商务活动、娱乐休闲等综合性服务区，可以在重要路段上设置一两处。

（2）公益型功能。人们对高速公路的理解往往是通过高速公路服务区和收费道口来理解，服务区是车流客流集散地，高速公路服务区南来北往的客人源源不断，人们把各种信息带到服务区来又从服务区传向外界，服务区自身形象，服务区所代表的高速公路管理企业和所在地地方政府及人民群众的形象，会因服务区服务效果的好坏，而随着高速公路传向四面八方。从这个角度来讲，高速公路服务区就是一个对外宣传的窗口。

从服务区窗口功能来看，要做好运营工作，首先要大力进行文明创建工作，要营造高速公路特有的服务文化氛围，要让进入服务区的客人感受到服务区高水准的服务和人文关怀，从而树立服务区良好的公众形象。

（3）经营型功能。服务区也要打造品牌，服务品牌是服务人员在提供销售、服务中，形成独特的服务模式、业务技能及接待艺术，具有时代性、社会学、科学性等特点。服务区的经济功能要在服务品牌为社会公众接受、认同、喜爱后才能显示出来，所以从效益角度说，高速公路服务区有了社会效益才能提升经济效益。

作为窗口企业，高速公路服务区还要服务于地方政府，服务于地方经济建设，服务于地方人民群众。这个服务粗看与高速公路服务区的"服务"没有直接联系。但只要深入思考就可以发现，服务好地方，服务区在地方上形成良好的口碑，打开了服务区知名度、美誉度，可以活跃地方经济，从而促进高速公路的客流量提升，客观上为服务区提供更多的客源，从而拓宽服务区创收渠道，实现经济功能。

1.1.6　高速公路服务区规划

高速公路服务区总体规划是从系统的角度针对已成网或将要成网的高速公路服务进行

总体设计和规划，其主要内容包括：选定服务区的位置，做好服务区的总体布局，合理确定服务区的规模和等级，服务区应急管理等。

开展高速公路服务区总体规划的意义在于：

（1）高速公路服务区总体规划是高速公路服务区建设中的一项重要工作，也是对高速公路网规划的进一步完善和深化，将对高速公路建设系统化、网络化、统一化起到积极作用。

（2）高速公路服务区总体规划是针对已成网或将要成网的多条高速公路服务区规划和设计，为以后将要实施服务区建设的高速公路的提供依据和指导。

（3）由于高速公路服务区总体规划从整个路网的协调性和统一性出发，因而避免各条高速公路单独建设时所出现服务区间距不合理、等级不协调等弊端，可以确保整个高速公路服务区获得最佳的经济效益和最满意的社会效益，最大限度地发挥高速公路服务区的重要作用，有助于促进地区经济的发展和提升高速公路的整体形象。

（4）高速公路网服务区总体规划特别针对目前已有高速公路在设计和建设中出现的问题和矛盾，从总体上、系统上予以考虑和解决，这使得服务区总体规划具有重要的现实意义。

1.2　高速公路服务区的发展

1.2.1　高速公路及服务区的发展历程

国外的高速公路发展较早，20 世纪 20～30 年代，高速公路就开始在德国等西方发达国家出现。德国于 1932 年建成的波恩至科隆高速公路是世界上最早的高速公路，随后发展的是美国、英国、法国、日本等国家。

自 1988 年我国大陆第一条高速公路——上海至嘉定高速公路的建成通车，实现了我国大陆高速公路零的突破之后，我国的高速公路建设即步入了加速发展的快车道。2008年，总规模 3.5 万 km 的"五纵七横"国道主干线系统全面建成，标志着我国高速公路网骨架的基本形成。到 2010 年底，全国高速公路由"十五"期末的 4.1 万 km 发展到 7.4万 km，新增 3.3 万 km。整个"十一五"阶段，全社会高速公路建设累计投资达 2 万亿元，是我国公路交通发展速度最快、发展质量最好、服务水平提升最为显著的时期。2012年，我国高速公路总里程达 9.62 万 km。2013 年底，我国高速公路总里程达 10.45km。2014 年，我国交通部门主动服务国家战略，加大固定资产投资，全年新增高速公路 7450km。

据中经未来产业研究院发布的《2016—2020 年中国高速公路行业发展前景与投资预测分析报告》显示，截至 2015 年，全国高速公路里程 12.35 万 km，比上年末增加 1.16万 km（见图 1.2），其中国家高速公路 7.96 万 km，增加 0.65 万 km。全国高速公路车道里程 54.84 万 km，增加 5.28 万 km。从交通量来看，2015 年，全国高速公路日平均交通量为 22334 辆，日平均行驶量为 125766 万车 km，年平均交通拥挤度为 0.37，比上年分别增长 2.5%、2.4% 和 2.2%。从投资情况来看，2015 年，全年完成公路建设投资 16513.30 亿元，比上年增长 6.8%，其中，高速公路建设完成投资 7949.97 亿元，增长 1.7%。

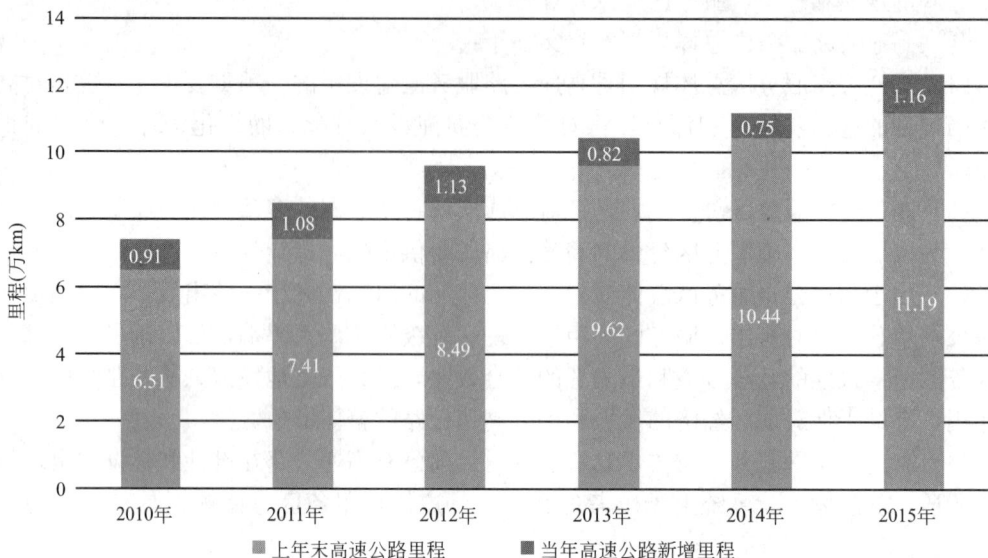

图 1.2　2010—2015 年全国高速公路通车里程

（数据来源：《2016—2020 年中国高速公路行业发展前景与投资预测分析报告》）

《国家公路网规划（2013—2030 年）》提出了国家高速公路网的建设目标：由 7 条首都放射线、11 条北南纵线、18 条东西横线，以及地区环线、并行线、联络线等组成，约 11.8 万 km，另规划远期展望线约 1.8 万 km。按照"实现有效连接、提升通道能力、强化区际联系、优化路网衔接"的思路，补充完善国家高速公路网；保持原国家高速公路网规划总体框架基本不变，补充连接新增 20 万以上城镇人口城市、地级行政中心、重要港口和重要国际运输通道；在运输繁忙的通道上布设平行路线；增设区际、省际通道和重要城际通道；适当增加有效提高路网运输效率的联络线。预计到 2020 年，中国高速公路里程将达到 13.5 万 km。

当前我国高速公路正处于联网贯通的关键时期。高速公路具有鲜明的网络性特征，只有连通成网才能发挥规模效益，国外发展高速公路也经历了几十年的集中建设和巨额投入。目前，全国一些大通道还没有完全贯通，下一步需要重点推进；另有一些早期建成通车的国家高速公路如京哈、京港澳、连霍等已频繁出现拥堵现象，亟需扩容改造。"十三五"期间我国交通运输仍处于大建设、大发展的关键时期，需要扩容改造的高速公路里程就有 6400km。到"十三五"末，我国国家高速公路网将基本建成，届时将覆盖 90% 以上的 20 万以上城镇人口城市。总体上，从我国高速公路发展需求看，预计还需要 10 年左右的集中建设期。待国家公路网规划全部建成后，即 2030 年左右，我国高速公路发展将进入一个基本稳定的态势。

我国的高速公路发展比西方发达国家晚近半个世纪的时间，初期完成的几条高速公路如沪嘉、广佛、辛核、西临等里程都较短，沿线设施主要侧重于交通安全、通信和监控等，对于人和车辆的服务考虑甚少。进入 21 世纪，随着京沪、京沈、京石太、沪宁合、沪杭甬等一批长距离、跨省区的高速公路相继贯通，国家高速公路网的初步形成，对高速公路沿线服务设施尤其是服务区的需要成为高速公路规划、建设和运营中很重要的问题。

我国目前有关服务区的设计标准和规范还很缺乏，所以大多参考欧美国家和日本的资料进行设计。其中以按照《日本高速公路设计要领》标准设计的为多。值得欣慰的是，随着高速公路运营的不断深入和人民群众物质文化需求水平的提高，服务区的规划和建设管理已引起了国家和各省有关部门的重视，许多专家学者也开始对此进行研究，在服务区的规划、布局和建设方面日益适合我国国情，取得显著进步。但是，由于缺乏经验，在服务区的开发与管理方面仍存在许多亟待改善的地方。目前，我国有的高速公路服务区门庭若市，区内各种设施齐全、整洁，加油、餐饮、购物、休闲、汽车修理、住宿一应俱全，不仅服务热情周到，给人一种宾至如归的感觉，而且与地方政府和企业相互配合，发挥了整合地方经济资源和文化资源的作用，构筑了交通运输大通道和沿路经济带，汇集了人流、车流、物流，带动了路域经济的发展；有的服务区打破了"官办、官管"的管理模式，打造了自己优质服务的品牌形象；有的服务区把经营项目与当地的名、特、优产品紧密结合，取得了经济效益和社会效益双丰收的成果；当然，也有的服务区处于艰难维持的境地。

1.2.2 高速公路服务区的发展趋势

随着我国国际化、市场化、信息化进程的日益加快和高速公路网的日趋完善，服务区在高速公路运营管理中的地位越来越重要。同时，我国服务区在运营管理方面将呈现以下发展趋势：

（1）向专业化、规模化发展。参照酒店管理公司、物业管理公司的体制和机制，走集约化经营的道路，把一条路乃至整个公路网上分散的、各自为政的、效益低下的服务区，以股份制形式组建公司。将高速公路服务类的项目统一经营，统一管理，实现网络化、快速化，最大限度地满足高速公路高速安全、优质快捷的需要。实现国有资产运营的高效和创新，这是未来大规模高速公路服务区发展的方向。

（2）向社会化、网络化、服务智能化发展。随着交通事业的蓬勃发展，人们的需求越来越多。我国部分高速公路正逐渐实现"一卡通"大联网，高速公路的发展趋势是地区化、国际化、智能化、网络化，下一步将形成跨地区、跨省区乃至全国性联网。服务区要充分发挥作用，提高服务质量，吸引社会车流、人流，形成聚集效应，带动经济扩张。

（3）向综合开发方向发展。服务区向综合开发方向发展前景可观，具有极大的潜力。综合开发和多元化经营主要是充分利用高速公路路产及沿线土地和旅游资源，从事房地产、土地开发、仓储、联运、旅游、广告、信息咨询等多种项目经营。比如结合高速公路服务区的特点，服务区可充当快速客运中转站、小件运输中转站、城市领航员、超限运输监测站，提供相应的服务功能。

1.2.3 发展建设高速公路及服务区的战略意义

修建高速公路是社会与经济发展对公路运输的必然要求，是由国家及地区社会与经济发展的实际情况决定的。高速公路的产生和发展，改变了世界交通运输的宏观格局，进一步显示了公路运输便捷灵活、速度快、门到门的优势，带来了巨大的经济效益和社会效益。

　　高速公路在运输能力、速度和安全性方面具有突出优势，对实现国土均衡开发、建立统一的市场经济体系、提高现代物流效率和公众生活质量等具有重要作用。高速公路不仅是交通现代化的重要标志，也是国家现代化的重要标志。发达国家的经验表明，便捷的基础设施网络体系不仅是地区分工的前提，而且是引导区域整体协调发展的先行条件和有效手段。通过建设发达的综合基础设施网络，可以促进区内外经济交流，带动地区分工与合作，引导区域整体协调发展。

　　根据国外高速公路建设的经验，高速公路的跨越式发展，必然带动与之密切相关的高速公路服务区的发展。近年来，我国高速公路建设得到飞速发展，随之而来的车流、人流、物流方式的变化极大促进了我国国民经济的发展。高速公路产业经济也被誉为潜力无限的朝阳产业，而高速公路服务区则是这个产业链中商机最大的亮点。随着高速公路工作的重点逐渐由建设向经营管理转移，服务区无论从规模、布局、设施、功能、服务质量等各方面，都越来越得到重视。但是根据对国内高速公路服务区的相关调查发现，由于我国高速公路服务区尚处于探索阶段，长期以来，服务区仅仅作为高速公路的附属设施，在前期的规划、设计上仍存在不少问题，同时服务区的管理也存在缺陷，这都应该引起对高速公路服务区的重视。

　　通过近几年高速公路服务区实际运作的情况看，它的经济价值和社会属性远远超出了道路交通的范畴，同时具有旅游、休闲、购物、观光和整合地方土特产品等资源的功能。如果能以一种科学的、超前的、广阔的视野和面向市场的态度去研究它、探索它，我们就会发现这是一个亟待开发的特殊产业。服务区的发展涉及许多复杂因素，如政策、体制、运行机制，以及管理和经营模式等诸多问题。此外，服务区的规划、设计、征地、建设等一系列具有前瞻性和综合性的问题都与服务区的命运和发展密切相关。一些服务区的不断改建、重建或缺乏个性和地域特色的教训，说明关心、重视和研究服务区的工作，已经成为一个具有重要战略意义的新课题。

参考文献

[1] 未小刚. 高速公路服务区开发与管理研究. 长安大学，2006

[2] 郗恩崇. 高速公路管理学. 北京：人民交通出版社，2001

[3] 孟祥茹主编. 高速公路服务区管理. 北京：机械工业出版社，2004.7

[4] 孙家驷，张维全. 道路设计资料集.7 设施设计. 人民交通出版社，2005

[5] 张文成. 高速公路服务区规划研究. 长安大学，2006

[6] 周国光主编. 高速公路经营管理. 北京：人民交通出版社.2005.1

[7] 杨楚屏. 对高速公路服务区规划设计的探讨. 广西城镇建设，2003（10）：51-52

[8] 陈君朝. 高速公路服务区建设的问题及建议. 石家庄铁道学院学报，2005.12

[9] 徐帮学. 高速公路管理百科全书. 合肥：安徽文化音像出版社，2003.11

[10] 陈日中. 高速公路企业经营管理实务全书. 呼伦贝尔：内蒙古文化出版社，2002.1

[11] 王建军，严宝杰，陈宽民. 省域高速公路网交通工程总体规划系统［J］. 交通运输工程学报.2002.12

[12] 日本道路公团. 日本高速公路设计要领. 西安：陕西旅游出版社，1991

［13］　徐宇龙．高速公路附属区规划设计探索．建筑技术开发，2003，第 4 期，77-79

［14］　岳修庆，张建．浅谈高速公路服务区的管理．泰安教育学院学报岱宗学刊，2003，第 3 期

［15］　孔祥金．对高速公路服务区的一些认识．广东公路交通，1997（增刊），第 46 期

［16］　现代交通远程教育教材编委会编．高速公路运营管理．北京：清华大学出版社，2004

［17］　牛鱼龙．第三方物流：模式与运作．深圳：海天出版社，2003

［18］　高速公路丛书编委会．高速公路运营管理．北京：人民交通出版社，2000

［19］　高速公路丛书编委会．高速公路规划与设计．北京：人民交通出版社，1999

第2章 主要发达国家和地区高速公路服务区发展

2.1 日本

2.1.1 发展历程

萌芽期（1940~1960年）：高速公路服务区是伴随高速公路的建设应运而生的。20世纪40年代初，日本开始进行高速公路网规划，虽然当时日本经济实力还很弱，但由于看到高速公路在西方国家带来的巨大经济和社会效益，日本也开始进行有关高速公路建设的调查和研讨。1943年，日本提出了5490km的高速公路规划方案。此时高速公路建设是首要的，高速公路服务区还未受到重视。

初期（1961~1979年）：随着高速公路的建设，高速公路服务区的重要性也逐渐受到关注。1963年，日本建成了第一个高速公路服务区——大津服务区，该服务区位于滋贺县，最初只是一个提供停车场和公共厕所的简单休憩场所。之后在名神高速公路（名古屋-神户）上的服务区除了有服务于汽车功能的加油站与汽车修理间，其中还设有一处快餐食堂。随着高速公路网的不断完善，这一时期的高速公路服务区从最初的只有停车场、公共厕所、自动售货机等的简易停车区开始向除了有免费停车场、公共厕所和加油站以外，还有餐厅、小卖部等为驾驶员提供休息的场所转变。

成长期（1980~2004年）：经历了初期发展，1991年日本高速公路总里程已突破5000km，日本高速公路服务区的数量也逐渐攀升，截至2015年1月，日本全国的高速公路服务区共有770处左右。为了规范高速公路服务区的规划建设，1980年，在《日本高速公路设计手册》中提出了一些适用于规划和设计高速公路与汽车专用公路上休息设施的设计要领、技术标准、规划及设计的做法和方法。1991年又对1980年版的标准进行了修正和参数调整，在规模、停车场的设计、建筑、电气通信规划与设计、园地规划、分期修建等诸多方面较全面地规定了新建休息设施的技术标准和设计方法。这一时期，高速公路服务区建设标准逐渐统一且功能不断完善，规划和设计手法也在经验积累中不断改进。

多元发展期（2005年至今）：日本高速道路网络日渐完善（图2.1），2005年日本道路公团（Japan Highway Public Corporation）民营化后，公路收益越来越受到重视，因此服务区的发展呈现出多元化的态势以满足不同顾客的需求。例如，2013年12月开业的东北道羽生服务区，是以池波正太郎小说《鬼平犯科帐》中的世界为原型打造的主题公园型设施。

2.1.2 基本特征

因地制宜，多元化的发展模式。日本高速服务区在满足基本的停车、休憩功能之外，

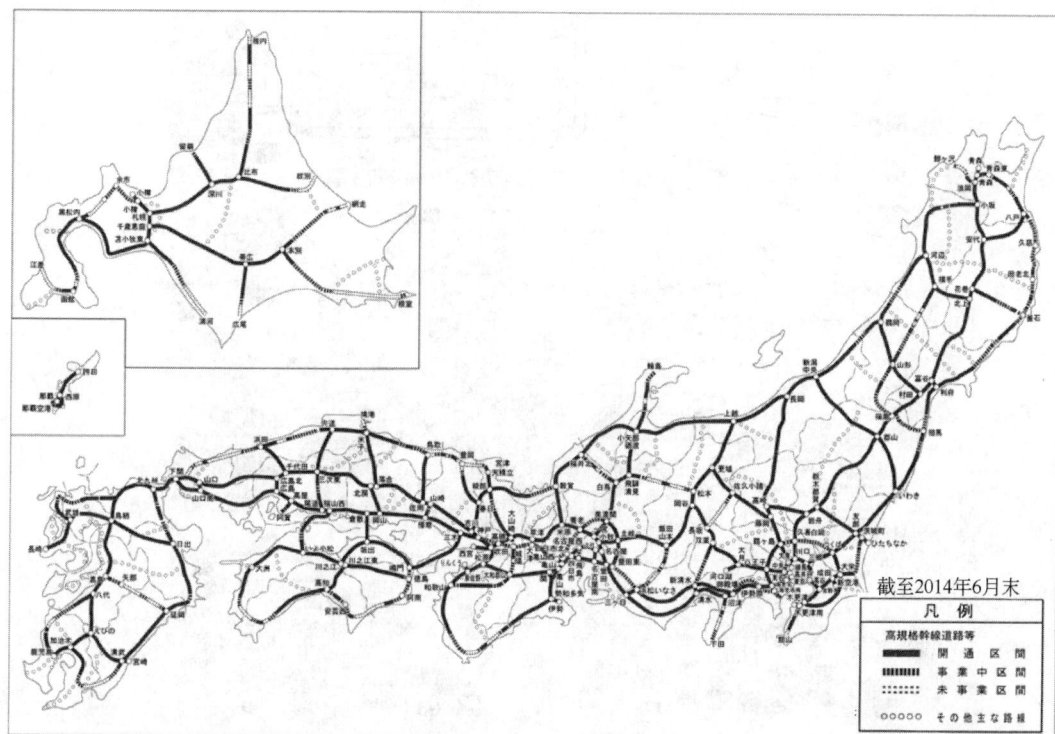

图 2.1　日本高速公路地图
（资料来源于网络）

各个服务区还根据自身所处区域的地点，因地制宜进行设计，倡导多元化的发展模式。服务区的规模并不是一味求大，而是和服务区所处的地块有较大关系，大的占地可达 200～300 亩，小的只有十余亩。服务区的设计与周边环境充分结合，将生态建筑的设计理念融入服务区建筑设计。足柄服务区的停车场的遮阳屋顶采用了太阳能光电转化电池板，光能转化成电能，减轻了服务区的用电负担。大津服务区建设之初也是极其简易，但由于有效地利用周边环境，占地位置绝佳，有良好的观景效果，使得琵琶湖和大津市内景致尽收眼底。随着高速公路不断建设，高速公路服务区逐渐增多，为了能够更好地服务旅客以及保持自身的盈利，各高速服务区不断完善功能，开拓新的服务项目，在高速公路服务区内植入了购物、休闲娱乐、观景等功能，西日本高速公路服务区内还有为宠物设置的休憩场所。浜松作为日本的乐器之乡，服务区的设计以音乐为主题，除提供餐饮、购物、休息外，还包括 YAMAHA 钢琴展示，交通及旅游信息查询等服务与设施。将各个服务区的功能汇总在一张导览图上（图 2.2），方便旅客根据自身需求进行自主选择。因此，因地制宜的设计以及非同质化的发展模式是日本高速公路服务区发展的重要特征。

专业化的建设管理服务团队。日本高速公路服务区是由特殊的法人——"日本道路公团"负责建设和运营的。统一的建设和管理团队，便于高速公路服务区的高效建设以及实施标准化管理。2005 年日本道路公团民营化之后，在社会上也有一些大型的公司，参与到高速公路服务区建设中，为高速公路服务区建设提供优质的服务。例如，日本高速公路服务公司（日本ハイウェイ・サービス株式会社），该公司于 1963 年创立，主要负责日本

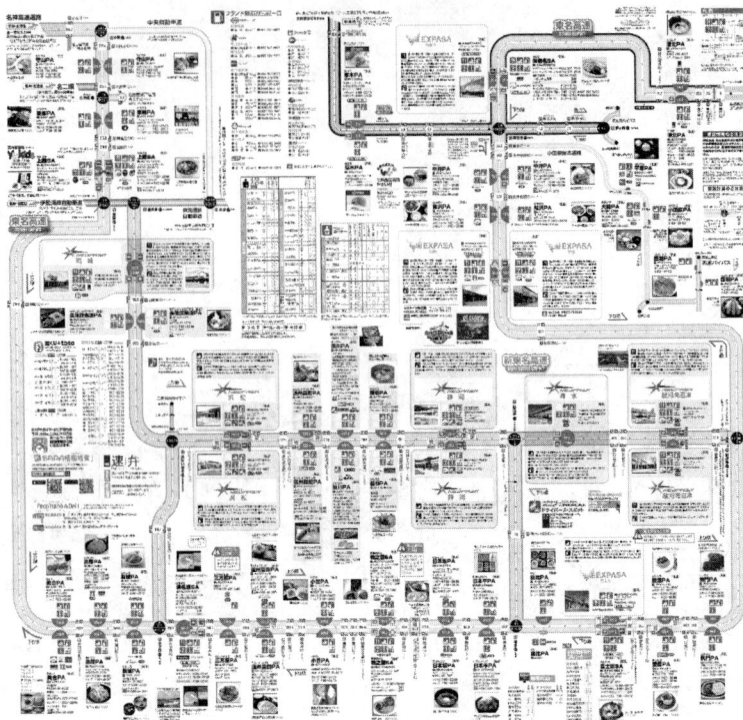

图 2.2　东民与新东民高速公路服务区导览图
（资料来源于网络）

高速公路、国道的环境整备、经营和管理事务。随着技术的不断创新，该公司开始涉足环境绿化、地铁、下水道等公共项目，还包括高速公路服务区商店的运营和管理，业务范围不断扩大。专业化的建设管理服务团队为高速公路服务区的高效建设以及日渐完善的功能提供了有力保障。

立法与规范的支撑。日本高速公路服务区的相关法规是伴随着高速公路建设不断完善的。1955～1957 年，日本国会讨论并通过了有关高速公路的三部法律——《国土开发纵贯公路建设法》、《高速公路法》和《道路公团法》，1966 年又通过了《国土开发干线公路建设法》。在高速公路建设的基础上，《关于在高速公路上休息设施规划设计的研究》应运而生。随后 1980 年版《日本高速公路设计手册》在此基础上作了更详细的规定，1991 年的版本又对 1980 年的版本的一些参数进行了调整。除了在设计上有法律法规的保障，在服务区的运行上也有一些立法的支持。1952 年日本通过立法，建立和实施了收费公路制度，采用借款修路、过路收费等办法解决高速公路建设中资金不足的问题。有了立法和相关法规的支撑，提高了高速公路服务区标准化的建设和运行的可实施性。

2.1.3　发展展望

随着人们的需求不断增加，高速公路服务区的服务水平以及相关设施需要紧跟或是引领发展步伐。2015 年 4 月在中央汽车道和长野汽车道上共计 29 处服务区引进了 36 台能说方言的智能自动售卖机，并且在试用时间段内获得了广大好评。同年 9 月，新东名高速公路上的 34 处服务区内继续引进该自动售卖机，该售卖机可以用方言与顾客对话，解决了很多旅客在外购物遇到的一些沟通不便的困难。除了智能化，服务区的设施也更加人性化，尤其是一些无障碍设计，充分考虑到老年人、儿童和残疾人等特殊群体的休憩需求。只有不断满足人的需求，高速公路服务区才有存在的价值和意义，因此高速公路服务区的设施及其提供的服务不断向智能化、智慧化和人性化方向发展是大势所趋。

日本高速公路服务区业态丰富，购物选择多，可以满足多样化的消费需求，除了一些便利店还有当地的特产销售。有的服务区还配套娱乐休闲项目，亦动亦静，与旅途中的风景相得益彰，可以称得上是高速公路上的"综合体"。这些"综合体"不仅服务于本国公民，也是日本国际化形象的展示，吸引了大量的外国游客慕名前来。

日本高速公路服务区多元化的发展是其成长道路中的鲜明特征，并且该特征在未来仍会得到保留。充分挖掘各个服务区的特点，塑造各个服务区特色是其能够成功运营、不断成长的主要动力。同时，各个服务区还需要在不同中求合作，配合高速公路共同打造高效的服务网络。高速公路的发展为日本诸多地区实现大都市圈化发展提供可能，而高速公路服务区则是这个圈层网络上的重要节点，各个高速公路服务区为高速公路的通畅运行实现可靠补给，比如目前正在消除各个服务区间加油站供给不足的问题。服务区的规模等级根据所服务区域的不同而有所区别，拒绝同质化发展和资源浪费，相互配合更有助于实现高效的都市圈发展。

2.2 美国

2.2.1 发展历程

美国高速公路服务区的发展离不开美国汽车工业和美国基础设施的建设与发展，归根结底是基于经济的不断增长。在 20 世纪初期，美国的公路建设进入高速发展阶段。随着交通设施的逐步完善，机动车辆的驾驶员及乘客可以进行长距离的旅行，许多司机自发地在路况允许的地方和风景秀丽的地方停车休息，这一现象促使美国政府考虑这一问题。1929 年，在美国密歇根州建设了第一个公路公园（Roadside Park），为往来车辆提供便利，这也被认为是美国服务区的雏形，此后直到第二次世界大战，公路公园的建设便随着公路建设如火如荼。

从 1956 年开始的州际高速公路系统的快速建设，极大程度地推进了美国各州、城市、乡镇之间的互联互通。州际高速公路系统不仅改变了美国人民的出行方式，让美国人民可以以更快的速度行驶在更便捷的道路上，而且改变了美国人民的生活方式，许多新的商业模式被激发创造出来，如郊区大型超市，免下车餐厅等。

伴随着州际公路的大规模建设，高速公路服务区建设也被列为优先建设的项目，尽管他们的规划只考虑了最简单的设施，如停车场、厕所、加油站、便利店。美国服务区的概念源自于公路公园，但此时高速公路服务区的建设已然成为现代公路交通系统的重要部分，并满足现代公路旅途的必需要求。当在州际公路休息区停留的游客期望找到的不仅仅是冲洗厕所和自来水，还有旅游信息、野餐桌、烧烤设施、遮阳伞、步行道甚至一些儿童游乐设备时，公路管理方和州级政府也意识到服务区不仅仅是服务提供者，更是地方的名片，是州际公路与当地最主要的联系。

在美国，从 20 世纪 50 年代后期一直持续到 70 年代中期，大部分州已经完成了大部分高速公路服务区的建设。在 1959 年之前，各州的高速公路服务区都受到联邦州际公路基金的支持，由联邦政府出资，州级政府规划建设。而 1959 年之后，联邦政府的基金只得用于服务区车道和停车场的建设，其余建设资金需要州级政府自筹，但各州服务区的建设速度并没有减缓。随着联邦基金在 20 世纪 60 年代末期到 70 年代中期的逐步恢复，美国服务区的开发建设进入到一个创新时代，服务区建设理念也从满足司乘人员的基本需求转变为地方向大众提供多元服务的特色窗口。在内布拉斯加州，服务区的建设采用了新颖的设计理念，利用当地风景资源建设了印第安风情的建筑物，不断提升自己的服务质量。

美国高速公路服务区的发展是跟随着美国高速公路系统的更新和经济发展而逐步发展的，形成当今成熟、高效率的高速公路服务体系，图 2.3 所示为美国已建成的四级高速公路网络体系。

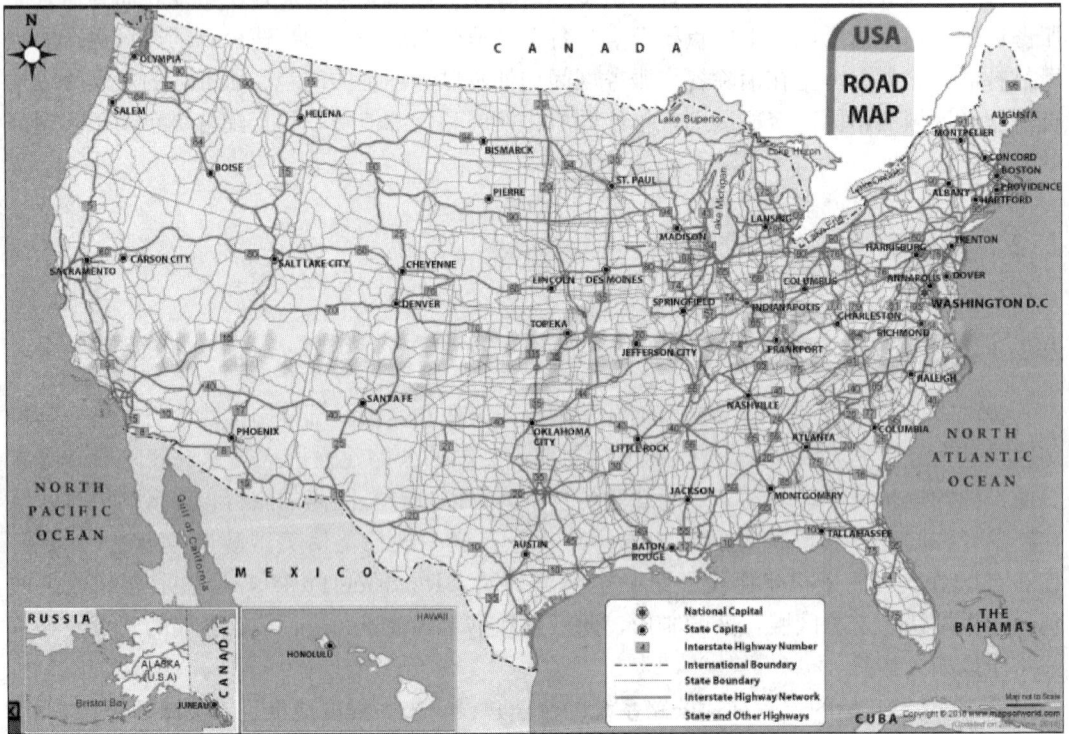

图 2.3　美国公路地图及其编号

（图片来源：http：//www.mapsofworld.com/usa/usa-road-map.html）

2.2.2　基本特征

美国高速公路系统不仅仅是交通基础设施，也被认作是一种具有人工特征的景观，同时也带来巨大的经济效益。美国高速公路由四个不同的系统组成，因此服务区系统相较于中国的高速路网更加复杂。这四个系统分别是州际高速公路（Interstate Highways）、美国国道（U.S Highways）、州内高速公路（State Highways）以及郡内公路（County Highways）。其中，州际高速公路是连接美国各州之间的公路系统，现在全长 47714 英里

（约 76788km）的州际高速公路系统是仅次于中国的世界第二大高速公路系统，此系统由联邦政府和州政府一同养护和管理。相较而言，美国国道的历史更为悠久，是州际高速公路建成前的主要公路系统，由美国国家公路及运输协会和各州政府负责维护。由于建成时间较早，在修建过程中又缺乏统一建设标准，现在成为州际高速公路的辅助交通要道。州内高速公路是建设在各州州内的高速公路系统，由各州分别管理。州内高速公路采用州际高速公路的设计施工标准，是美国高速公路系统中的重要部分，部分州内公路设有合乘车道（Carpool Lane），是在高峰期专供多人共享汽车的专属车道。而郡内公路是由各郡自行维护的公路，包括多车道高速公路和低级别公路。

美国的高速公路服务区大多沿高速公路单侧布置，主要特征之一是多种服务区类型并存，形成多元化的公路服务体系。高速公路服务区通常可分为休憩型服务区（Rest Area）、服务型服务区（Service Area）和欢迎型服务区（Welcome Center）。所有服务区布设均综合考虑沿线场地及经济情况，与当地经济形成良好互动。

休憩型服务区通常是以公益性质提供基础性服务。加州法律明令禁止任何商业存在于服务区内，此外一份联邦法案也通过议会审核，禁止在州际公路服务区开发私人商业项目（23 U.S.C § 111）。该法案也提出建设于 1960 年 1 月 1 日之前的服务区不受此条款的约束。高速公路内服务区只提供基础服务主要是为了保证私人服务设施与公益服务区的差异化，以此来保护州际公路沿线小镇的经济发展，这些城镇的产业依赖于服务来往车辆和人员。

正是由于高速公路上提供基础性服务的休憩型服务区提供服务的种类受到限制，大量私人服务性设施在州际高速公路服务区出口处附近蓬勃发展，提供加油、餐饮、住宿、零售、休闲、娱乐等一系列服务，拉动当地经济发展的同时，也催生了给美国带来年产值超过 1710 亿美元的高速公路服务产业，其中最有代表性的就是美国的汽车旅馆文化。尽管坐落在高速公路出口处的私人服务区带动辐射了高速公路沿线城镇的经济发展，但也给长途驾驶司机造成获取服务不方便的问题。在 2000 年，美国道路桥梁规范标志委员会发布了《私人服务性设施的道路指示标志规范》，允许私人服务区只要在标识悬挂空间允许下，可以将服务区服务内容标识加入北美道路标识系统，用于引导车辆进入高速公路出口处旁的私人服务区。当然，此类遍布州际高速公路沿线出口的服务型服务区的发展主要得益于州际高速公路较多的出口设置和无过路费的政策。

欢迎型服务区坐落在各州的州境线上，通常比休憩型服务区要大很多，除了提供基础的公路服务，还很大程度上扮演了旅行咨询中心的角色。有些欢迎型服务区甚至包含一个小规模的博物馆，用于向过路的旅客介绍该州的人文、历史、地理、经济等方面的概况和特色。

除了坐落在州际高速公路上的休憩型服务区，还有一些服务型服务区坐落在落基山脉以东的跨区收费高速公路内（不需要下高速）。这部分高速公路建设早于州际公路，属于封闭式高速，且收取过路费以补贴当初的建设费用。沿线的服务区可以满足来往车辆在不用下高速的情况下的加油、住宿、餐饮等需求。

2.2.3 发展展望

受到 2008 年金融危机的影响，由政府主导兴建新服务区的计划因为财政原因暂时搁浅，部分州政府迫于财政压力和其他一些原因甚至有关闭一部分服务区的计划。例如，由于不少美国高速公路服务区坐落在偏远的乡村地区，服务区及其周边的犯罪率往往相对较高，基于安全因素的考虑，美国加州决定保持现有公共服务区，不再兴建新的高速公路服务区。与此同时，有关服务区改造升级的项目在各州不断地被提出。

美国高速公路调查报告通过对高速公路上的大型车辆的安全问题进行调查和分析，指出服务区需要与车辆单位建立联动机制，通过 GPS、移动互联等手段，提醒司机进入附近服务区休息，以保证行车安全。服务区的重要性也在美国"华盛顿州 2007-2026 年高速公路系统计划"中被强调，提出通过及时更新服务区基础设施，为旅客休息提供良好的环境，从而保障交通安全。2013 年纽约州也施行名为"It Can Wait"的项目，沿高速公路设立专用停车区方便司机在旅途中停车，专心使用手机，保证行车安全。从最近计划和已实施的项目可以看出，美国服务区的未来的发展重点是依靠市场经济对服务区移动信息化方面的基础设施进行提升和不断创新，主要目的是保障行车安全和提供质量更好的基础服务。

2.3　英国

2.3.1　发展历程

在英国，高速公路服务区（Service Area）通常是为高速公路使用者提供加油、休息、餐饮、住宿和购物的地方。因为市场经济发达，英国的服务区是私有化的，Moto，Welcome Break 和 Roadchef 是英国目前最大的三家服务区运营商。

英国的高速公路早在 20 世纪初期就已经开始规划，到了 20 世纪 50 年代，服务区的概念被提出。随着 M1 的建成，Watford Gap 成为英国第一家现代服务区，建设在道路两侧。在 Watford Gap 作为英国唯一一家服务区的时候，它甚至是一些歌手歌迷见面会的地点，成为当时流行文化的一部分。到 20 世纪 60 年代，随着越来越多的高速公路的建成，越来越多的服务区随之兴起，分别由五家服务区运营商管理。这些服务区一部分建设在高速公路系统里面，一部分被服务区运营商建在指定的地点，每一家都希望自己的服务区更大更有趣。在有些服务区，人们甚至可以观赏到迷人的乡村风景。起初，人们对服务区充满了好奇，到服务区休息的体验甚至成为人们度假旅行不可或缺的一部分，由此服务区运营商也开始制作并出售服务区主题和高速公路沿途风景的明信片，来满足大众对服务区狂热的追捧。

在 20 世纪 70 年代，英国高速公路进入快速建设阶段，服务区的数量也随之猛增。随着高速公路路网的逐步建成和汽车的普及，高速公路行驶的车辆增加了几个数量级，服务区的发展模式也从追求独特和质量逐渐变为追求数量和规模，服务区内的特色餐厅也变成了自助服务的快餐厅和便利店，由此开始服务区标准化和同一化的趋势。与此同时，英国政府也决定允许小型、自营式服务区的运营，并沿高速公路每隔 12 英里规划了潜在服务区地块，为服务区的运营商们提供经营空间。在此期间，四家新的服务区运营商加入了市场竞争。

由于 20 世纪 80 年代的经济情况下行，高速公路建设增长量大幅下滑。同时，已开通的高速公路线路上的服务区也趋于饱和，英国政府的"服务区 12 英里计划"因此被迫流产。由于大部分新服务区坐落在相对安静的道路，它们的运营情况并不乐观，服务区的总体服务水平也在这段时间急速下滑。但服务质量下滑的情况也因为新加入的服务区运营商 Welcome Break 的优质服务水平而有所改善。随着夜间出行车辆的迅速增加，服务区夜间的客流量明显增加。在当时即时通信设施缺乏的情况下，服务区在 20 世纪 80 年代也逐渐成为成为人们交流信息的理想地点。

到了 1992 年，英国政府宣布英国将解除对高速公路服务区的管制。换句话说，更大的自主权被赋予了服务区运营商，包括服务区地点的选择，建筑设施的设计与建设。尽管这项政策激励了服务区服务种类的增加和服务质量的提升，但是造成了廉价的服务区与高速公路交互设计上的许多失败案例，加重了新建服务区和高速路口的交通堵塞情况。

在 20 世纪 90 年代，Burger King 和 Pizzaland 速食店陆续在服务区内开设网点以满足顾客的需求。与此同时，迷你购物中心也开始出现在名为 Granada 的运营商所运营的服务区内，人们可以在购物中心内购买到基本的商品，这些服务设施的增加也促使汽车旅馆业的繁荣和发展。这些市场化的竞争与合作不仅提高了服务区的整体服务水平，更促进了产业的整合与增长。

进入 21 世纪，只有少量的服务区被计划建设在服务区网点稀疏的高速公路线路上。运营商 Granada 改名为 Moto，并对其运营的服务区进行商业整改，引进了更加著名的连锁超市服务商 WHSmith 和 Marks&Spenser。Moto 公司的这一改变，促使了其他运营商为吸引更加流行的商户从而提升自身服务区的吸引力。然而，商业提升产生的成本也使得服务区内商品的价格居高不下，一定程度上限制了司乘人员的消费动力，三家服务区运营商遇到了财政危机，难以为继。因此，高速公路管理局建议运营商们不要在交通繁忙处建设新的服务区，改为在高速公路中途乡村地带建设小型服务区。2008 年，第一个此类服务区建设在 M6 公路沿线的 Todhills 地区。

2.3.2　基本特征

英国的服务区的建设和经营完全是商业行为，由私营公司组织规划、兴建和运营，而政府在这个过程中仅扮演配角。这一特征主要表现在两个方面，一方面，服务区之间没有完全统一的规划和设计，导致服务区建设影响了高速公路上往来车辆的通行效率；另一方面，由于运营公司从出资兴建服务区到运营的所有费用都由自己承担，服务区内服务价格和商品价格总体较为昂贵。而相较于在其他国家，服务区的部分建设维护资金是由权责部门负责并提供，并把服务区定义为公共服务的一部分，兼具经营性和公益性。

英国的服务区完全由市场化模式运营，多家服务区运营商之间是相互竞争的关系。沿高速公路分布的各个服务区之间平均距离在 18 英里，各服务区只有提高自己的品牌吸引能力和商业整合能力，才能吸引足够的司乘人员到此停留、消费。服务区运营商通过对自家服务区功能、服务和特色的不断整改、更新和提升，来刺激整个服务区的销售额。

2.3.3　发展展望

如今，对服务区的不满情绪正在英国服务区的使用者中蔓延，部分新建服务区的计划甚至被当地居民反对。因此，规划和建设新的服务区在英国已变得非常困难。当然，这些困境也会迫使服务区运营商在服务区设计建设和服务质量上做出进一步改善。在服务区建设方面，一些标准也被提出：第一，保证服务区与高速公路道路的连接安全、合理；第二，确保服务区建筑对附近村庄不会产生视觉上的影响；第三，服务区的建设需要充分考虑可持续发展和环保理念。

英国的服务区建设由于缺乏统一的国家标准和管理单位，尽管各家运营商的竞争促使服务区的服务质量的提升和功能的增加，例如在服务区内提供免费的无线网络设施等，然而，由于缺乏政府的建设资金和政策的支持，各个服务区的改造速度和服务区的价格水平将很大程度上受到市场竞争和地方经济发展水平的影响。

2.4　总结

日、美、英等发达国家高速公路服务区的主要特征是兼顾公益性和经营性两大属性，大范围地引入民间资本参与服务区的建设和经营。其中日本的服务区建设因地制宜，实现多元化发展和信息化管理；美国的服务区能和高速公路沿线小镇形成良好的互动；英国的服务区逐步形成成熟的连锁产业化模式。尽管这些国家的高速公路服务区发展已经过多年的锤炼，但是有的还存在一些问题。比如美国的服务区存在分散化管理、监管困难等问题，而英国的服务区由于成本原因，导致服务区内物价偏高，难以促进消费，形成良性循环。对于高速公路服务区的升级和改造，信息化和特殊化是大势所趋，服务区和高速公路全面的信息化对接，有助于提高服务区的服务质量和高速公路的通行效率与安全。同时，服务区的设计与功能划分也将与当地地理环境和特色相结合，形成差异化竞争。

参考文献

［1］　http://headlines. yahoo. co. jp/hl? a＝20160710-00010001-norimono-bus_all&p＝2. なぜ多い高速のGS空白　大都市圏にも懸念、求められるさらなる対策. 2016 年 7 月 11 日

［2］　http://sapa. c-nexco. co. jp/Content/storage/pdf/tomei. pdf ♯ search＝'SHINTOMEI＋EXPWY＋NeoPASA'，2016 年 7 月版

［3］　http://www. nhskk. co. jp/message/，日本ハイウェイ・サービス株式会社

［4］　東名高速道路、新東名高速道路のサービスエリア（SA）・パーキングエリア（PA）に計 5 地域の方言でおしゃべりする自動販売機が登場! ダイドードリンコ株式会社，2015 年 9 月 16 日

［5］　http://www. nippon. com/cn/features/jg00002/

［6］　Rest area. （2016）. In Wikipedia, The Free Encyclopedia. Retrieved 14：09，August 3，2016，A-vailable from：https://en. wikipedia. org/w/index. php? title＝Rest_area&oldid＝732634068

［7］　Motorway service area. （2016,）. In Wikipedia, The Free Encyclopedia. Retrieved 15：15，August 3，2016，Available from：https://en. wikipedia. org/w/index. php? title＝Motorway_service_area&oldid＝733261166

［8］　Motorway Services Online. （2016）Moto. Retrieved 20：10，August 6，Available from：http://motorwayservicesonline. co. uk/Moto

［9］　Motorway Services Online. （2016）50 Years of Motorway Services. Retrieved 22：07，August 6，Available from：http://motorwayservicesonline. co. uk/50_Years_of_Motorway_Services

［10］　交通部公路管理司译制组. 日本高速公路设计要领［M］. 西安：陕西旅游出版社，1991

［11］　张琛. 高速公路服务区经营开发与功能扩展［D］. 长安大学，2013

［12］　吴华. 高速公路服务区总体设计发展研究［D］. 湖南大学，2011

［13］　李劲. 日本高速公路设计要领. 交通部工程管理司译制组，1980，55-57

［14］　顾时光. 发达国家高速公路的建设历程与经验［J］. 辽宁交通科技，1997（01）：33-36

第3章 中国服务区发展历程

3.1 高速公路服务区发展概况

从 20 世纪 90 年代开始，随着我国高速公路的快速发展，服务区建设经历了从无到有，从借鉴国外经验到结合本国实际发展的历程。服务区的建设和运营，在保障司乘人员基本需求、提升高速公路服务水平、充分发挥高速公路经济社会效益、提高应急保障能力等方面发挥了重要作用。我国高速公路发展比西方发达国家晚近半个世纪，初期建设的如沪嘉、沈大、广佛等高速公路，沿线设施主要侧重交通安全，对于人和车辆的服务考虑甚少。随着我国国民经济的快速发展，对服务区的重视程度逐渐加强，高速公路服务区建设随着基础设施投资的增加不断完善。

目前，我国高速公路服务区的占地面积、建筑规模、设施设备、经营项目、经营体制等差距明显，有的服务区功能齐全，加油、餐饮、购物、住宿、维修一应俱全，还延伸了旅游、休闲等项目，服务区人流如梭，经营收入每年上亿，有的服务区则难以为继，存在卫生脏乱差、商品滞销、管理混乱的现象。相较于发达国家，我国高速公路服务区发展历程较短，加之区域发展不平衡，不同区域部门对服务区的定位和认识还不统一，我国高速公路服务区的发展和建设仍面临着各种挑战。

3.2 高速公路服务区发展阶段及阶段特点

3.2.1 服务区发展阶段

中国高速公路历经 28 年的发展历程，是一个在快速发展中不断探索、不断积累经验、不断创新、不断完善的过程。这个过程也是我国交通运输事业，特别是高速公路事业突飞猛进发展的一个缩影。对服务区 28 年的发展状况进行分析、总结和研究，对实现服务区全面、协调、可持续发展，具有非常重大的现实意义。中国高速公路服务区 28 年的发展历程，大体经历了以下四个阶段：

第一阶段为起步阶段，时间跨度从"七五"末期到"八五"末期，即 1988～1995 年。我国台湾地区于 1978 年建成了基隆—高雄高速公路，全长 382km，每隔 50km 就设有服务区或休息站一处，全线设有服务区 3 处，休息站 3 处，沿线另设加油站 25 处，加油站内均配备有拖吊车，免费为路上发生事故的车辆提供服务。我国大陆高速公路服务区建设起步比较晚，初期完成的几条高速公路如沪嘉、广佛、莘松、西临等因里程短、分散，沿线设施侧重于交通安全、通讯和监控等，对人和车辆的服务暂未考虑。近年来，随着高速公路里程的不断增长，高速公路网的初步形成，高速公路沿线服务设施的匮乏成为高速公路规划、建设和运营中很重要的问题。1988 年 10 月 25 日，随着沈大高速公路井泉服务区的开通运营，高速公路服务区作为一个新生事物首次出现在中国大陆。沈大高速公路建成较早，里程较长，全长 375km，沿线有 6 个服务区和 6 个停车区，津保、石港、宁沪、京沈、福厦、济青等高速公路均充分考虑了服务区的建设，创造了较好的沿线服务环境。由于国内无先例可参照，服务区的管理工作最初是借鉴发达国家的管理经验，有些是比照相关行业的管理经验。在实践过程中，一些起步较早的省份（区、市），结合本地实际对服务区的经营管理进行积极探索和总结，陆续出台了相关管理规范和标准。各省之间还通过自发组织召开研讨会的形式进行探讨，相互交流和学习。

第二阶段为快速增长阶段。时间跨度在"九五"和"十五"期间，即 1996～2005 年。我国宏观经济进入巩固和完善社会主义市场经济阶段，国内 GDP 快速增长，人民生活水平日益提高，对高速公路服务区的需求量不断增长，需求结构日益多元。特别是 1998 年我国开始实施积极的财政政策，服务区建设与运营逐步向现代化、规范化、科学化迈进，管理手段日臻完善，管理理念向"以人为本，以车为本"转变，开始注重高速公路服务区社会化公益属性的发挥，注重服务功能的扩展。

第三阶段为全面提高阶段，时间从 2006 年开始。2006 年，是"十一五"规划的起步和开局之年，十届全国人大四次会议通过的《国民经济和社会发展第十一个五年规划纲要》中提出了"建设便捷、通畅、高效、安全的综合运输体系的目标"。交通运输部在《"十一五"公路养护管理事业发展纲要》中，提出了"更好地为公众服务"的新价值观；《"十二五"公路养护与管理事业发展纲要》更是强调"以人为本、安全第一、养护优先、科技支撑、体制创新"的基本原则，"制定并实施公路服务标准规范和等级评定等制度，完善公路休息区、便民服务点等设施，进一步强化和规范高速公路及其收费站和服务区的经营管理行为，力争在'十二五'期间实现高速公路收费站和服务区 24 小时不间断服务"。与此同时，服务区的建设和管理围绕"构建一个以人为本的公路服务体系"的目标，把规范化、标准化、科学化管理作为服务公众、提升形象的基础性工作，把服务作为第一位的目标。这个调整具有根本性的意义，标志着高速公路服务区的管理逐步从方便管理向方便路人用的理念转变，服务区的经营管理和服务质量进入了全面提升的轨道。

第四阶段为服务品质提升阶段。以 2013 年 9 月 30 日交通运输部出台《交通运输部关于改进提升交通运输服务的若干指导意见》（交运发［2013］514 号）为标志，我国高速公路服务区的服务品质提升成为这一阶段的主要目标和任务。随着高速公路运营的不断深入，信息化的发展，人民群众物质文化需求水平的不断提高，服务区的规划、建设和管理也面临着更高的要求和挑战，即结合信息化、数字化、智慧化，提升服务意识，提高管理水平，不断改善服务区的服务品质。

全国高速公路服务区的相关统计数据如表 3.1 和图 3.1 所示。

3.2.2 阶段特点

(1) 起步阶段发展特点

起步阶段高速公路服务区的发展特点：一是在整体布局上缺乏统一规划，标准不一，差异较大。二是服务区主要集中在各省、市的经济发达地区，管理和经营的区域环境条件相对优越。三是占地面积较小，最小的停车场占地面积仅 5 亩左右。四是设施设备标准较

高速公路服务区数量一览表   表 3.1

省份/直辖市	数量(对)		省份/直辖市	数量(对)	
	服务区	单侧服务区		服务区	单侧服务区
北京	7	2	河南	138	0
天津	26	2	湖北	93	0
河北	136	0	湖南	102.5	1
辽宁	68	0	内蒙古	45	1
江苏	105	4	广西	94	5
浙江	69	0	重庆	37	1
福建	88	1	四川	80	1
山东	65	1	贵州	51	2
广东	86	4	陕西	64	2
山西	40	3	甘肃	38	3
吉林	44	0	宁夏	17	0
黑龙江	68	14	新疆	43	6
安徽	80	3	青海	7	2
江西	74	1			

注：上海、云南、海南、西藏数据未知。

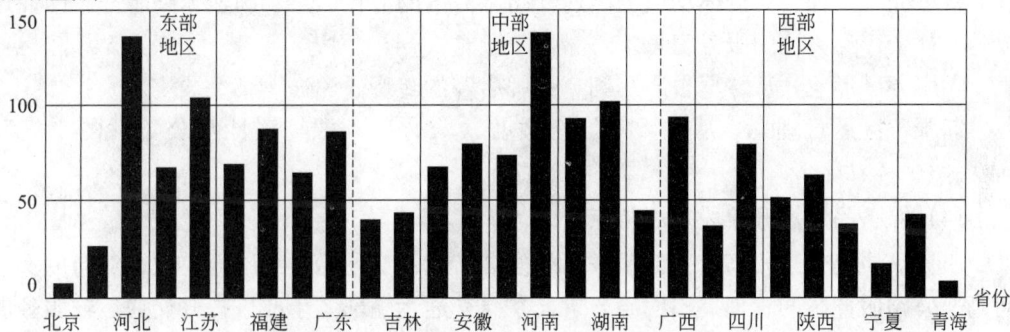

图 3.1 全国高速公路服务区数量分布图

（数据来源：《1988～2013 中国高速公路服务区发展报告》）

低，功能不完善，仅能满足顾客加油、如厕等较低级的服务需求。五是管理体制基本上以政府交通主管部门为主。

（2）快速建设阶段发展特点

快速建设阶段高速公路服务区的发展特点：一是在建设上，比较注重功能扩展，在实现原有加油、如厕、购物、就餐等基本服务功能的基础上，注重服务区商业（经营）功能的配套。主要表现为占地面积、建设规模有了较大拓展，最大的服务区占地面积达到了500 亩。二是各种管理体制、经营模式日趋多元，全国逐步呈现出"百花齐放"的格局。三是各地在不断探索和实践过程中逐步制定并出台了一系列管理制度和服务规范，如辽宁省制定实施了《辽宁省高速公路服务区质量管理标准》，对全省服务区的管理、经营和服

23

务工作的标准、流程及检查、考核、评比程序进行了系统规范；广东省发布了《广东省高速公路服务设施设计和验收暂行要求》；河北省交通厅印发《河北省高速公路服务区管理办法》，同时在全国率先开起了服务区星级评定制度；河南省制定出台了《河南省高速公路服务区管理办法》、《河南省高速公路服务区公共设施维护管理规定》和《关于进一步开放服务区经营市场加快推进服务区经营专业化进程的指导意见》等一些行业管理规章。

（3）全面提高阶段发展特点

质量全面提升阶段高速公路服务区的发展特点：一是受国家严格控制用地政策的限制，同时在理念上日趋理性化，各地服务区建设摒弃了片面追求规模的做法，注重与当地的经济发展水平、人文地理环境、公众服务需求等相结合，在服务区的建筑风格、功能设置等方面更加注重适合国情、省情和当地民情，服务区占地面积更趋合理。二是在服务功能、服务品质上注重高速公路服务区的品牌创建、形象塑造，注重在"软环境"上下功夫。三是服务区的占地面积与人、车流量的增长开始出现"剪刀差"状况，如何走出两难境地，成为服务区建设中面临的一个新课题。四是在经历了各种管理体制、机制、经营模式探索之后，体现出高速公路服务区规范管理体制、制定行业管理标准的紧迫性，各省出台了一系列服务区管理的标准规范，服务质量稳步提升。这一阶段的服务区在管理和经营方面出现了一些新的变化：

①服务区管理理念，从"有服务"到"好服务"的转变。

②服务内容，从基本服务功能到延伸服务功能转变，服务能力稳步提升。

③关注人群，从高速公路服务区的直接服务群体扩展至社会各个层面，随着高速公路网的日臻完善，社会各群体均成为高速公路服务区的潜在客户，高速公路服务区因而逐渐成为全社会广泛关注的服务窗口。

④服务区形象，从"草根店"到"品牌店"的转变。

⑤服务区运营理念，从注重"经济效益最大化"到"经济性与公益性的平衡"的转变。

（4）服务品质提升阶段发展特点

服务品质提升阶段高速公路服务区的发展特点：交通运输部层面首次在颁布的文件中对高速公路服务区的管理提出明确要求。在《交通运输部关于改进提升交通运输服务的若干指导意见》（交运发〔2013〕514号）中指出：要规范高速公路服务区管理。进一步明确服务区的功能定位、服务要求、保障措施和监管机制，着力解决服务区卫生条件差、停车不规范、设施不完善、商品价格偏高等问题。制定提升高速公路服务区服务的政策措施，做到餐饮卫生合格、价格合理、停车规范有序、加油安全放心、卫生间整洁干净。逐步完善人性化服务设施，实时播报路况及气象信息，有序推进绿色低碳生态服务区建设，实现顾客投诉处置零积压。

此外，为顺应新形势新要求，2013年下半年，在交通运输部有关部门的大力支持下，中国公路学会高速公路服务区工作委员会组织行业专家，首次启动了《关于高速公路服务区完善服务功能提升服务质量的若干意见》编写工作，在行业管理的最高层面对高速公路服务区未来发展提出明确要求，并进行了完整阐述和重新定位，这必将成为高速公路服务区发展的一个新起点。

3.3 国内研究现状及存在问题

目前，我国已经对高速公路服务区设计与管理理论进行了比较广泛的研究，对高速公路服务区开发的理论也进行了探讨，同时，国内外学者对高速公路服务区的经营模式、协调布局、物流管理、功能等方面进行了一些研究，但专门针对高速公路服务区功能拓展的研究较少，大多数研究都比较宽泛，缺乏具体的对高速公路服务区基本产业项目的开发实施，这不但阻碍了高速公路服务区整体功能的实现，也不能适应我国高速公路和国民经济的快速发展。

3.3.1 国内研究现状

(1) 高速公路服务区经营管理模式

国内学者对高速公路服务区的营运、管理进行了较多的理论发掘。《高速公路服务区建设与运营管理模式研究》一文中，吴斌认为目前高速公路服务区多数实行的是一种企业形式的管理模式，具有经营的自主性、核算的独立性等特点。《高速公路服务区运营管理研究》一文中，王炜对服务区的规划设置、形式及规模、服务内容等进行了全面的分析，并指出了服务区管理应遵循的基本原则。《高速公路服务区管理模式探讨》一文中，朱心齐分析目前我国高速公路服务区的经营现状，并对我国高速公路服务区经营管理模式进行了全面的分析，针对我国高速公路服务区在管理模式上提出了一些设想和创新。《探讨高速公路服务区经营管理模式》一文中，张桂华认为经营管理模式的选择是服务区发展的首要之务，多元化的合作经营方式是未来发展的方向，建议以多元化合作为主体寻求发展之路和聚精合力创品牌，还有一些学者也从高速公路管理或企业角度对高速公路服务区运营问题进行了探讨。

吴俊琴在《海西建设大视野下福建高速公路服务区经营现状分析与发展》中对福建省高速公路服务区经营管理模式进行了分析，认为条件较好的服务区自营，其余的对外承包经营，外包的服务区实行一体化管理、统一品牌标识，统一标准。适时地提出了一体化管理的设想，着实是顺应了福建省高速公路服务区未来发展的趋势，可供笔者借鉴。

南昌大学的温荣生在《江西高速公路服务区经营模式转变研究》中，对当前江西高速公路服务区的现有经营模式进行分析，从中找出当前所存在的弊端。通过对国内外高速公路的对比研究，结合江西省的实际情况以及服务区相关特性对经营模式的内在要求，提出要选择目标模式的原则，并最终选择了自营、合作经营、租赁经营相结合的多元化经营模式，且与现有模式进行比较，阐明了选择的原因，预测了经营模式转变的结果，设想了可能遇到的问题，并提出了相应对策。

张亚东在《我国高速公路服务区功能完善与拓展的思考与建议》中突破了传统高速公路"全封闭式"的理念，在"选点开放式"的新理念指导下，遵循分级匹配原则，基于对高速公路地理特征的优劣分析，提出服务区应采用分级建设模式，建设新型绿色服务区，建设开发型电子信息导航体系，建设物流结点或货运中心的观点。

谢建军在《高速公路服务区现状探讨与发展建议》中对广西高速公路服务区的现状进行了分析，提出构建高速公路服务区必备的三大支撑系统：经营系统标准化管理系统、培训系统，三大系统相互支持，缺一不可，为高速公路服务区系统化管理提供了有力参考。

（2）功能及布局

地区发展的不平衡，使得高速公路服务区的产业开发总体上还不成熟，没有坚实的理论支撑，各地区之间的建设与发展也出现了明显的参差不齐的现象。其中很重要的一个原因在于，国内缺乏对服务区的功能定位，并就区域服务区的具体的功能扩展进行研究。

长安大学张波在《高速公路服务区经营开发与功能布局》一文中，通过对国内外服务区发展状况分析的基础上，从服务区的服务对象角度分析了服务区的功能需求，并结合陕西、山西、河南、湖北、山东等省服务区的调研成果对现有服务区进行分析，选取若干服务区进行功能评价。这是一次对高速公路服务区的功能布局进行的大胆探索，其中结合区域服务区的调查研究更是具有实际应用的意义。

庞志勇在《我国高速公路服务区现状和发展趋势浅议》中以服务区建设为切入点，对当前服务区现状作出了详细的分析，提出了相应的战略方法，就其中的高速公路服务区除具备现有功能外还应成为商贸流通的平台，并与旅游及文化产业相结合的新型思路。

汪晋宇在《重庆高速公路服务区功能拓展及管理研究》中，重点对服务区拓展物流、农产品集散和旅游休闲三方面进行了研究。

《浅谈高速公路服务区的设置》一文中，罗红刚对高速公路服务设施的内涵、功能、选址、规模、总平面布局设计及建筑单体设计要求等进行了相关论述。《浅谈广东省高速公路服务区规划的原理与方法》一文中，王子明、李伟坚以广东省高速公路服务区规划为基础，探讨了服务区规划存在的问题，介绍了服务区总体布局规划的基本原则，并提出了对服务区规划实施看法。《高速公路休息设施的规划、停车容量及征地规模》一文中，惠岗、刘龙军、薛风歧根据沈大路服务区的实地资料，推算了高速公路休息设施的征地规模。《高速公路服务设施建设规模研讨》一文中，郭林、张德臣、常连厚结合国外规范和部分国内高速公路实际使用情况提出了适合山东省的服务设施规模。

国内最早的关于服务区用地规模的规定是 2000 年 1 月 1 日起开始执行的《公路建设项目用地指标》，之后的《高速公路交通工程及沿线设施设计通用规范》JTGD 80—2006 仍沿用了此规定的标准水平，其中第 6.2.4 条和第 6.3.4 条分别对服务区和停车区的用地规模和建筑面积作出了规定：服务区用地面积四车道、六车道高速公路分别为 $40000m^2$、$53333m^2$，建筑面积分别为 $5500m^2$、$6500m^2$；停车区用地面积四车道、六车道高速公路分别为 $10000m^2$、$12000m^2$，公共厕所面积分别为 $60m^2$、$110m^2$。

《高速公路交通工程及沿线设施设计通用规范》还补充了："服务区用地面积不含服务区出入口加减速车道、贯穿车道以及填（挖）方边坡、边沟的用地"、"停车区用地面积不含停车区出入口加减速车道以及填（挖）方边坡、边沟的用地"、"当停车区与服务区共建时，其用地和建筑面积为服务区与停车区之和"、"八车道高速公路服务区用地面积不宜超过 $8.0000hm^2$/处和 $8000m^2$/处"等几条注解。

《高速公路房屋建筑设计初探》（2000 年）一文中，欧晓星结合交通中人的心理等特点提出创造具有公路交通特色的服务区建筑风格。鉴于此，交通部《公路工程技术标准》JTGB 01—2003，对于服务设施和间距作了进一步规定："A 级服务区应提供停车场、公共厕所、加油站、车辆修理所、餐饮与小卖部等设施，平均间距应为 50km"，但是对于服务区的具体规划、平面设计的技术标准和设计方法并没有作出具体的要求。

（3）设施设置及评价

目前国内在对服务区服务水平的评价方面研究较少，于友斌提出了基于模糊层次分析评估方法的高速公路服务区服务水平评价模型，并以内蒙古高速公路服务区为例进行了实证研究；赵君莉等对高速公路服务区内各个功能设施的运行特性进行分析，并根据其运行特性提出了各个功能设施相应的服务水平分级指标、分级标准，采用距离综合评价法对多个服务区系统服务水平进行比较，并结合重庆市服务区的实测数据对方法进行验证。

2000年1月1日起开始执行的《公路建设项目用地指标》是国内最早的关于服务区用地规模的规定，之后的《高速公路交通工程及沿线设施设计通用规范》JTGD 80—2006依然沿用了此规定的标准水平。

在《高速公路沿线服务区布局规划研究》中，付建广、周伟、王元庆探讨了高速公路服务区设置的规模标准，并以获得最大综合效益为目标，构建了服务区布局数学模型，用于服务区布局方案的确定和优化。在《浅谈高速公路服务区设计》中，杨大勇对高速公路服务设施功能、选址、总平面布局设计等进行了相关论述。在《高速公路休息设施的规划、停车容量及征地规模》中，惠岗、刘龙军、薛风歧根据沈大路服务区的实地资料，推算了高速公路休息设施的征地规模。在《高速公路服务设施建设规模研讨》中，郭林、张德臣、常连厚结合国外规范和部分国内高速公路实际使用情况提出了适合山东省的服务设施规模。

（4）安全管理

最近几年交通运输领域存在的风险越来越大，许多交通领域的专家学者开始尝试运用风险管理理论体系进行安全评价，运用安全管理中的危险源辨识、消除及控制等方法来分析重要交通设施的安全性。施工企业也正在积极建立和实施职业健康安全体系（OHSMS），随后一些交通运输行业开始应用一些危险源辨识和评价方法研究交通事故，如用事故树分析方法交通事故原因，使用安全检查表法检查企业的安全隐患等。安全与应急救援是高速公路服务管理的重要内容，服务区是高速公路安全应急救援的重要基地和依托，因此在服务区设置安全与应急救援功能是高速公路安全管理的需要。

在《浅谈我省高速公路服务区的安全管理》中，刘琦根据广东省高速公路服务区安全管理情况，提出了制约服务区安全管理的主要问题，针对这些问题，李琦认为高速公路服务区规划建设技术标准制定滞后于高速公路建设和高速公路服务区建设资金投入是造成上述问题的主要原因，进而，李琦提出了解决问题的对策。

在《浅论如何做好高速公路服务区安全管理工作》中，刘虹则根据江西省高速公路安全管理情况，指明了安全问题集中体现的四个方面，对此又提出了六条关于安全生产事故的预防对策，对高速公路服务区安全问题作出了自己的建议和思考。

在《服务区安全管理对策》中，周家全、郑振海对服务区安全隐患作了分析，认为服务区的安全风险点主要集中在服务设施、食品水源和外来车辆人员方面，进而从加强服务区安全宣传工作、消防安全的对策、安保管理方面的对策、食品安全管理的对策四方面提出了改善服务区安全情况的对策。

安全与应急救援是高速公路服务管理的重要内容，服务区是高速公路安全应急救援的重要基地和依托，因此在服务区设置安全与应急救援功能是高速公路安全管理的需要。交通运输部2009年4月出台的《公路交通突发事件应急预案》，适用于涉及跨省级行政区划的，或超出事发地省级交通运输主管部门处置能力的，或由国务院责成的，需要由交通运输部负责处置的特别重大（Ⅰ级）公路交通突发事件的应对工作，以及需要由交通运输部提供公路交通运输保障的其他紧急事件，其应急预案体系涉及应急组织体系、运行机制、应急保障、监督管理等部分。由此可见，上述研究特别是突发事件对公路交通的影响更多集中于理论研究和政策层面，而对于高速公路服务区在突发事件应急管理方面的研究尚很缺乏，面对我国快速发展的高速公路网、越来越复杂的环境和对服务更高的要求，尤其是经历了 2008 年初我国南方雨雪冰冻灾害和同年 5 月汶川大地震救灾工作后，应急管理的重要性和现实中的缺失尤为突出，在此背景下，高速公路服务区应急管理意义重大。

3.3.2　现状存在问题

我国高速公路建设起步较晚，自 1990 年第一条高速公路（沪嘉高速公路）通车至今还不足三十年；由于发展时间较短，对高速公路服务区的认识也存在一个由浅入深，逐渐明确，到更加注重其发展的过程。近年来，随着高速公路建设的发展，高速公路交通如何体现安全、服务的观念，如何突出交通文化的现代内涵和品质，满足社会经济发展和文明进步的要求，已成为社会各界和公路行业普遍关注的焦点，对高速公路的重要服务设施——服务区的作用也日益重视，然而服务区存在的问题也日益暴露，高速公路服务区未做好总体规划和内部设计是目前高速公路主要服务区存在的最基本问题，主要表现为以下几个方面：

（1）布局及征地面积方面

高速公路服务区为了给道路使用者提供必需的停车、休息、加油、检修、餐饮、如厕等服务，以满足道路使用者的基本需求，同时缓解司乘人员的疲劳、紧张状况，相应地要求建设比较完善的公路服务设施。从区域分布看，东中部地区的服务区密度普遍高于西部地区，如江苏省的平均间距为 47km，河南省为 54km，甘肃省为 76km。从布局和征地面积方面来看，现状高速公路服务区主要存在两大问题：

①服务区的布局不合理，缺乏整体布局意识

服务区作为高速公路的一项重要设施，应与高速公路全线工程及相邻高速公路的建设进行总体规划，统一考虑，合理布置服务区、停车区的位置。但在高速公路的设计过程中，往往仅考虑本条高速公路的功能，缺乏对整个路网的认识。由于建设时期的不同，并且高速公路有时不是同一个业主单位，相互之间缺乏必要的协调与沟通，更加缺乏了总体规划的意识。如有些路段服务区的间距长的达 150km，近的却只有 11km，有些地区甚至不设置服务区或全部缓建。

②服务区征地面积偏小

服务区的设计多由建筑部门设计，缺乏对交通量、车型的认识与分析，对于服务区的占地规模主要是凭主观或领导的决定，尤其是早期建设的一些服务区，在路网逐步成型及长大型车辆比重逐步上升的国道干线上，这一问题更加突出。如陕西省高速公路服务区的规模主要是以 50～60 亩为主体；很多服务区没有考虑预留扩建问题，导致再次征地非常困难，西黄高速的纸坊服务区就是比较典型的例子，依山傍水，完全没有扩充可能。

（2）运营管理及发展方面

目前，我国绝大多数服务区的加油站、餐厅、小卖店、修理部等设施采用了"承包"

或"租赁"等经营方式，而停车场、公共厕所等公共设施则全部由高速公路管理部门承担日常维护工作，免费供司乘人员使用。多数高速公路服务区（占 57%）上缴的经营收入，略大于该服务区公共设施的日常维护成本，部分省份通过服务区之间的"以丰补歉"来调剂解决，还有一些省份利用通行费或旅游方面来弥补这方面的不足。同时，服务区是高速公路应急保障中的重要一环，在突发事件发生时可作为应急指挥中心、滞留旅客临时休息处、救灾物资补给点等，在雪灾、医疗灾害等应急灾害发生时起到良好的保障作用。

①设计上千篇一律，追求"小而全"，服务区功能却未很好体现

在设计方面，为节省设计费用，往往一张图纸在不同线路上原封不动地使用，而没有考虑与地形和周边环境的适应、协调。内部设施片面追求"小而全"，在现有服务区中，住宿设施条件差，床位少，基本没有人来住宿，停车场、免费休息场占地面积较小，满足不了使用要求。所以，内部设施需要根据司乘人员的需求来设置，从使用者的角度来考虑服务区的设计。

②经营局限于基础服务项目，开发力度不够

目前，大部分服务区的经营项目仍旧是加油、餐饮、住宿，并没有意识到服务区的潜能，将它与地方经济融为一体，除浙江、江苏、广东等省外，大部分的服务区经营模式局限于由高速公路主管部门一统天下，缺乏灵活的形式，没有与市场衔接。

(3) 信息化建设方面

高速公路服务区作为高速公路的附属设施及主要服务窗口，是塑造高速公路社会形象的重要窗口，是提高高速公路运行收入的重要支撑。从长远来看，服务区市场潜力巨大，提升服务区的潜力和形象，除了在经营方面要了解市场、分析市场、细分市场，找到立足点外，还需要在管理方面实现规范化、科学化、精细化和数字化，从而实现高速公路服务区的多功能、高效率和高效益，必须有先进而完善的信息系统提供有力支持。信息化是指将先进的信息技术、数据通信技术、控制技术、传感器技术、运筹学、人工智能和系统综合技术有效地集成应用于高速公路的建设和管理，使其具有语言、数学逻辑推理、视觉模拟或替代人的肢体运动的能力，从而加强车辆、道路、使用者三者之间的联系，形成一种安全、高效的运输系统。

①公路服务区信息化系统缺乏规划

目前，我国高速公路服务区体系根据经营管理的需要先后实施过一些信息系统，但是，由于缺乏统一规划和深入研究分析，普遍存在着信息孤岛、传递滞后、功能薄弱等问题，无法支持精细化管理。信息化建设过程中要以全局观为导向，采用系统化思路，紧密围绕公司的总体经营战略，确立信息化的战略目标。高速公路服务区的信息化建设要兼顾到单个服务区的具体情况，充分利用服务区既有的设施设备，走节约之路。

②高速公路服务区信息化建设管理亟待加强

服务区已向规模化连锁经营和集团化管理迈进，其信息化体系建设管理成了当务之急。如在监控系统、车辆检测系统、电子巡更系统、报警监控系统、人力资源管理系统、餐厅管理系统、超市管理系统、客房管理系统、汽修管理系统等方面进行系统化设计和管理。高速公路服务区信息化建设的目标是使服务区能够走上可持续发展之路，从而实现高速公路服务区管理的良性运转，因此信息化、数字化、智慧化的管理水平亟待提高。

3.4　高速公路服务区发展趋势

3.4.1　发展动因分析

(1) 高速公路规划建设对服务区发展的影响

"十二五"期间，我国交通运输仍处于大建设、大发展时期，经统计，截至 2015 年底，当年新增高速公路里程 12212km，全国高速公路总里程已达 125373km，国家高速公路网已基本建成。预计"十三五"期末，新建改建的高速公路里程约为 3 万 km。伴随着高速公路的大力建设，服务区的建设也将迈向一个新的台阶，服务区的发展将进入一个新的阶段。

(2) 经济社会发展对高速公路服务区发展的影响

改革开放以来，我国国民经济持续保持快速健康发展。2015 年，中国的国内生产总值（GDP）达到 67.67 万亿元，世界排名第二，仅次于美国，人均 GDP 为 5.2 万元，约合 8016 美元。国民经济的持续快速增长，一方面使工业化、城镇化进程加快，产业结构产生重大调整，市场配置资源作用发挥更充分，产品生产呈现更加社会化、专业化的发展趋势，从而市场品的流通性和货物运输需求不断提高；另一方面，国民经济的持续快速增长也让人民生活水平进一步提高，消费结构的不断升级，人们出行频率、出行距离更加频繁、延长，对客运提出了更高的需求。运输需求的提高一方面将增加高速公路的车流量，另一方面将产生新的服务需求，由此保证了高速公路服务区主营业务收入获得进一步提高，从而对高速公路服务区可持续发展产生积极影响。

(3) 汽车消费和市场发展对高速公路服务区可持续发展的影响

我国汽车消费市场持续快速增长，至 2015 年底，我国每千人拥有 59 辆汽车，与世界平均拥有量仍有差距。由此可见我国汽车消费市场仍有相当的发展空间。以私人汽车消费热为代表的新一轮宏观经济持续增长已经呈现，并将直接推动整个高速公路的发展。由此，高速公路服务区的发展空间也将得到进一步提升。有利于高速公路服务区的可持续发展。

(4) 人民生活水平的提高对高速公路服务区的发展提出了新的要求

节省时间以尽快抵达目的地成了现代社会里人民选择高速公路出行的主要原因。随着人们对生活质量的要求提高和自驾游的增多，司乘人员逐渐倾向于驾驶一段时间后进行适当的休息而不是长时间的枯燥驾驶和疲劳驾驶。除此之外，在需求内容上，司乘人员也从加油、进餐等基本需要逐步扩展到住宿、休闲和娱乐等。国外经验也表明，高速公路服务区提供的服务呈现出停车、餐饮、如厕等基本服务向休闲娱乐等拓展服务发展的趋势。

3.4.2　发展趋势分析

我国高速公路服务区的运营管理模式在各地之间也不尽相同。从收入来看，目前处于盈利、平衡和亏损约各占 1/3。由于经济相对落后，中西部省份大部分地区对服务区的运营管理模式比较落后，高速公路上稀少的车流使得这些地区的服务区一般选择自主经营管理模式，而且很多服务区缺少相应的规则制度来约束服务区的经营管理，相关部门对服务区的经营管理也不上心、忽视监管，这导致服务区的效益差，车流人流少。而经济相对发达的东部沿海省份则较多地选择租赁经营管理模式或承包经营管理模式，如辽宁省，辽宁高速公路实业发展总公司将加油站、餐饮和汽修厂分别租赁给中石化、大商集团和吉林省众城汽车服务连锁有限公司进行经营，而自己只负责对租赁方的管理，并以收取高额度保证金的方式对租赁方进行严格的管理。高速公路服务区市场化运作和多元化发展是我国高速公路发展的两大必然趋势。高速公路服务区的发展在运营管理方面未来将呈现专业化、规模化、社会化、网络化、综合化、生态化的发展总趋势。随着我国国际化、市场化、信息化进程的日益加快和高速公路网的日趋完善，服务区在高速公路运营管理中的地位越来越重要，整体而言，高速公路服务区有以下几点发展趋势：

(1) 将由休息功能向休闲功能转变

高速公路的休闲功能更加丰富，加油站、快餐和小卖部这些简单经营范围已经无法满足人们对生活质量的要求，高速公路服务只有提供更丰富、更具特色和个性的商品和服务，才能满足司乘人员的需求。提供矿泉水、香烟、零副食的小卖部，将会由小商场或小超市取代，商品质量将会大大提高，经营品种将更具个性化和地方特色，尤其是当地特有的水果、药材、工艺品等具有地方特色的产品将成为服务区销售重点。服务区除了为司乘人员提供服务外，更为地方经济和旅游宣传服务，起到旅游推广作用。服务区内餐饮服务将更加丰富，当地特色美食、小吃将成为经营重点。服务区除了提供快餐外，将出现一些连锁经营的中高档餐馆，满足一些自驾游和高端商务人士需求。服务区内的休闲、娱乐方面服务将会增加，足浴、推拿、桑拿、客房等更能让司乘人员休闲和更好恢复疲劳的休闲服务将会增加。

(2) 部分服务区将转变成物流园区

服务区一般占地较大，具备一定的堆存能力，具有建设物流仓库和配送中心的土地资源。同时，服务区作为物流集散地，具有点多面广、交通便利的特点及优势，有利于建立小件货物快速运输系统，开展运输、仓储、配送、中转、包装、报关等综合性物流服务。道路货运、仓储服务，再加上现代化的管理技术，就基本上实现了现代物流的全部内涵。当然，服务区向物流区转变还需要一个过程。

(3) 高速公路服务区将成为商贸流通的重要平台

随着物流业的配送中心向高速公路服务区转移，以及高速公路货运系统的建立，服务区内连锁经营单位也将实施分区统一配送、统一经营管理，规范服务标准、提高服务水平。通过连锁经营网络，高速公路服务区内经营地区特色产品也将出现在其他区域，增加货运流通，提高地方特色商品知名度和竞争力，同时促进地方经济的发展。另外，随着服务区的发展和服务质量的提高，高速公路对司乘人员的吸引力将会不断提高，从而也促进整个高速公路的经营能力和盈利水平。一旦高速公路服务区经营对高速公路运营形成良性互动，又将促进连锁经营品牌的发展，使其走下高速公路，向其他经营场所延伸。

福建省高速公路服务区发展经历了自然发展阶段、探索阶段和品牌化、标准化经营阶段，在经营管理上采用三级管理体系，创建了诸多品牌并进行了经营、管理上的诸多创新，以福建三明贡川高速公路服务区发展为例来看，未来高速公路服务区的发展将由基础性和拓展性基础服务共同构成，其整体发展趋势在品牌化、标准化经营的基础上进行服务产业规模化、集约化、品牌化、智慧化发展。

①经营模式上：由零碎化、自营走向规模化、共赢

在服务区现有资源利用的基础上，最大限度地进行合理的资源整合，在引进品牌的同时，注重打造自己的品牌，逐步实现服务区经营的规模化、共赢。

②服务理念上：由单一化、"休息服务"走向多元化、"休闲服务"

随着人们生活质量的提高，出行路途消费不仅仅停留在吃饱的问题上，而是讲究消费的质量，及对品牌餐饮和高品位生活质量的需求。配套设施在公共服务系统之上，更有非营利性的人性化的附加服务功能。

③营销策略上：由高价、低端、零售走向 O2O 批发和平价零售兼具多样化

制定新的销售策略，逐步推行零售价与市场价接轨，最终达到全部商品平价销售，实现同城同价，并通过 App 和物流网络实现线上选购、线下送货到家的服务，从而促进服务区收入长远稳步提升的目的。

④平台功能上：由司乘逗留的场地走向旅游、文化、商贸、物流的载体

在高速公路通行服务中融入文化、旅游信息，指引休闲购物等配套服务，改善大众出行条件和旅游活动品质。同时随着物流业的配送中心向高速公路服务区转移，以及高速公路货运系统的建立，服务区内连锁经营单位也将实施分区统一配送、统一经营管理，规范服务标准，提高服务水平。

⑤管理模式上：由封闭落后走向开放创新

对具备条件的、距离中心城区较近、有相对固定客流的服务区可探索实施开放式经营，为未来服务区的整体开放式经营积累经验。同时在科学化管理上下功夫，在体制、机制上进行不断创新，找准关键性控制因素。

得益于国家的政策指导，全国高速公路骨架网络已基本完善，未来高速公路服务区经营管理应综合开发、多元经营，其发展方向主要向专业化、规模化、社会化、网络化、服务智能化、服务综合化、行业文明化等方面不断发展。

参考文献

[1]　张琛．高速公路服务区经营开发与功能拓展［D］．陕西：长安大学，2013

[2]　中国公路学会．1988-2013 中国高速公路服务区发展报告［R］．中国公路学会：http://www.ccpress.com.cn/，2015

[3]　吴斌．高速公路服务区建设与运营管理模式研究［D］．成都：西南交通大学，2008

[4]　王炜．高速公路服务区运营管理研究［D］．武汉：武汉理工大学，2008

[5]　朱心齐．高速公路服务区管理模式探讨［J］．经济论丛，2011：209

[6]　张桂华．探讨高速公路服务区经营管理模式［J］．现代装饰理论，2012：116

[7]　曾园．企业高速公路服务区经营模式研究［D］．武汉：武汉理工大学，2012

[8]　王太．高速公路服务区协调布局与运营管理模式研究［D］．西安：长安大学，2012

[9]　申旺．高速公路服务区规划与管理研究［D］．西安：长安大学，2010

[10]　施能自．如何避免绩效管理中的误区［J］．人力资源开发与管理，2001（11）：38-40

[11]　温荣生．江西高速公路服务区经营模式转变研究［D］．南昌大学 2009

[12]　张亚东．我国高速公路服务区功能完善与拓展的思考与建议［J］．物流科技，2009（01）

[13]　张波．高速公路服务区经营开发与功能布局［D］．硕士论文．长安大学，2007

［14］ 庞志勇．我国高速公路服务区现状和发展趋势浅议［J］．公路工程与运输，2006（7）：66-68

［15］ 汪晋宇．重庆高速公路服务区功能拓展及管理研究［J］．物流科技，2011（07）

［16］ 付建广，周伟，王元庆．高速公路沿线服务区布局规划研究［J］．中国公路学报，2001.12，81-84

［17］ 高速公路丛书编委会．高速公路交通工程及沿线设施［M］．北京：人民交通出版社，1996

［18］ 孟祥茹．高速公路服务区管理［M］．北京：机械工业出版社，2004.7

［19］ 交通部工程管理司译制组．日本高速公路设计要领［M］．北京：人民交通出版社，1980

［20］ 交通部公路管理司译制组．日本高速公路设计要领［M］．西安：陕西旅游出版社，1991

［21］ 孙家驷，张维全．道路设计资料集（第七分册）［M］．北京：人民交通出版社，2005

［22］ 于友斌．高速公路服务区服务水平评价研究．内蒙古公路与运输，2014（06）：23-26

［23］ 赵君莉，汤毅，王建伟．高速公路服务区系统服务水平综合评价方法［J］．长安大学学报（自然科学版），2008（06）：73-75＋84

［24］ 付建广，周伟，王元庆．高速公路沿线服务区布局规划研究［J］．中国公路学报，2001（14）：83-86

［25］ 杨大勇．浅谈高速公路服务区设计［J］．黑龙江交通科技，2011，06：33

［26］ 惠岗，刘龙军，薛风岐．高速公路休息设施的规划、停车容量及征地规模［J］．东北公路，1996（02）：22-26

［27］ 郭林，张德臣，常连厚．高速公路服务设施建设规模研讨［J］．山东交通科技，2001（01）：13-18

［28］ 陈宝智．危险源辨识控制及评价［M］．成都：四川科学技术出版社，1996

［29］ 吴宗之，高进东．重大危险源辨识与控制［M］．北京：冶金工业出版社，2001

［30］ 孙俊伟．建筑施工安全生产危险源辨识与控制［D］．重庆大学，2007

［31］ 杨龙天，陈葵阳，包晓海．危险源辨识、风险评价和风险控制全过程方法探讨［J］．石油化工安全技术，2005，21（6）：32-36．

［32］ 刘虹．浅论如何做好高速公路服务区安全管理工作［C］．第四届中国高速公路服务区管理年会论文集，2010：34-36．

［33］ 周家全，郑振海．服务区安全管理对策［C］．第五届中国高速公路服务区管理年会论文集，2011：7-9．

［34］ 刘琦．浅谈我省高速公路服务区的安全管理［J］．交通建设与管理，2009（12）：70-71．

［35］ 刘虹．浅论如何做好高速公路服务区安全管理工作［C］．第四届中国高速公路服务区管理年会论文集，2010：34-36

［36］ 周家全，郑振海．服务区安全管理对策［C］．第五届中国高速公路服务区管理年会论文集，2011：7-9．

［37］ 未小刚．高速公路服务区开发与管理研究［D］．陕西：长安大学硕士学位论文，2006

［38］ 裘春虎．浅谈高速公路服务区信息化建设．科学时代，2012（07）

第4章 服务区功能拓展

由于我国高速公路发展起步晚、底子薄，服务区作为高速公路管理系统中重要的附属设施之一，虽然数量庞大，但在功能设计方面存在许多值得提升和拓展的方面。双重性是服务区的运营管理的重要特征，一方面，高速公路管理公司向过路的车辆对服务区和高速公路的使用进行收费，并有偿地提供一些服务，具有一定的经营性特点；另一方面，基于为司乘人员和货物提供便利的目的，服务区的功能也具有一定的公益性质。随着社会主义市场经济的不断发展，高速公路服务区市场化运作和多元化发展成为两大必然趋势，服务区的发展重点也应由原有的高速公路服务区所具备的停车、休息、汽修、加油加气等基本服务功能，向更具有经济功能的方向转变，不断加强与地方在生产、旅游、文化、商务等方面的联动效应。服务区功能的拓展需要我们在明确服务区各类功能的基础上对高速公路服务区进行科学的定位和分析，从而更好地把服务区的提升与地方经济的方方面面融合起来，实现可持续的收益和发展。

4.1 服务区功能分类

高速公路服务区是高速公路重要的附属设施，主要根据高速公路使用者的需求提供一系列的服务，以方便高速公路上的人和货物可以舒适、顺利地到达目的地。高速公路服务区要树立"以人为本、以车为本"的思想理念，为高速公路司乘人员提供人性化服务的同时，确保行车安全、停车安全、乘客安全，以保证服务功能。服务区是各项服务的载体。一般而言，高速公路服务区都具备住宿（含停车）、餐饮、加油加气、汽车修理等主要功能（见表4.1）。随着服务业的不发展、高速公路基础设施的完善，以及人们生活水平的提高，近年来，服务业在高速公路服务区得到了很好的发展，比如将服务区作为地方产业、文化的窗口，物流的中转站，旅客的集散中心等。基于基础型、公益型、经营型的性质和需求的紧迫程度，对服务区的功能进行分析，有助于精确挖掘和拓展服务区的职能，从而向用路者提供更人性化、更舒适、更高质量、更现代化、更具有竞争力的服务，保证高速公路提供高速、畅通的通行能力。

服务区主要功能分析

表 4.1

设施名称	服务性质	主要功能	服务对象	需求的紧迫程度		
				高	一般	低
加油站	基础型	加油、加水	车辆	√		
修理所	基础型	修理、保养、加注机油等	车辆	√		
停车场	基础型	停车、检查、整理货物等	车辆	√		
公厕	基础型	大小便、洗漱等	司乘人员	√		

设施名称	服务性质	主要功能	服务对象	需求的紧迫程度		
				高	一般	低
商店	基础型、经营型	购物	司乘人员		√	
餐厅	基础型、经营型	餐饮、休息	司乘人员	√		
住宿	基础型、经营型	住宿、休息	司乘人员		√	
商务中心	经营型	商务活动、会议等	司乘人员			√
休闲中心	经营性	休闲、理发、洗浴等	司乘人员			√
物流中心	经营型	物流集散、配送、仓储等	司乘人员、物流公司、企业、社会		√	
旅游产业及附加产业	经营型	旅游咨询、露营基地、特产生产	司乘人员、游客、周边地区		√	
灾害相应设施	公益型	应急避难场所、消防设施、预防预警机制	司乘人员、公路公司		√	
地方特色展馆	公益型	特产展销、旅游宣传等	司乘人员、周边地区		√	

4.1.1 基础型功能

(1) 原有基础服务

高速公路服务的对象是高速公路上的人和物，即驾驶员、旅客、服务区工作人员和车辆及其运载的货物，因而高速公路服务区的服务对象也具有确定性。服务区的基础服务指的是能满足司乘人员最迫切需求的最基本的服务功能，包括 24 小时停车、如厕、餐饮、加油加气、汽车修理、住宿等方面。因此，服务区必须建设适宜规模的停车场、加油站、公共厕所（包括残疾人用的厕所）、便利店、旅店等设施为满足司乘人员的这些需求（一些车流量相对较小的区域公路网层次的公路上，可以不设旅店）。在此基础上，一些建在车流量较大的国家和区域公路网层次的公路上的服务区，往往还设有较大规模的餐厅、综合型超市、医疗救护中心等设施，以更好地服务司乘人员。

为了提升高速公路服务区的基础服务质量，服务区的设计应当充分考虑车辆和司乘人员的需求，提高车辆进出服务区的便利性，停车场的承载力；服务区的管理、工作人员需要保证服务区具备优质的卫生环境，安全的停车和加油、加气设施，便利的残疾人设施，高效的管理以及诚信的经营。

(2) 升级基础服务

服务区原有的基础功能决定了其在高速公路管理系统的运行中扮演着非常重要的角色。随着信息化的发展和基础设施整体水平的提升，人们对服务区也提出了新的要求，主要围绕其基础服务的智能化和多元化的升级。

①智能化信息公告

服务区作为司乘人员停车休息的节点，除了必要的吃饭、如厕、加油等需求，往往也对路网、天气、旅游等信息和通知非常关注。随着智能手机的普及，人们对网络的需求也与日俱增，在服务区提供免费的无线网络并不是难事，但却大大提升了司乘人员逗留的兴趣。智能手机和网络虽然让人们可以轻松地获取讯息，但必要的信息公告还是可以给司乘人员及时的提醒和准备。高速公路服务区的服务对象主要需要以下几方面的信息：该服务区停车位数量和空余的实时信息，该服务区餐厅及厕所空位的实时信息，该服务区提供和不提供的服务种类，加油站实时油量、油价等信息，该服务区所在高速公路的实时畅通信息，邻近匝道口、互通口的位置和邻近高速公路的畅通信息，邻近收费站的实时排队状况，邻近站点、服务区、游客中心的位置、客流和换乘信息，该服务区附近的天气，服务区所在高速公路所途径主要城市近期的天气信息，服务区所在地区的气象、地质灾害信息，服务区附近的旅游景区的位置、客流量、路线和旅行团相关信息，以及广告推荐等。此类信息根据类别和重要级别，一部分在服务区的大厅中滚动播放，一部分在服务区的入口处进行公告和提醒，另一部分通过服务区大厅内的触摸电子屏向司乘人员展示并进行互动，此外，诸如高速公路出行服务类 APP 等项目的开发、推进和普及也有助于进一步提升服务区的信息公告功能。

②多元化司乘人员服务

在原有基本服务的基础上，为了更好地满足司乘人员的休息和消费的多元化需求，高速公路服务区除了应当提供免费的无线网络外，还应当顺应潮流，提供诸如电动汽车充电桩、女性停车位、儿童娱乐区等服务。未来随着电动汽车的不断普及，服务区建设的充电桩将成为这一过程必不可少的基础设施；女性停车位（为女性司机专门划立的相对宽敞且靠近服务设施的停车位）的设立既体现了对女性的人文关怀，也一定程度上提高了女性在外停车的安全性；研究表明，儿童娱乐区的设立会增加家庭在该区域的逗留时间，不仅延长了司乘人员休息娱乐的时间，也可以潜在地刺激人们在服务区的消费。此外，在服务区内的各类消费，包括餐饮、住宿、景区门票、加油加气、汽车维修保养等如果只能通过传统的现金支付方式，不仅不方便，还存在安全、卫生方面的隐患，除了银行卡，现在流行的支付宝、微信钱包、Apple Pay、Paypal 等方式也需要纳入到服务区的经营中。旅客的需求还有很多，服务区应当以旅客的需求为中心，不断挖掘、拓展其功能，才能真正做到与时俱进。

4.1.2　公益型功能

高速公路是公益性的基础设施，服务区的公益性功能除了体现在向司乘人员免费提供卫生间、停车场、照明、保洁、开水等基础服务，还可以在很多方面体现。在"交通由传统产业向现代服务业转型"的过程中，服务区可以更好地发挥其路网、客流优势和窗口功能，如在服务区建设教育实践、实习基地，建设灾害应急安置区和地方特色展示区。

（1）教育示范功能

服务区作为高速公路网络上的重要节点和必不可少的服务场所，适合与相关院校合作建设实践、实习基地，对诸如物流、旅游管理、汽车维修等专业的学生进行实地培训，培养学生的实际工作能力和实践经验。在服务区设立教育合作示范区，不仅可以加强企业与学校的协作共赢，还可以从专业的角度提升对司乘人员的服务。

服务区作为进入城市的重要窗口，坐拥大量的客流资源，适合通过打造公共区域的文化展厅、布置宣传栏、在游客服务中心提供纸质和口头宣传等方式向司乘人员、游客展示服务区所在地区的历史传统、地方特色和高速公路经营公司的企业文化。一方面，加强地方文化的传承，另一方面，也充实了司乘人员在服务区的休闲时光。地方特色除了可以通过展销地方特产，还可以集中体现在服务区的环境建设、建筑形式和标示系统中，例如在景观设计、建筑设计、装修和装饰中融入地方特色的竹文化、茶文化、脸谱文化等元素。企业文化可以通过定期在服务区举行员工培训，印发企业文化宣传册，制作富有企业和地方特色的明信片、书签等服务区纪念品，通过发放给途径该服务区的司乘人员等方式加以强化和弘扬，提升企业和服务区品牌的影响力。

（2）突发事件应急响应与灾害应对功能

由于我国高速公路全封闭式管理的特点，在遇到突发事件、极端天气、自然灾害、交通事故等特殊事件时，高速公路服务区往往承担着疏散、安置、救助的功能，加油站、汽修厂等设施和通信、广播、网络、监控、管理系统等方方面面也都面临考验。作为高速公路网络上的重要设施和司乘人员集中停留休息的场所，服务区管理部门构建与公安部门、武警消防部门之间的联动机制至关重要。

在突发事件应急响应方面，当火灾、交通事故、灾害性天气突发时，服务区应当迅速做出反应，第一时间协助有关部门控制形势、抢险救灾，最大程度地保障司乘人员的生命财产安全。为了提高应对突发事件的能力，服务区需要研究历史年份的交通事故、灾害性天气等突发事件的发生规律，总结和交流应对此类事件的经验和教训，并在平时做好应急预案，定期进行演练，检验各种预案的科学性、有效性和可操作性。

在应急保障方面，由于服务区通常沿高速公路建设在土地相对平整、基础设施相对完善的区域，服务区应当加强软硬件建设（包括服务应急预案和应急设施的设置），规划好足够的临时避难空间，储备好食品、药品、燃油以及灭火、防洪、除雪所需的物资，提高其自身的综合保障能力，以应对洪水、地震、雪灾等自然灾害带来的大量旅客滞留和高速公路封堵等情况。有关部门和院校相关专业可以协助服务区，有针对性地制定突发事件分类和应急响应级别、服务区应急空间规划、对外应急通道规划和应急物资储备体系。

此外，高速公路经营管理部门也可根据当地情况在服务区设置救护站和医务室，为在高速公路上行驶的车辆就近提供包括医务人员、救援车辆、医疗用品等医疗、救护服务，减少因行车事故或突发灾害而抢救不及时带来的人员伤亡。总之，服务区的准备越充分，储备越充足，设施越完善，面对突发情况时，应急能力就越强，发挥的作用也越大。

（3）特色产品展销功能

高速公路服务区虽然在原有基础功能上千篇一律，但其建设和运营仍然具有不可否认的地域性。服务区的建设规模和其提供的服务特色都与其所处的地理位置息息相关，因此服务区的设计和经营都应当发挥其地域优势和鲜明的地方特色。对于很多长途旅客来说，千篇一律的服务区只能作为休憩的驿站，但符合地方文化特色和产业资源的服务区，可以让当地的历史风俗文化直接面向顾客，让旅客更直接地了解地方文化和特产。

高速公路服务区可以通过打造地方特产展示厅、宣传栏等方式，让远道而来的旅客有机会了解和接触到当地的特色产品；通过引进当地发展成熟的连锁特色超市，出售地方特色食品、农特产品、农副产品、生活用品、旅游纪念品等。例如，在海宁服务区宣传皮革制品，在阳澄湖服务区宣传地方特产大闸蟹，在绍兴服务区宣传纺织品，在贡川服务区宣传竹制品等。在旅游资源丰富的地区，服务区很大程度上扮演了旅游服务的窗口功能，满足远道而来的游客品尝地方特色美食和购买土特产的需求；而在旅游资源相对较少的地区，服务区作为过境车辆的驿站，更应当发挥客流优势，对地方产业、本土品牌、文化传统等方面的特点进行传播，成为提升地方知名度和地方品牌影响力的重要环节。

4.1.3　经营型功能

高速公路服务区虽然是以公益性和基础服务为主，但随着国际化、信息化、市场化进程的日益加快和高速公路基础设施的日益完善，服务区在高速公路运营中的重要性也不断提高，司乘人员对服务区的经营性功能的需求也由传统上提供便利性、及时性商品为主的便利店，逐渐升级为对旅游、休闲、物流商贸等层次的需求。新时期的服务区正在从传统的被动提供基础服务向综合开发、主动服务的模式转变。服务区的经营性功能主要以提高高速公路服务水平和经济效益为目标，通过综合考虑服务区与其沿线的经济、文化、旅游、物流间的双向互动，打造满足客流、车流、物流、信息流、资金流和文化流多元融合的物理空间，实现服务区的可持续发展。

（1）带动旅游业

高速公路具有便利的交通条件，能将沿线的各个景点串联起来，但由于高速公路本身封闭的管理体系，司乘人员在高速公路上的游览受到很多限制。服务区是高速公路的窗口，是旅游业和基础设施发展的关联点，由于每天停留在服务区的客流数量庞大，在服务区开展旅游功能的市场潜能很大。因此，作为高速公路重要的网络节点和旅客停车休息的空间，服务区可以利用这个窗口直接对出行者提供旅游信息咨询以及灵活的住、行、游等联系和预相关的旅游服务。临近景区的服务区内可以推荐、介绍附近和沿线的旅游景区，提供特色餐饮、客运换乘和旅行团队接待服务，不仅可以提高自身服务水平和经济效益，还能对地方旅游业起到带动作用。通过提供旅客更多的除运输服务之外的其他增值服务，既传播了交通路线、民俗风情等方面的信息，又能提升附近风景区、旅游景点的知名度。在旅客出行的高峰期，服务区可以与周边和沿线景点管理部门合作，在服务区内发布各个景点的实时信息，方便旅客安排好游览计划。同时，服务区的有效宣传和服务可以吸引更多旅游者前往景区逗留和游览，无形之中增加了高速公路来往车辆和人流，提升基础设施利用率和服务效率，增加高速公路管理部门的经济效益。

（2）发展现代物流业

现代物流系统离不开快速流通通道以满足顾客对货物及时性的需求，随着市场经济和电子商务业的快速发展，物流业在经济发展和社会生活中的重要性不断提升。高速公路上不仅有人流与物流的流动，更有商业、信息、文化的交流。研究表明，物流设施区域主要位于高速公路为主轴的 5km 半径的区域内（分布在高速公路主轴 10km 内的物流设施占 97.1%），而高速公路服务区就恰恰在这个范围内，因此，服务区是发展现代物流业的最佳区位。由于服务区同时具备土地资源、地理区位的优势，以服务区为基础甚至在服务区内建设物流集散中心，都有利于用地空间的高效利用、交通资源集约化整合，通过完善的设施和提高周边土地的商业价值，促进人口与产业的聚集。

现代物流与传统物流最大的区别在于信息化的纳入，要在服务区开展物流功能，离不开专业的物流信息平台的构建。高速公路服务区物流效率的高低直接影响到产品集聚和配送的效率，因此在服务区的功能布局、设计和管理中，需要考虑到现代物流业务的运行，在建设物流仓储设施、物流集散中心的同时，搭建好现代化的物流信息平台。在条件允许的服务区，"零担"物流配载模式也可以纳入服务区物流系统中，借鉴城市客运中的优步和滴滴专车的概念，基于移动互联网技术的出行服务信息提供和撮合交易平台，在服务区之间发展物流专车，整合碎片化的货物、运输时间和运输资源，充分利用社会空载车辆进行城际货运，并通过服务区的物流配送平台进行集散。

（3）附加产业

服务区作为高速公路的窗口，坐拥便利的公路交通和充足的人流，可以将服务区的升级转型与地方产业升级转型挂钩，开发农贸市场、旅游休闲服务和地方特产加工、展、销"一条龙"服务等功能，成为地方产业经济的新增长点。

在服务区设置农贸市场具有一定的地域限制。对于高速公路沿线以农业为主，服务区周边缺乏集镇的地方来说，以服务区为核心，开发农贸市场，不仅为周边老百姓的生活和农产品销售提供便利，也便于吸引停留在服务区休息的司乘人员购买当地新鲜的农产品，扩大销量，提高当地农民收入，带动当地经济发展。

在服务区及其腹地发展农业旅游、休闲度假、会议会展等服务业，开发建设房车基地、野外露营等营销类、食住类、娱乐类综合项目，有助于服务区从传统的旅途驿站向旅游目的地转型。在服务区开展此类产业，可以加强地方产业与高速公路的联系，不仅有助于服务区完善基础设施建设，提高自身的竞争力和吸引力，还能进一步提高高速公路管理部门的收益，带动地方就业和相关产业的发展，同时有助于地方品牌和名片的强化。

借鉴"前店后厂"运营模式，除了具有地方特产的展销功能，高速公路服务区也可以通过与附近的开发区、产业园区以及农户合作，开展部分地方特产的加工和生产，这样不仅缩短了产品生产与市场销售的距离，更有助于提高消费者的购买兴趣。

此外，服务区同时具有大量的客流和广告投放空间。将服务区的服务大厅、餐厅、卫生间、墙面、宣传栏等处的广告位向市场出租，不仅比高速公路沿线的传统广告更具宣传规模、安全性更高，而且有利于增加服务区收入的提高。

4.2 服务区功能定位

我国公路工程技术标准 JTG B01—2003 中规定根据不同的需求，高速公路服务区可以分为 4 类（见表 4.2）。

我国服务区分类　　　　　　　　　　　　　　　　　　　　表 4.2

服务区分类	功能特点	常设设施		位置
一类服务区	功能完善的综合性服务区，满足司乘人员多元化的出行需求，更加人性化和现代化	常设停车设施、公共厕所、免费休息场所、餐厅、加油站、汽修厂、便利店、条件较好的住宿、洗浴设施，有条件的设置医疗卫生设施	根据服务区所处地区和路段情况设置旅游休闲、商务会议、物流仓储等设施	主要设置重要性较高，交通流量较大的国家公路网层次的高速公路上
二类服务区	比较完善的服务功能，满足司乘人员的出行需求	常设停车设施、公共厕所、便利店、餐厅、加油站、汽修厂、住宿、洗浴设施等服务	一般不包括多样化的住宿设施，物流设施，休闲设施和综合购物区域	主要设置在的国家公路层次的高速公路和车流量相对较大的区域公路网层次的高速公路上

续表

服务区分类	功能特点	常设设施		位置
三类服务区	基础型功能为主，满足司乘人员出行的基本需求	常设停车设施、公共厕所、便利店、餐厅、加油站	一般不包括住宿	主要设置在车流量相对较大的区域公路层次的高速公路或市域公路网层次的高速公路上
四类服务区	功能单一，满足司乘人员的部分需求	设有停车设施、公共厕所、便利店	一般不包括住宿、餐厅，根据情况设置加油站	设置在高级别服务区之间或车流相对较少的公路上

通过划分服务区类型可以体现服务区的差异性，在保证服务区基本服务的基础上提高建设效率、节约建设资金；同时有利于各类服务区的定位和经营管理。高速公路服务区的功能定位，往往与其所在的服务区分类相匹配，但不局限于其分类。一般而言，功能定位是指这个服务区所提供的服务在一个更大的区域范围内所建立的持续的外部关系以及它在这种关系网络中所扮演的角色，需要从该服务区与地方社会经济、运输物流、高速公路网的相互影响关系考虑，综合分析服务区内部环境与外部环境，确定其发展的功能，方向和规模。因此，明确服务区的功能定位对其建设、开发和拓展至关重要。

4.2.1　定位标准

一方面，高速公路服务区的功能定位需要根据当地的自然条件、人文条件、交通和产业发展基础，体现特色，避免服务区发展的趋同性。另一方面，从长远角度看，各个服务区之间，虽然间隔一定距离，但仍在服务对象、产业种类和规模等方面存在竞争，因此只有明确功能定位，才能避免服务区之间的恶性竞争，保证高速公路系统更完善的服务水平。

（1）把握方向

服务区的发展首先要遵循产业发展规律，把握发展方向，避免目标和政策在大的发展方向上摇摆不定、变化无常，带来建设的反复和资源的损失。首先，要明确该服务区未来发展的重点功能属性——是交通客流服务还是物流运输服务，是商业贸易服务还是特色文化服务——诸如此类的重点功能属性一旦确定下来，服务区的功能、产业、规模、布局等也可以有所参照。其次，要明确该服务区的服务类别，或重点服务对象——除了服务司乘人员，服务区是作为地方产业的贸易窗口还是作为区域特色的展示窗口——诸如此类的服务类别一旦确定下来，服务区就可以有针对性地对具体功能和服务进行设计和建设。此外，要对该服务的功能层次进行明确的划分——基础功能、辅助功能、延伸功能分别占服务区空间、资金和管理的多大比例——功能层次的明确，有助于在具体功能设计和产业划分时尽可能地避免大方向的变动。

（2）明确功能

在把握好发展方向的同时，高速公路服务区在发展规划上要明确自身的优势和劣势，再对其功能和服务进行一定的取舍。基于服务区基础功能，服务区要善于在选择和开发公益型功能和经营型功能过程中扬长避短，而不能一味地追求功能的全面和产业的数量。在不明确自身优势资源和发展劣势的情况下，开发过多的功能和项目，只会成为服务区经营的经济包袱，造成资源、建设和管理上的浪费。服务区应当通过综合分析客户需求和服务区周边及公路沿线其他设施提供的服务，根据过往司乘人员、地方政府、周边景区、公路经营管理公司的具体需求，结合地方特色，有针对性地在服务区内增加具有公益性和经营性的设施和服务内容；通过选准地方优势产业，根据地方政府、公路经营管理公司周边农户和工厂的共同发展目标，在服务区有选择性地开发产业项目，打造具有特色的产业窗口。

（3）确定规模

服务区的发展还需要把握好开发的规模。一方面避免盲目扩张带来的资源浪费，另一方面避免开发不足造成无法满足司乘人员的需求。服务区发展规模的确定既需要结合该服务区所在高速公路在地方交通系统中的等级和该路段的日常车流量，也需要综合考虑服务区的功能和发展方向，以及所在地方的产业发展特色和优劣势。有些服务区建设在车流量大的高速公路和城市化程度高的地区，由于其功能服务的拓展和延伸，其开发规模也会随之增大。比如沪宁高速公路江苏路段的阳澄湖服务区有 3.6 万 m^2 的建筑面积，除了具有停车、加油、如厕、休息等基本服务设施外，不仅结合阳澄湖当地的风景旅游资源设有湖滨沙滩游泳区、垂钓区、娱乐中心、别墅酒店等设施，而且以其地方特产阳澄湖大闸蟹为基础综合开发了水产市场、会议中心、购物中心和大型餐厅。相比之下，一些设置在车流量相对较小的区域公路网层次的高速公路上的服务区，由于其功能主要是向过路的司乘人员提供基本服务，开发规模也相应比较小。

4.2.2 影响因素

要对高速公路服务区进行准确的、有前瞻性的功能定位，需要明确影响该服务区发展的核心因素。其中，当地自然条件、周边交通条件、服务区区位特点等基础因素是影响服务区功能定位的基础依据；地方风俗习惯、历史文化遗产、消费结构特征、地区经济发展水平等社会经济因素是影响服务区功能定位，避免服务区趋同化发展的决定性因素；当地的产业优势、经济政策、企业水平和周边产业园区规划等产业因素则对服务区确定功能定位后的进一步发展、转型和升级有很大的促进作用。对于不同的服务区，诸多因素对其功能定位的影响权重也不尽相同，可以依据各项影响因素及可能产生的效果进行聚类分析，从而帮助明确服务区的功能定位。

（1）基础因素

基础因素包括：①服务区所在地理位置、占地面积、周边自然资源、气候条件、植被情况、自然灾害等自然条件；②服务区所在的高速公路的级别和隶属关系、总里程、经营年限、平均车流量、与相邻服务区距离等交通条件；③服务区所在的高速公路的地理位置，途经周边的其他城市，其他交通方式换乘情况，与经济开发区、产业园区、风景旅游区等重要单位的相对位置和距离等区位条件。这些基础因素是在对高速公路服务区进行功能定位时的首要研究对象，也很大程度地影响着服务区发展方向的把握和在功能、服务和产业上的取舍。

（2）社会经济因素

社会经济因素包括：①高速公路周边区域的民族文化、宗教信仰、风俗习惯等因素；

②服务区所在地区的各级各类历史文化遗产资源；③服务区周边区域的人口状况、教育程度、社会价值观、消费结构特征等因素；④服务区所在地区的整体经济发展水平、经济结构及民间投资环境等因素。随着我国经济社会的持续发展，在服务区停留的司乘人员已经不局限于对停车、加油、如厕等基本功能的需求，而对度假、旅游、休闲、特色餐饮、特产展销等服务有了更多、更高的需求。因此，社会经济因素很大程度地左右了一个服务区的发展方向、功能、服务种类的选择以及发展的规模。

（3）产业因素

产业因素包括：①当地优势产业的发展水平；②服务区所在地区在产业开发、经济发展战略、地方扶持和招商引资等方面的地方经济政策；③高速公路运营管理企业的经营能力、融资能力、预测能力、战略规划能力等企业因素；④服务区周边区域或以服务区为依托建设的旅游集散中心、产业园区、工业园区、农产品批发市场的产业发展规划。地方的优势产业，服务区周边的园区和产业发展决定了服务区经营性功能发展方向和产业选择，而当地的产业发展规划、经济政策、企业水平等因素则很大程度上为该服务区实现发展目标的速度和质量提供了支持和保障。

4.2.3　定位方法

服务区发展的现实基础、环境条件和发展前景的调查研究，主要依据是实地考察、各相关部门意见，以及当地资源条件、经济发展、城市发展规划、产业规划、交通网络布局等各类资料。我们一般从地方优势、经营利润、可持续发展和区域协调四个角度对服务区进行功能定位：

（1）地方优势

因地制宜是服务区功能定位的基本原则。自然资源、历史文化传统、经济发展基础、产业结构等巨大的地区差异导致不同地区在经济结构、生产要素、供需关系、产品价格等方面的差异。因此，对服务区而言，只有充分利用区域社会经济基础，把握地方产业优势，发挥好当地历史人文特色，才能做出相对最合理的功能定位，扮演好自身在高速公路服务网络中的角色，不断提高效益、竞争力和影响力。

（2）区域协调

区域协调是服务区发展的基本目标。明确服务区功能定位的目的之一就是推动服务区沿着正确的方向高效地发展，并与服务区所在地区和高速公路沿线的其他基础设施和产业发展相协调。一个服务区的优势体现在一定区域内的比较优势，在高速公路系统中，相邻的服务区之间存在的不仅有竞争关系，也有合作互补的关系；对于服务区和周边地区产业发展的关系也是如此。因此，从区域协调发展的角度考虑，服务区在功能定位时要以大局为重，处理好主导产业和辅助产业间的协调关系，把握好优势产业和其他产业之间的层次关系，明确好服务区产业和外围区域产业选择的圈层关系。

（3）可持续发展

可持续发展是服务区发展的远大目标。科学的规划和合理的功能定位有助于服务区为周边地区的环境可持续以及社会可持续做出贡献，并实现自身在经济和管理上的可持续。从生态效益的角度，服务区在功能定位时首先要尊重自然，保护环境，选择有利于环境和生态的绿色产业，避免大兴土木的建设和过度的开发；从社会效益的角度出发，服务区在功能定位时要完善其公益性质的功能和服务，在社会教育、应急避难和文化传承方面做出贡献；从经济效益出发，服务区在功能定位时要扬长避短，合理选择和布局优势产业，主动创新开发和经营模式，提高经济收益；从管理角度出发，服务区在功能定位时也要注重对企业自身运营管理能力的提升，通过培训、交流、学习和创新，不断提高服务区的运营管理效率和质量，为高速公路和周边地区提供持续、高效、高品质的服务。

（4）服务与经营

服务与经营是服务区实现发展目标的基本途径。在中国，服务区作为高速公路的附属产业，具有公益性和经营性双重特征，在服务与经营上要兼顾社会效益和经济效益。从服务的角度出发，服务区在功能定位时不仅考虑完善其人性化、现代化、智能化的基础服务，而且要发挥服务区的区位、产业和企业优势，开发和完善其在教育示范、突发事件应对、地方特色展销等公益性功能，加强服务区在一定区域内的影响力；从经营的角度出发，服务区的功能定位应统一于高速公路经营公司的整体发展战略，通过对服务区旅游休闲、物流商贸等具有特色和竞争力的产业的开发和科学的经营，不仅提升服务区的经营性收入，更能带动高速公路车流量的提高，从而增加公路费的收入。

4.3 服务区功能拓展趋势

通过近几年高速公路服务区实际运作的情况看，它的经济价值和社会属性远远超出了道路交通的范畴，而是同时具有旅游、休闲、购物、观光和整合地方土特产品等资源的功能。在经济新常态下，服务将成为高速公路经济的新增长点，高速公路服务区的功能和服务面临提档升级。市场化、专业化、规模化、信息智能化的综合服务逐渐成为服务区功能拓展的方向和趋势。

在未来一段时期，城镇化的深入、区域经济的发展、产业转型升级、运输物流组织的变化以及社会机动化水平的提升，都对服务区提出了更多、更高的功能拓展和升级需求，多元化、高端化的出行需求趋势日益明显，个性化、品质化的服务需求也持续增加。因此，新建高速公路服务区需要依据自身定位做好规划与设计，同时已建成服务区可以根据自身条件做好服务区的功能拓展和功能提升。在本书第2章中介绍的美国的服务区主要分为休憩型、服务型、欢迎型三类，我国服务区在改造和升级过程中也可向英美日等发达国家学习，针对不同等级的服务区进行功能拓展。

4.3.1 基础服务的信息化提升

根据服务区自身定位，绝大多数的服务区定位为基础型服务区，主要功能还是为高速公路往来人员提供舒适休息场所，提高高速公路运行效率及间接减少事故发生的概率。随着经济社会的进步，这类服务区也需要在基础服务方面进行改造与升级。部分服务区可根据所在地区人文经济环境条件及人流分析，功能进一步拓展，成为特色综合服务区，与当地经济形成良性互动。

目前，我国的经济发展进入互联网时代，信息化、互联化已经渗透到我们生活的许多方面。高速公路管理和运营的智能化主要体现在通过对高速公路的建设、养护、运营及管理等多方位运用信息技术、数据通信技术、电子控制技术、系统集成技术，实现信息采集、处理和服务的系统化，形成安全、高效、共享的运输和管理系统，从而提高高速公路和服务区的服务水平和服务效率。目前，我国很多高速公路管理单位已经建立了信息网络，但还存在许多的问题和困难：

（1）高速公路服务区信息业务模块分散，缺乏规范化标准，服务区信息与电子收费ETC系统应当进行整合，以通过提醒推荐附近服务区来减少疲劳驾驶的情况。

（2）服务区内面向大众的电子服务设施也缺乏，如逐步完善该类建设，能为往来司机乘客提供更加方便的服务，也成为服务区数据的接入口。

（3）信息系统的建设偏重内部管理，较少涉及资源整合和项目开发，无法带动服务区的整体效益提升。服务区自身信息系统建设需要支持多个业态，具有集成性和拓展性这两个特点，同时可作为数据分析的终端。

服务区信息化的提升，不仅仅是给服务区建设基础的无线网络以方便人们使用，更是充分利用服务区资源，通过电子、信息系统的完善不断提高服务区基础型功能、公益型功能、经营型功能的服务质量，以及整个高速公路网络的运转效率。因此信息化的整合提升是所有服务区在下个阶段的发展任务。有关高速公路服务区的智慧化建设的具体内容和应用框架，在本书的第8章中有详细介绍。

4.3.2　适宜发展的服务区拓展功能

（1）拓展服务的发展

拓展服务的发展也要因地制宜，根据自身的定位和服务区的级别来进行。我国大部分服务区实质上进行的是同质化竞争，没有根据自身条件，创造差异化的市场环境，造成我国高速公路服务区服务功能单一，服务效率低下，经济效益不高。因此在整体服务区设施升级改造与功能拓展的过程中需要因地制宜发展特色服务区，形成差异化的服务内容，不能一味求全求大，最终形成特色服务区与普通服务区的高低搭配的服务区营运体系。拓展功能类型可以大致划分为三类：

①增强基础型

这类服务区是主要提供基础休息服务的服务区，数量最多，除了已有服务区的基本休息、加油、餐饮功能外，适当增加绿地休闲设施，最核心的是完成服务区信息化建设，普及无线网路和自助信息服务。

②物流中转型

这类服务区一般坐落在高速公路网络交汇地区，是主要服务于现代物流业、仓储业的服务区，同时也包含基础服务区的功能，规模相对较大，尤其是停车场及仓储建设也是重中之重。

③特色综合型

这类高速公路服务区可以根据周围特色经济产物及生态环境，进行特色旅游服务区或者特色综合展销服务区，此类服务区中，展示厅、旅游信息中心、优质酒店及餐饮娱乐服务等配套服务设施属于重要特色设施。可按照先展示厅、信息中心，再特色餐饮娱乐，最后酒店配套设施的顺序进行开发。

（2）拓展服务的结合与综合利用管理

上文提及的我国高速公路服务区经营模式主要为承包式和合作经营模式，在江苏、安徽、河南三省多采用自主经营的模式来经营效益较好的高速公路服务区，效益欠佳的则对外承包经营。在自主经营模式中，这三个省份的服务区成立了自己的专业化经营团队，拥有比较成熟的管理经验和管理模式，有助于高速公路服务区的功能拓展的整体规划协调。这类专业化经营公司可以建立良好的质量管理体系，有助于服务区管理经验的推广，有效降低服务区运营成本，从而达到向往来车辆司机提供性价比较高的服务。专业公司的团队建设也可考虑引入民间资本，达到合作连锁经营模式下的专业化运营管理的目标。合作连锁经营不仅仅解决服务区在设施建设和功能拓展方面的规划协调，还能建立标准化的服务模式、服务内容，吸引已有国际国内知名服务商进驻，提升服务区内商业水平，有助于监理服务区营运品牌。例如肯德基、麦当劳、星巴克等已经在我国部分服务区内开设网点。

4.3.3 功能拓展过程中注意的问题

功能拓展必然会增加服务区所提供服务的种类和硬件质量，但做好服务区的运营与管理，最根本的是提供方便舒适的基础服务，适度选择性地开发和拓展服务区的公益性功能和经营性功能。在服务区功能拓展的过程中，高速公路运营管理部门需要加大对服务区的监管力度，加强服务区管理规范，保证其服务质量；加强服务区与周边农户、景区、商业区、产业园区以及相邻服务区在功能、产业上的合作互补，协调基础设施建设和运行，提升整体服务水平，避免因产业重合、功能重复而带来的在价格、商铺、客户群体等方面的恶性竞争。

参考文献

［1］ 汪晋宇．重庆高速公路服务区功能扩展及管理研究［D］．重庆交通大学，2012

［2］ 田世茂，李俊异．高速公路服务区的服务功能扩展［C］//中国高速公路服务区管理年会，2010

［3］ 李俊异．浅谈高速公路服务区服务功能拓展［J］．江西建材，2015（1）：136-137

［4］ 张亚东．我国高速公路服务区功能完善与拓展的思考与建议［J］．公路交通科技：应用技术版，2009（4）

［5］ 林云日．福建省高速公路服务区功能拓展研究［D］．云南师范大学，2014

［6］ 金双泉，杜攀峰．高速公路服务区第三方物流功能拓展研究［J］．科学技术与工程，2006，6（07）：899-902

［7］ 张文成．高速公路服务区规划研究［D］．长安大学，2006

［8］ 刘映光，黄慧琼．对高速公路服务区发展旅游休闲产业的思考［J］．经营管理者，2014（9X）：383-383

［9］ 倪凯．服务区如何拓展"旅游文化宣传"功能浅析［C］//中国高速公路服务区管理年会．2011

［10］ 徐明．高速公路服务区产业的开发与实施［J］．江苏商论，2013（14）：64-64

［11］ 张全胜．高速公路服务区产业开发研究［D］．长安大学，2009

［12］ 葛灵志，宋胜利．高速公路服务区功能完善及拓展研究［J］．交通标准化，2014（22）：28-32

［13］ 郭祥，王林，沈凯龙，等．全国高速公路信息资源共享与服务平台方案探讨［C］//中国高速公路信息化研讨会．2011

［14］ 蒋群．关于高速公路服务区功能完善与拓展的研究［J］．安徽建筑，2007，14（5）：201-202

［15］ 杨向莲．基于功能需求的高速公路服务区规划设计新思路［J］．交通企业管理，2016（5）

第5章 服务区经营管理模式发展

5.1 服务区经营管理模式

高速公路服务区是保证车辆安全、畅通的重要配套设施。随着国家高速公路网的完善，服务区在整个高速公路运营管理中的地位日益凸显。通车里程的不断延伸、客流量的增长以及消费需求的变化，必然要求服务区以合理的经营管理模式扩大服务项目的种类、数量等，最大限度地满足司乘人员的需求。由于我国高速公路发展起步较晚，国内服务区的经营管理尚处于探讨阶段，没有统一固定的模式，为此，探讨和选择合理的经营管理模式对服务区发展显得尤其重要。

我国的高速公路管理模式和服务区经营模式一直在变化中，地方政府根据自身的实际情况进行摸索和实践。如表5.1所示。

服务区经营管理模式分类 表5.1

类别	内　容	特　征
官建、官有、官营	最老式的经营方式，由交通厅(或委托单位)进行规划设计、征地建设，建设费用属于财政拨款。由高速公路管理部门(高管局、高速公路公司)进行经营管理，经营收入的一部分纳入高速公路通行费上缴财政，另一部分由管理部门支配	有利于国有资产的保值，降低破坏性经营现象的发生概率，但经营收益较低，管理机制僵化落后，不适应市场化经济的发展，只存在于少部分省份
官建、官有、民营	服务区经营改革的第一个实验模式，筹建形式与上相同(费用也是由财政拨款)，建成后，由交通厅(或委托高管局)对服务区经营进行招标，可由单个、全路或路网内服务区进行承包经营，经营者获取一定经营年限，交纳经营费用，余下归己	交由民营企业经营的这类方式有助于提高服务区的经济效益，提升整体服务的经营管理能力，但不利于国有资产的保值，也容易造成一些破坏性现象，如对服务区的破坏性使用
民建、民有、民营	市场化比较彻底，政府可以不用投入，直接对服务区的建设经营等配套进行招标，吸引民间的投资，进行建设和经营，在一定年限后(一般为20年)，将其收为国有，经营业主退出	彻底盘活民营企业对于服务区建设的热情，调动民营企业家的积极性，有效利用民营资源，同时节省财政经费的使用。当然，在此过程中，经营者拥有经营期限，有助于避免资产的流失，最终有助于确保经济利益与资产保值的"两手都要抓，两手都要硬"
BOT(Build-Operate-Transfer)模式	BOT是以政府与私人机构之间达成协议为前提，政府向私人机构颁布特许，在规定时期内筹集资金建设其中一项基础设施，并让其管理和经营该设施及其相应的产品与服务，整个过程中的风险由政府和私人机构分担。特许期限到期时，私人机构按合约将设施移交给政府部门，并由政府指定部门经营与管理	经营管理更为规范，更为国际化，可以吸引国内外的投资

我国高速公路服务区的投资建设，主要有四种模式，即：国家投资、股份投资、民营投资和 BOT 模式。服务区的经营管理现有的模式主要有四种：一是自主经营，由运营业主投资、招收员工、独立经营，此种模式管理难度大，使用人员多，企业经营负担重，但如果经营得当，获取的利润十分丰厚；二是租赁经营，将服务区部分经营场所或设施租赁给乙方，由乙方完成经营管理，乙方按合同约定缴纳租金，此种模式管理难度小，收入甚微但稳定，经营规模大小不能掌控，文明服务质量难以保证；三是承包经营，将服务区整体或经营项目承包出去，由承包单位自主经营，承包单位按合同缴纳承包金，此种模式基本无经营压力，经济利益可以保障，但目前选择的承包单位大多数是个体或民营企业，管理水准和人员素质较低，难以满足人们的要求；四是合作经营，瞄准难度大的经营项目，引进品牌，与专业公司合作，利用专业公司有效的经营管理，突出服务区的特色服务，此种模式利润丰厚，形象工程好，服务质量高，是目前最有效的一种经营模式。如果对这一模式加以拓展和完善，延伸其丰富的内涵，笔者认为将是服务区发展的主要趋势。

现选取国内四个高速公路服务区经营模式典型案例加以分析。

5.1.1 四川高速公路服务区经营管理模式

四川省高速公路服务区改造工作在 2012 年全面完成，并以西攀高速米易服务区为试点，设置开放式服务区，在服务高速公路车辆和司乘人员的同时，服务于当地社会。此类服务区不仅具有 A 类服务区的全部功能，而且为开放式，设置配套收费设施，使进出服务区的车辆各行其道。建成后，不论是高速公路车辆还是社会车辆都可以享受到服务区的现代化服务。此外，不设置收费站点的 A 类及 B 类服务区也将向当地社会人员开放交通服务功能区域、向当地社会车辆开放社会服务功能区域，不仅保证高速公路交通安全，同时促进地方经济社会发展。从经营模式的角度出发，开放式服务是四川服务区现有经营模式的主要特征，具体可分为公司模式与合资公司模式两大类。从公益设施的角度看，两种模式的公司都属于自营的经营方式。对于加油站部分，统一归属于中石油和中石化两家经营。其余部分主要采用承包的方式，对加油站以外的经营设施进行经营和管理。承包的方式通常分为两种，即整体承包和分块承包。其中分块承包又分为两种，即按设施分块和按两侧分块。将经营性设施分别承包给两侧不同的经营者，是合资公司的经营模式。

5.1.2 广东省高速公路服务区经营管理模式

整体规划、统一管理、自负盈亏是广东省高速公路服务区经营模式的主要特征。广东通驿高速公路服务区有限公司是一家大型的服务区经营管理公司。该公司在全省范围内，规划、建设、经营集团独资或控股的高速公路服务区，并在辖区范围内实施一体化管理。目前设有服务区管理中心 4 个，控股子公司 2 个，配送中心 1 个，绿化装饰工程分公司 1 个，并参股经营多家跨行业公司，包括广告、油品销售和国际贸易。截至 2010 年底，该公司共管理服务区（停车区）52 对。并先后收购了两家服务区经营公司，逐步在辖区内建立了高速公路服务区一体化架构体系。由于广东省高速公路建设和经营业主主体性质复杂，造成高速公路服务区建设和规划缺少统一性和整体性。根据这一现状，广东省公路勘察规划设计院受通驿公司委托，在 2000 年设计、制订了《广东省高速公路服务区规划（2000—2020）》。对此，广东省交通集团通过文件的形式对该《规划》予以肯定，并明确规定高速公路工程项目服务区的规划和设计，需由通驿公司参加并提出意见。各项目的施工图应在审查时予以落实，这一规划对交通集团所属的项目公司具有强制性。通驿公司负责对建成后的服务区的经营业务，实行一体化管理，并聘请专业人员，在自营服务区实行现代连锁经营模式。2003 年 12 月，商品配送中心正式组建成立，并采用分级采购、统一结算的形式对服务区内的商品进行管理。同时，配送中心大力发展物流配送业务，将商品进销存管理信息系统在所有自营服务区推行。此外，还生产快餐、引进"麦当劳"和"十八子"等。

5.1.3 甘肃省高速公路服务区经营管理模式

在管理模式上，甘肃省高速公路服务区的经营管理进行了大力度的改革。2008 年以前，甘肃高速公路服务区采取的是分路段多业主管理模式，也即高速公路建设单位管理服务区。这种管理模式的弊端显而易见。首先，由于经营主体的多元化，不利于资源的有效整合利用，规模经济得不到有效发挥；其次，各路段主体不一，使得甘肃省高速公路服务区的管理体制混乱，服务水平参差不齐，盲目追求经济效益而忽略社会效益及综合效益；最后，这种分散的经营管理模式不利于服务区整体的品牌塑造，严重影响了甘肃高速公路服务区的健康可持续发展。这些问题在湖南和其他省市也不同程度地存在。鉴于之前模式的种种弊端，甘肃省交通运输厅统一部署，逐步推行"统一管理、一体化经营"。2008 年 1 月，甘肃省交通服务公司出资组建，成立了专业服务区管理机构——甘肃华运高速公路服务区管理有限公司，逐步摆脱政企合一状态，实行市场化的公司运营。其次，甘肃省服务区针对功能定位和品牌打造也进行了重新定位思考。全力整合各方资源，统一规划，在服务区原有的传统功能的基础上，拓展符合时代发展要求的和提高服务区综合效益的功能，例如休闲娱乐功能、物流配送功能、应急救灾功能等，努力打造功能齐全的现代化服务区，为此甘肃省将玉门服务区、武南服务区两个服务区作为试点，并取得不错的经营效果。在品牌塑造上，甘肃省服务区积极探索连锁化经营机制，与西部知名餐饮企业"阿西娅"羊羔肉餐饮公司建立了长期的连锁加盟合作关系，并确立武威、玉门及十八里铺服务区东区作为连锁化经营试点服务区，几年下来都取得了比较成功的经营业绩。

5.1.4 台湾高速公路服务区经营管理模式

台湾高速公路系统由投资建设和运营管理两部分组成，其高速公路及包括服务区在内的相关附属工程，均由"交通部国道新建工程局"负责投资兴建，建成后的公路后续运营、维护及管理工作，则由"交通部台湾区国道高速公路局"负责。纵观台湾高速公路发展历程，其服务区的经营管理主要经历了两个阶段，即政府自营和委托经营。从 20 世纪 80 年代开始，台湾高速公路服务区普遍采用委托经营模式。该经营模式的发展又分为两个阶段，即最高价决标阶段和最有利阶段。1999 年前，服务区经营单位的选择，由政府实行最高价决标的方式最终确定，这种经营方式造成政府独赢，用路人与厂商皆输的结果。1999 年后，政府本着服务为主的思想，实行最有利决标方式，逐渐实现了三方共赢的局面，使政府、经营者和用路人都成为受益者。在服务区的日常运营管理中，政府（高速公路局）负责对停车场、加减速车道的养护和修缮，还负责对区内道路、污水处理工程以及受自然灾害损毁的建筑物主体的修缮和维护，并支付服务区公共设施的水电费。服务区经营者除承担建筑主体的日常维护、清洁及其更新设施的责任外，还需承担营业场所的水电费。台湾高速公路服务区的经营管理模式，主要具有以下几方面优点：服务区内的停车场、加减速车道以及区内道路、公厕和高杆灯等服务设施的日常维护与更新，与服务区是否设有自营项目，是否盈利，均不发生关系，不受其影响。实施这种最有利的经营模式，实现了三方共赢，有效地保证了政府、服务区经营者和用路人的社会效益。

5.2 服务区模式发展历程

回顾服务区模式发展历程，可解析为若干个发展阶段，每个阶段也各具其时代特征。

5.2.1 1.0版：公益型服务区

（1）模式定义
1.0版"公益型服务区"是最为原始的服务区形态，作为高速路网的基本配套，其总体规模较小，功能相对单一，以停车、如厕、加油等基础服务为主。文化上，聚焦于文明出行的公路文化，鲜有地方文化体现。

（2）主要特征表象
一是总体规模较小，绿地与硬化广场分界明显，形成前场后房；二是硬化"大广场"式停车场，虽有车位划分但无相应区隔；三是分散且相对独立的服务楼群，楼与楼间没有形成通畅的联络；四是油气站于入口或出口广场"孤岛"式布局，且多无绿地环绕。

5.2.2 2.0版：公共与商业服务叠加型服务区

（1）模式定义
2.0版"公共与商业服务叠加型服务区"是1.0版的升级版，是商业功能植入服务区后形成的初级形态，规模相较于1.0版提升不大，主要区别在于餐饮、商超等基础商业服务业态的融合，随之而来的还有商业文化的萌发。

（2）主要特征表象
一是总体规模相较于1.0版有所提升，但不明显，整体布局仍以前场后房为主；二是停车场逐渐形成客货分区，多以客车位近、货车位远为导向；三是房建多以1.0版改造为主，分散的楼群之间基本通过连廊、便道进行连接。

5.2.3 3.0版：服务综合体型服务区

（1）模式定义
3.0版"服务综合体型服务区"是公共与商业功能生态发展到比较完善阶段的典型形态，也是现阶段国内外发达地区服务区发展相对成熟的模式，相较于1.0版、2.0版，在总体规模上大幅提升的同时，"综合体"型布局特征十分明显，小型商业体型的服务功能生态链趋于完善。此外，地域文化的系统引入也为发展主题与特色化植入了灵魂。

（2）主要特征表象
一是总体规模大幅提升，双边两三百亩居多，整体布局考虑服务半径，以中心向外辐射布局为主；二是停车场环绕于服务楼，以前后场或左右场客货分离为主（综合考虑服务区形象、管理等因素，多将货车后置），并设置与客货停车区对应的柴汽分离式油站；三是客车停车区重视绿化景观塑造，场区环境明显提升；四是与服务相关联的房建高度集中且中置于场地，以大单体综合楼为主，绝大部分公共与商业服务功能嵌入综合楼内部空间；五是综合楼周边环绕广场的文化景观、户外休闲功能开发明显，注重室内与室外活动空间的联系。

5.2.4　4.0 版："服务区＋"型特色服务区

4.0 版"服务区＋"型特色服务区，是 3.0 版有条件的升级版形态，有条件即是服务区综合体基础上可加的部分，不同以往 1.0 至 3.0 版服务区过于依赖高速人流常规需求的特点，4.0 版的核心是依托于服务区周边独特资源条件（例如独特的旅游、特产等产业优势资源）进行的服务深度或宽度延伸，从而实现原有人流及新增目的地型人流更多的价值转换。

综上所述，服务区大致历经四个版本的进化，新老更替（表 5.2）。从根本上说，不是服务区设计者、建设者、经营者或管理者所能左右，核心驱动还是司乘人员需求的提升。

服务区犹如一个硕大的"产品"，同样遵循每一个产品从新生到淘汰的生命周期，要维系持久的兴盛，唯有不断创新进化。不论如何发展，"以用户为导向、被用户所使用"才是服务区设计的价值所在。

服务区发展模式总结　　　　　　　　　　　　　　　　　表 5.2

	1.0 版公益型	2.0 版公共与商业服务叠加型	3.0 版服务综合体型	4.0 版"服务区＋"型
文化	以公路文化为主，鲜有地域文化体现	以建筑、雕塑、景观等具象文化呈现为主，偏向故事性	进入以区域文化为主线的服务区整体文化打造	结合公共与商业服务的特色区域文化塑造，强调文化与人的互动
功能	以加油、停车、如厕等简单服务为主	植入基础商业开发，结合餐饮、超市的基本服务系统成型	注重公共服务基础上商业开发，小型"综合体"服务系统基本完善	服务区＋特色服务功能，重视符合自身条件的特色服务生态系统构建
规模	各区域参差不齐，总体规模偏小	双边占地 100 亩左右，停车场地及房建规模明显提升	双边占地 200 亩左右，服务楼 6000m² 并多以二、三层建筑为主	因为增加特色服务功能部分差异较大，导致总体规模差异明显
组织	前场后房，"大广场式"停车场	停车场地补充分区，服务楼单体之间多以连廊方式进行联系	停车场以前后或左右进行客货分离。服务楼集中设置减小服务半径	以服务区本体组织为核心，兼顾其他关联特色功能组织

5.3　服务区模式总结

5.3.1　传统服务区模式

（1）场地规模

我国最早的关于服务区用地规模的规定见于 1999 年出版、2000 年 1 月 1 日起开始执行的《公路建设项目用地指标》，之后的《高速公路交通工程及沿线设施设计通用规范》JTG D80—2006 也沿用了此规定的标准水平，其中第 6.2.4 条和第 6.3.4 条分别对服务区和停车区的用地规模和建筑面积作出了规定：服务区用地面积四车道、六车道高速公路分别为 40000m²、53333m²，建筑面积分别为 5500m²、6500m²；停车区用地面积四车道、六车道高速公路分别为 10000m²、12000m²，公共厕所面积分别为 60m²、110m²。

（2）交通组织

由于在建设初期，高速公路尚未构成网络系统，车辆在高速公路上的行驶里程相对较短，其交通量也不大，因而在高速公路上修建的服务设施闲置性很强。这给人们呈现出服务区修建的规模过大、交通组织设计过于复杂等理念，从而导致多地，尤其是发展初期城市，对服务区设计的重视程度不够，致使服务区规模小、交通组织单薄。当随着高速公路的逐渐成网、服务区利用率迅速提高时，许多服务区出现不堪重负的现象，其交通组织混乱无章、建设规模无法承载所需要求。

（3）主要功能

在高速公路整个管理系统中，服务区与收费、路政、养护、治超、安全并列为高速公路管理的 5 轮驱动。服务区的设置保证了高速公路提供高速、通畅的通行能力。高速公路服务区作为高速公路的附属设施，其功能设置要能满足旅客在旅途中得到所需的物质关怀。其设施的功能可分为基本功能和扩展功能。其中基本功能等提供基本服务，包括 24 小时停车、如厕、加油、便利店、餐厅、住宿、维修等。

延伸功能主要包括休息、医疗、加水、洗浴、购物功能等，对满足驾乘人员多样化需求，以及在遇到突发事件、自然灾害、军事活动等特殊情况下能提供特殊服务。

（4）布局模式

服务区基本功能设施组成如图 5.1 所示。

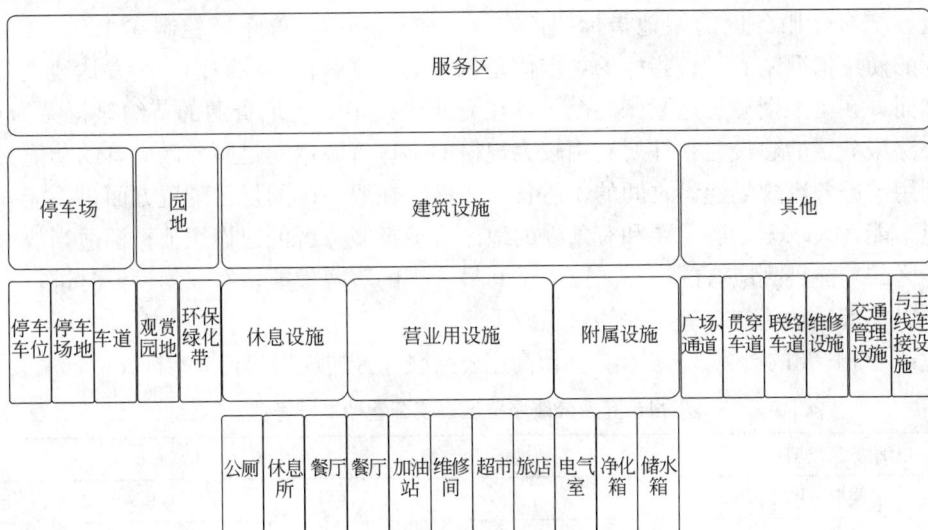

图 5.1　服务区功能总结

（资料来源：张波 . 高速公路服务区经营开发与功能布局［D］. 长安大学，2007）

（5）文化建设

传统服务区的文化建设一般比较缺乏，很多地方的服务区缺乏地域特色，千篇一律。

（6）地方联系

传统的服务区在地方联系上较弱，仅仅作为司乘的逗留之地，商业价值没有被挖掘出来，未能成为区域的经济增长极。

（7）经营管理

高速公路运营管理是一个内容繁杂的系统工程，包括业主自营、全部外包、部分自营等多方面的内容。由于我国各省高速公路的投融资体制、管理体制、经济发展水平、经营理念各有不同，因此所采取的运营管理模式也多种多样。传统高速公路服务区的经营模式一般分为三种：一是全部由业主自营，此种经营模式难度较大，需要使用人员较多，员工竞争意识差，企业负担较大，由此也衍生出业主整合服务区资源，成立专业的服务区管理公司，实施专业化的经营管理；二是全部外包，将所有项目全部承包出去，业主只设立服务区监督管理委员会，负责催收租金、监管日常环境卫生和对外形象考核，此种模式经营压力小，经济利益可以保障，但是不利于维护业主的设施设备，不利于维护社会形象；三是部分自营、部分租赁，将自营难度较大、专业化程度较高的项目外租（如汽修厂、特色餐饮、产品专卖等），引入专业公司经营，可利用专业公司有效的经营管理，保证服务区的特色服务，中原高速在京珠高速许昌服务区引入肯德基，起到了很好的品牌示范作用；但也可能导致知名品牌与自营项目不必要的冲突。

5.3.2 现代服务区模式

（1）场地规模

服务区的规模配置主要与各条道路的交通量大小、道路功能特性、沿线经济状况和土地利用等情况有着密切的关系。根据我国 2000 年颁布实施的《公路建设项目用地指标》的规定，综合性服务区的用地指标控制在 $4.0\sim5.3km^2$，停车区控制在 $1.0\sim1.2km^2$。从实际的使用情况来看，该指标的规定值是偏小的，这种情况在我国一些发达地区尤为普遍。然而，在土地资源日趋紧张的今天，在交通建设中对土地资源的节约显得尤为重要。高速公路服务区的建设，往往要利用较大规模的土地资源以满足服务区应有的功能，从而土地利用与服务区规划建设之间的矛盾日趋明显。在服务区的规模配置方面，不能固守陈规，也不能贪大求全。有需要和有条件的地区应该把服务区的建设用地指标适当放宽，确保服务区的功能得到应有的满足，以提供其最恰当的服务效能，在规划建设时进行充分的论证，以求满足功能与合理用地的双赢效果。

沈颖基于广州的案例分析提出广州市高速公路服务区的规划配置标准推荐值，见表 5.3。

广州市高速公路服务区规模配置标准推荐值   表 5.3

服务区类型	用地规模（ha/对）	建筑面积（m²/对）
A 类服务区	$5.33\sim8.00$	$6500\sim8500$
B 类服务区	$4.00\sim5.33$	$5500\sim6500$
停车区	$1.00\sim2.66$	约 2000
加油区	$0.5\sim1.3$	$400\sim1200$

A 类服务区：设置有最完善的服务功能，除设有停车场、园地、公共厕所（包括残疾人用的厕所）、免费休息所、营业餐厅、加油站、修理所、小卖部等服务设施，还适当地设置住宿设施；根据服务区所处的地理位置和路段情况，设置医疗、救助等。A 类服务区主要设置在重要性较高、交通流量较大的骨干高速公路上。B 类服务区：设置有基本的服务功能，即停车场、园地、公共厕所（包括残疾人用的厕所）、免费休息所、快餐店、小卖部等。B 类服务区主要设置在 A 类服务区之间。

（2）交通组织

在高速公路服务区的规划建设过程中，会遇到许多不同的问题，其中之一就是对服务区内的交通流向进行分析和组织。由于新型服务区内设置了一些大型的物流中转中心、客货商业体，这样会额外吸引大量的交通流，增加服务区内部的交通量，在面对这样的问题时，如果不能很好地进行交通流向组织势必会严重影响服务区的正常运转。以往的高速公路常规服务区仅限于其基本功能，区域交通流向较为单一，主要有两种交通流向：不在服务区停留，直接经过高速公路通过服务区。通过道路进入服务区，在服务区逗留一段时间后，经道路驶出服务区。这种模式没有考虑服务区商业化的模式，并且是在土地资源较为充足的地区。

现代服务区在传统服务区之上有了一些改变。例如瑞安东新型服务区在组织设计交通流向的时候，进行了充分的考虑，也做了大量的交通流向调查分析工作，该服务区中设置的高架桥使得高速公路与地方道路的车流实现了空间上的分离。从另一个方面而言，也是通过地方道路与服务区相连实现了服务区经济加速发展的可行性。从这一点来看与以往的高速公路服务区存在明显的区别。另一方面瑞安东服务区使用两条道连接服务区与高速公路，看似增大了成本，实际上这种做法可以将在服务区短暂停留的车辆与较长时间停留的车辆分流，使得服务区的交通更加的流畅。

（3）主要功能

服务区在原有功能的基础上进行拓展，新增服务见表 5.4。具体详见第 4 章。

服务区功能分类 表 5.4

功能分类	具体服务功能
基础性服务	加油加气、餐饮、汽修、卫生间、停车
拓展性服务	• 旅游休闲度假 • 运动拓展 • 物流集散 • 农副产品展销 • 游客集散 • 特色美食品尝 • 主题住宿 • 超市购物 • 智慧服务

（4）布局模式

除了核心区传统的布局方式以外，现代服务区规划设计更加注重对其周围区域的统筹安排。例如在贡川服务区的规划设计中，确定了"两轴一心两区一带"（图 5.2）。两轴：长深高速交通轴、竹林大道景观轴；一心：贡川高速服务区；两区：以古村、田园风貌为特色的农业休闲区和以运动娱乐为特色的娱乐体验区；一带：沙溪河景观带。

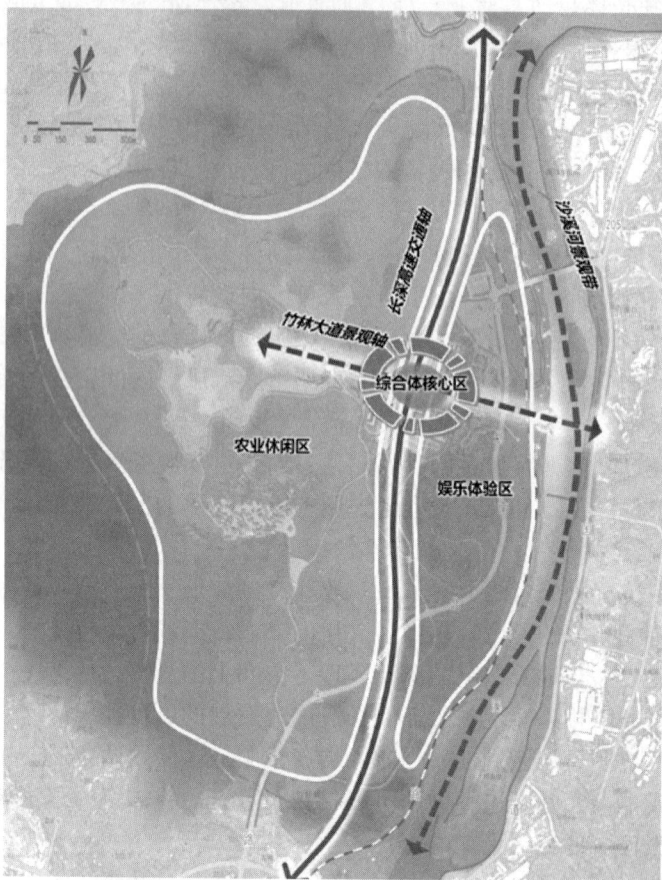

图 5.2　贡川服务区布局图

(图片来源：《"贡川高速公路服务区＋"贡川绿色产业服务综合体概念性规划》项目)

（5）文化建设

现代服务区越来越注重文化的建设。

①地域文化的体现

新时代地域文化在服务区设计中的最终目的，就是要更好地发挥服务区的功能，最大限度地满足人们较高层次的需求。因此在设计中应通过建筑设施的造型、材料、色彩、结构形式、组合方式、图像和文字等，进行区域文化气氛渲染，表达某种特定的精神含义，如民俗文化的表现、历史文化感、积极向上的精神等。还可通过建立雕塑、壁画和标志性组合景观等，以加强深化、升华服务区的文化精神，为人们提供具有了解历史和审美体验的、具有导向意义的文化信息，在人们心理上引起反响，创造共鸣。人们对地域文化的热爱，是服务区产生凝聚力、焕发生命力的源泉。

②文化氛围的营造

例如在贡川服务区规划设计中，通过 9 大方面的建设（体现在建筑形式上，结合环境建设，通过标识系统展示，开发"贡系列"美食，营销"贡系列"产品，研发竹旅游商品，科普竹知识，开展竹文化活动，建设与展示企业文化），促成文化要素在贡川高速服务区中的落地。

③企业文化建设

越来越多的高速公路公司着重企业文化的建设，其中包括加强对企业文化建设的组织领导，积极培育企业核心文化理念，注重企业文化品牌的塑造，提高员工对企业文化的认同度等。采取的措施有：在所有的道路指示系统中加入公司 LOGO 图标；制作企业文化宣传片并在餐厅、服务台、超市等处滚动播放；每月开展"阳光高速"以"绿色"、"公益"、"正能量"等为主旨的集体活动，提升青年职工综合素质和社会影响力。这些活动极大提高了服务区的服务精神和凝聚力。

(6) 地方联系

服务区不再是城市和乡村的孤立岛，而是一个综合的平台。经济效益上，以服务区为平台，打造以高速公路服务区平台经济为依托的分享经济模式，拉动地方消费经济、拓展网络经济。社会效益上，新型服务区模式实现了政府、企业和农民的有机结合，特色鲜明，具有较强的推广价值和较高的社会效益。新型服务区不应该把地圈起来，而是作为一个平台为周边带来活力，促进整个区域的发展。

(7) 经营管理

①连锁化、规模化的经营

服务区作为一个餐饮、购物、住宿等多业态的综合经营主体，其经营业务涵盖的内容超过了任何单一商场所涵盖的内容。从长远看，随着未来通行费收费政策的调整和主要城市环城高速的免缴通行费政策的逐步实施，服务区的客流也将出现剧增。一些专业化的团队，专业的管理人员及连锁经营的经济型酒店、餐饮店和连锁经营休闲娱乐品牌，将陆续进驻高速公路服务区，进而取代现有的经营团队。

②多元化服务

服务区的经营内容不局限于加油、餐饮等基本内容，而有更多的休闲活动。在其他经营方面，可对服务区范围内所有可利用的广告资源进行合理规划设置，参照机场的管理模式，对广告资源进行深度的合理开发，对各个广告位进行招租拍卖，增加服务区的营业收入。具备条件的服务区，也可利用地理区位优势，结合城市规划建设的先机条件，打造全国土特产品集散地或开展物流仓储等相关试点经营，先行先试。

③平价销售

在现有条件下，如果将现有商品全部平价销售，势必会造成服务区在某一阶段的收入和利润锐减的现象。但是，若不实行平价销售，随着私家车保有量的不断增加，人们出行自带商品的比率将不断升高，服务区的经营收入增长率会越来越低，可能会进入一个恶性循环的经营死胡同。同时，随着服务区员工工资水平的不断增长，服务区经营必将面临更加严峻的考验。服务区在保持现有零售价不变的前提下，由于具备了生产厂家最低折扣的进货价，对超市的整件和整箱商品实施低于市场价进行销售，这样既保证了不会在短期内出现服务区经营收入锐减，同时，也将会通过整箱整件低于市场价销售的策略建立起服务区与顾客之间的信赖关系，在时机成熟时，推行零售价与市场价接轨，最终达到全部商品平价销售，同城同价，实现服务区收入长远稳步提升的目的。当然，实行同城同价，还需要政府及上级主管部门在税收、经营目标制定等方面给予适当的政策支持，帮企业渡过难关。

④开放式经营

纵观国外高速公路，大多处于不收费的开放式状态。随着国家经济实力的不断增强和时间的推移，取消高速公路收费也不是什么遥不可及的事情。到那时，更多的人将选择高速公路出行，服务区经营需求和服务内容将更加丰富，综合型的超级市场等将陆续进驻服务区。同时，随着城市中心区的扩展，一些距离城市周边较近的服务区将逐步成为城市配套的市民生活休闲的场所，服务区的功能得到进一步延伸，使服务区的未来发展空间更加广阔。

5.3.3 服务区模式对比与发展趋势总结

(1) 新旧服务区模式比较

传统服务区功能单一、模式简单，新服务区功能复合、模式多元。模式对比见表 5.5。

新旧服务区模式对比表　　　　　　　　　　　　　　　表 5.5

序号	类型	传统模式	新模式	备注
1	交通组织	封闭式	开放式	有条件
2	主要功能	基本功能	基本功能＋拓展功能	
3	布局模式	左右对称 布局仅限于服务区本身	左右对称或不对称 布局包括服务区及其周边腹地	根据地形
4	交通组织	单向,不互通	单向,可以互通	有条件
5	文化建设	缺乏特色	地域特色＋文化特色	
6	设施配套	基本需求	基本需求＋拓展需求	
7	经营管理	传统经营管理	互联网＋智慧服务区	
8	地方联系	没有联系	联系密切	

(2) 服务区模式发展趋势

①经营模式上：由零碎化、垄断走向连锁化、规模化

在服务区现有资源利用的基础上，最大限度地进行合理的资源整合，在引进品牌的同时，注重打造自己的品牌，逐步实现服务区经营的规模化、连锁化。

②服务理念上：由单一化、"休息服务"走向多元化、"休闲服务"

随着人们生活质量的提高，出行路途消费不仅仅停留在吃饱的问题上，而是讲究消费的质量，以及对品牌餐饮和高品位生活质量的需求。配套设施在公共服务系统之上，更有非营利性的人性化的附加服务功能。

③销售价位上：由高价零售价走向平价市场价

制定新的销售策略，逐步推行零售价与市场价接轨，最终达到全部商品平价销售，同城同价，实现服务区收入长远稳步提升的目的。

④平台功能上：由司乘逗留的场地走向旅游、文化、商贸、物流的载体

在高速公路通行服务中融入文化、旅游信息，指引休闲购物等配套服务，改善大众出行条件和旅游活动品质。同时随着物流业的配送中心向高速公路服务区转移，以及高速公路货运系统的建立，服务区内连锁经营单位也将实施分区统一配送、统一经营管理，规范

服务标准、提高服务水平。

⑤经营管理上：由封闭落后走向开放创新

对具备条件的、距离中心城区较近、有相对固定客流的服务区可探索实施开放式经营，为未来服务区的整体开放式经营积累经验。同时在科学化管理上下功夫，在体制、机制上进行不断创新，找准关键性控制因素。

（3）服务区经营管理的创新方向

①科学定位服务区的经济属性和公益属性

高速公路服务区是一个具有强烈公益属性的经济体，是高速公路运营单位回馈社会的窗口，是高速企业的有机组成部分，所以高速企业必须根据自身的实际情况和发展的需要，对服务区做科学的定位，确保其在彰显公益属性、回馈社会的同时为企业带来合理的经济效益。在公益属性方面，高速公路服务区运营单位要积极地为完善高速公路的服务功能和满足司乘人员的出行需要做贡献，主动承担起国有企业身负的社会责任和使命感；在经济效益方面，高速公路服务区运营单位应根据自身条件以及发展的趋势，确定近期及中长期的经济目标，为服务区健康可持续的发展提供资金保障。

②统筹规划服务区的功能设计和环境设计

服务区的经营规划必须一改以往的东拼西凑、毫无章法的做法，真正从业态布局、功能完善、环境感官等因素综合考虑。在进行高速公路服务区的重建、扩建、改建之前，运营单位和设计单位就要对拟建服务区的选址、建设规模、功能配置、业态分布、外观设计等进行充分的沟通，达到科学合理、美观实用的目标。在外观设计上要能体现地域特色和实现绿化景观化，要达到从路上看服务区主建筑在丛林中时隐时现的森林式绿化效果，走进服务区感觉进入了园林的体验效果；要充分考虑环保节能的因素，在设施设备的设计和选择上体现，尤其是服务区的污水处理系统，要使用生态环保的系统，确保服务区排放的污水达到国家一级排放标准；在功能配置上要体现便捷和全面，在业态分布上体现科学合理有互补性；在环境设计要体现以人为本的意识，突出人文关怀，充分考虑安全与舒适，尽可能地避免出现车流与人流交叉的情况，确保给司乘人员提供安全、舒适、优美的休憩环境。服务区的卫生间必须标识清晰、进出方便，卫生间内干净卫生、无异味，并为残疾人等特殊人群提供专用卫生间，以满足不同人群的需求，并充分考虑客流高峰时的要求，能够应付突发事件。

③精细管理规范化及标准化管理体系

高速公路服务区的发展经历了从无到有、从小到大的历程，服务区的经营业态和产业规模也在发生着深刻的变化，由小作坊到连锁店，由单一品项到多元化，这一切都告诉我们服务区的经营管理发展已经进入了精细化的时代，由多到精是服务区经营管理发展的必然结果。建立规范化、标准化的管理体系，对管理行为进行有效的规范和统一，既有利于考核又利于树立统一的对外形象，以此增强企业的集聚力，保障服务区的经济效益和社会效益都得到良好的回报。企业要根据实际需求，制订切实可行的管理规范和服务标准，让每位员工了解各自的工作岗位要求，并在各自的工作岗位上履行好自己的工作职责，从而不断提高客户服务的规范化、标准化；每年至少开展两次对过往驾乘人员的满意度调查，调查的内容涵盖文明服务、诚信经营等多个方面，以便及时掌握公众需求的动态变化，提高企业为客户创造价值的能力。

④严控成本，实行全面预算管理和强化财务管理

高速公路服务区的经营属于劳动密集型产业，控制好经营成本是日常经营管理的关键，是企业盈利的关键，也是企业在竞争中是否具备相对优势的关键，而且成本的比较优势是最容易度量的，也最能体现团队管理水平的高低。有效的成本控制管理是每个企业都必须重视的问题，抓住它就可以带动全局。企业应针对高速服务区的特点建立起全面的预算管理制度，对成本支出作出细分，充分分析各项开支的合理性和科学性，制定支出标准和考核标准，系统地缩减开支、提高资金效率，尽可能降低运营成本。为了达到这一目标，在日常管理中就要高度重视成本支出情况的收集、整理和分析，并依据标准对成本进行严格控制。企业成本控制不仅仅体现在企业内部经营的各项费用的节约，还需要对企业业务流程进行细化，改善内部流程成本、产品质量、运作周期，整合优化供应链、资产利用率和资产管理水平来实现卓越运营。

（4）服务区经营发展未来展望

①持续经营的相关问题

受高速公路特许经营权相关条件的约束，捆绑于收费权的高速公路服务区特许经营权存在一定的不确定性，伴随着高速公路收费期的结束，服务区经营管理权将如何更替目前还没有定论，国内众多学者还在研究中。在垄断环境下经营的服务区的利润已经越来越趋于平价，其建设投资成本不断增加，管理机制不健全都成为服务区发展的阻力，因此，有必要对此类相关问题作进一步深入研究。在"以人为本"与"和谐发展"的背景下，进一步推动我国高速公路服务区的发展，这就需要：在规模数量上同经济社会与交通运输发展相互协调；在服务功能上同需求结构相互协调；在布局规划上同自然环境与交通条件相互协调；在服务品质上同需求结构相互协调。

②质量规范的研究制订

我国部分省区如广东、河南、江苏、安徽等已经制订了高速公路服务区服务质量星级评定办法。而随着高速公路网络化进程的加快，其作为高速公路文明的重要窗口，我国高速公路服务区有必要统一制订服务质量标准规范，以便能更好地指导各地改进服务区设施，从而提高公路服务区整体水平，体现"以人为本"的理念，更好地服务于广大使用者和社会。

③相关政策法规的研究完善

包括符合时宜、满足需求的服务区建设标准、政府相应监管体系及内容，以及相关法律法规的健全完善。

参考文献

［1］　刘琴霞．高速公路服务区经营管理模式研究［D］．江西师范大学，2015

［2］　郭开军．四川成渝高速公路股份有限公司可持续发展战略研究［D］．长安大学，2010

［3］　王良勇．广东省高速公路服务区经营管理的实践与发展构想［J］．广东交通职业技术学院学报，2004

［4］　司应科．甘肃高速公路服务区连锁经营管理体系研究［D］．兰州大学，2010

［5］　李金欧，孙汝兵，陈海．台湾高速公路服务区管理模式与启示［J］．中国高速公路，2008

［6］ http：//mp. weixin. qq. com/s? __ biz＝MzI3ODE3MDM1MA＝＝&mid＝2654060724&idx＝1&sn ＝85f211e0bf67cbc10f52a29405339c4a&scene＝1&srcid＝0612Bo5waHa2a30aXLGKFg5o♯rd

［7］ 王太．高速公路服务区协调布局与运营管理模式研究［D］．长安大学，2012

［8］ 周通，黄思嘉．高速公路服务区的交通组织设计探讨［J］．公路交通科技：应用技术版，2013 （8）

［9］ 张琛．高速公路服务区经营开发与功能扩展［D］．长安大学，2013

［10］ 张波．高速公路服务区经营开发与功能布局［D］．长安大学，2007

［11］ 王毅敏．关于对高速公路服务区经营管理的几点思考［J］．商业经济，2011（2）：76-77

［12］ 沈颖，关仕罡．高速公路服务区发展模式研究［J］．公路交通科技：应用技术版，2007（1）

［13］ 张延军．高速公路新型服务区方案研究［D］．浙江大学，2014

［14］ 吴波．地域文化视野下的高速公路服务区设计初探［J］．四川建筑，2009，29（4）：58-61

［15］ 韩宝卿．高速公路服务区经营管理现状及发展趋势［J］．广东科技，2014（14）：122-123

第6章　服务区体系规划

6.1　服务区体系规划理论

6.1.1　服务区体系规划定义

高速公路服务区体系规划，即一定地域范围内，以高速公路服务区的功能合理布局和职能合理分工为目标，对高速公路服务区的规模、等级和功能结构进行总体部署的过程。

高速公路服务区体系规划的内容包括：分析服务区发展条件和制约因素，提出服务区发展策略，确定发展目标；预测服务区发展水平，调整服务区规模结构、功能结构和空间布局；原则确定区域交通、通信、能源、供水、排水、防洪等设施的布局；提出实施规划的措施和有关技术经济政策的建议。

6.1.2　高速公路服务区的规模等级划分

根据《公路工程技术标准》JTG B01—2014 的规定，高速公路应设置服务区和停车区。根据服务对象对服务设施需求的紧迫程度，一般按规模将服务区分为四类（表6.1）。

一类服务区：具有最完善的服务功能，设有停车场、公共广场、公共卫生间（包括无障碍卫生间）、免费休息所、营业餐厅、加油站、修理所、便利店等服务设施，设置有较好的住宿设施以及医疗、救助等设施。还可以根据服务区所处的地理位置和路段情况，建设旅游休闲、商务会议、物流仓储等设施。一类服务区主要设置在重要性较高、交通流量较大的国家公路网层次的高速公路上。该类服务区用地与建筑面积大，停车位比较多，各种设施规模较为齐全。用地面积建议容许值为 $80000 \sim 100000 m^2$（120～150 亩）；建筑面积建议容许值不低于 $8000 m^2$。

二类服务区：具有完善的服务功能，包括停车场、公共卫生间（包括无障碍卫生间）、餐厅、加油站、修理所、便利店等服务设施，其规模适中，有条件的还配备住宿、洗浴设施等。二类服务区主要设置在车流量相对较大的国家公路网层次的高速公路或区域公路网层次的高速公路上。用地面积建议容许值为 $60000 \sim 80000 m^2$（90～120 亩）；建筑面积建议容许值为 $6500 \sim 8000 m^2$。

三类服务区：具有最基本的服务功能，也就是能满足驾乘人员和旅客最迫切的需求，主要设施有停车场、加油站、公共卫生间（包括无障碍卫生间）、便利店等，一般不设餐厅和住宿设施。三类服务区主要设置在车流量相对较大的区域公路网层次的高速公路或市域公路网层次的高速公路上。用地面积建议容许值为 $40000 \sim 60000 m^2$（60～90 亩）；建筑面积建议容许值为 $5500 \sim 6500 m^2$。

停车区：停车区只具有部分服务功能。一般设有停车场、公共卫生间（包括无障碍卫生间）、便利店等服务设施，根据具体情况可以考虑设置加油站。

各规模等级服务区服务设施一览表　　　　　　　　　　　　　　表 6.1

功能配置		类型	一类服务区	二类服务区	三类服务区	停车区
车辆服务功能		停车场	▲	▲	▲	▲
		加油站	▲	▲	▲	▲
		汽车维修	▲	▲	△	—
		加水充气	▲	▲	▲	▲
		房车停车区	△	—	—	—
人员服务功能		公共厕所	▲	▲	▲	▲
		住宿	▲	▲	△	—
	餐饮	快餐	▲	▲	▲	—
		餐厅	▲	▲	△	—
		咖啡厅	△	—	—	—
	购物	综合性超市	▲	▲	▲	—
		便利店	△	△	△	△
	休息	普通休息厅	▲	▲	△	—
		贵宾休息厅	▲	—	—	—
	洗浴	公共淋浴房	▲	▲	△	△
		桑拿美发中心	△	—	—	—
	银行	营业网点	△	—	—	—
		自动存取款机	△	△	△	—
	信息通讯	可变情报电子大屏幕	▲	▲	△	—
		信息查询系统	▲	△	△	—
		公用电话	▲	▲	△	—
		无线上网	▲	△	△	—
		医疗救护	▲	△	△	—
		健身娱乐室	▲	△	—	—
		客运配载点	△	△	△	—
拓展服务功能		旅游休闲娱乐	△	△	△	—
		仓储物流服务	△	△	△	—

注："▲"表示必备设施，"△"表示可选功能拓展设施，"—"表示不具备此设施。

数据来源：《高速公路服务区类型划分及功能配置研究》。

6.1.3　服务区分类作用

高速公路服务区是为满足在高速公路上运行的驾乘人员的生理和心理需求，以及车辆安全运行的要求而设置的服务设施。服务区所处的道路交通条件、地理位置不同，其具备的功能和规模也不尽相同。由于我国缺失系统性的服务区规划、设计规范，各省建设服务区的标准多样，造成了一系列的问题。因而需要明确服务区具体分类和功能划分，同时在进行规划、设计和投资建设时，不能千篇一律，而应该加以区分，根据具体情况分别对待。

将服务区分类明确，有助于实现高速公路服务区经营的突破、实现服务区经营管理的"自造血"功能，最终达成"以路养路"的目标。

6.2　服务区体系规划布局

6.2.1　原则

服务区应按适当的间距并紧密结合公路沿线的城镇、交通流量、互通式立交、公路汽车站的位置以及景观资源、水源、电源、地质、地形、施工条件和征地的可能性等方面综合考虑进行布局，具体有以下三个原则。

(1)　适宜地点设计原则

服务区选址首先要服从和服务于所处高速公路的整体构造和规划布局，考虑公路主线的线形关系，然后考虑服务区地理景观因素，其次考察服务区所处城区的远近大小，最后是筹划服务区建设发展和服务重点情况，符合交通安全管理的要求，以利于服务区的实施。服务区选址的科学和合理，不仅决定了建设运营成本的高低，还关系到服务质量的优劣，甚至影响了高速公路的顺畅安全通行。如果服务区选址科学和合理，可以保障高速公路车辆行驶的平安通畅，增强高速公路运输通行能力，越来越多的车辆也被吸引着停靠该服务区接受休息、餐饮等服务，更大地创造了高速公路的价值效益，满足了车乘人员的舒适服务要求。如果选址不成功，会成为高速公路拥挤堵车甚至是安全事故的"帮凶"，降低了高速公路的运输通行能力，提高了服务区的管理运营成本，无法较好地实现经济价值和社会价值。

①交通技术条件

服务区选址要经过严格的位置筛选，首要避免设置在互通式立交桥距离2km以内和隧道1km以内的区域，也就是说服务区要与互通式立交桥和隧道出入口等保持合适的安全距离，并在出入口处设置合理的标志标识，引导车辆安全进出。如果服务区距离互通式立交桥附近和隧道出入口过近，会引起导引标志标识的淆杂，严重者会导致车辆人员安全事故。另外，陡坡或者弯曲路段会影响车辆顺畅通行和视线开阔通透，如果服务区设置在这类区域，会影响车辆行驶时的开阔视线，驾驶人员因为看不清来往车辆行人，增加了安全事故的发生，要尽可能避免此类服务区设置。

②自然环境

A. 旅游资源

高速公路服务区规划建设选址在自然环境优越和靠近观光景区的地方，可以让旅客从乘车的疲劳中缓和出来，放松心情享受休息旅游。这样不但可以为旅游景区提供多方面的服务和吸引车流、人流，同时还能为旅客提供舒适宜人的休憩环境，有利于当地旅游业的发展，形成规模效应，促进经济的发展。

B. 风景资源

服务区主要是为司乘人员暂时休息以缓解旅途疲劳和提供消费服务而建设的综合性服务设施，服务区周边拥有较好的风景资源，可以吸引司乘人员前往此处停留和休息，更好地保证高速公路的安全和顺畅通行。因为良好的环境氛围对驾驶人员的情绪调整非常有效，如可以利用地形和周边树木的高低错落使得公路和服务区之间形成隔绝状态，打造出与公路上驾驶环境完全不同的氛围，改善司乘人员的旅途烦躁和疲惫心理，有效提高旅客的身心愉悦度。

③建设、土地和养护管理

A. 上下线间的距离

根据国内外多年的研究经验，服务区的上下线应当大致规划为一个整体界面，以便能够有效设置和充分利用供排水设置和电源等。但是，在某些特别的地方，可以根据地形的不同进行不同的设置，如在山区，上下线服务区也可以适当地错开设置，以保证行车安全和通行顺畅。

B. 与高速公路拓宽等规划的相容性

高速公路拓宽或者服务区扩建，应当选择合适的地点与之相适应，应当留有发展扩建的余地，为今后长远发展考虑。

C. 供电、给排水等

给排水和供电是服务区能否正常运营管理的重要因素，服务区所需水量较多，而如果不能保证水量的正常供应，则会抑制服务区功能的有效发挥。不利于服务区的成本建设和运营收益管理，不能有效实现经济效益和社会服务效益。

D. 建设和土地问题

高速公路服务区应当选址在易于建设的地方，因为它的占地规模一般较大，而土石方需求量较大，征地费用较高，投资总额也较大，所以在服务设施建设的过程中，应当充分考虑建设费用、土地征用费用、养护管理难度等方面。

④沿线城镇状况

一般情况下，高速公路沿线是城镇的地方，进出口处的交通量比较大，需要接受服务的司乘人员也较多。因此，很多车辆选择在城镇附近的服务区休息餐饮而代替途经的城镇，所以城镇沿线的服务区的设施需求层次增强。

(2) 适宜功能设计原则

服务区的设施和服务项目应注重齐全和经济实惠，不宜过大和过于豪华，布置时考虑车辆出入服务区的安全和便利性，并设置一定的引导标志，以便更好地服务于广大司乘人员。

①服务功能的协调布局

一般情况下，高速公路上的服务区的协调布局对道路的有效通行和安全行驶是非常重要的。服务区的设置应当遵循一定的规律，如某一条道路上面设置了规模较大或服务功能较完善的服务区后，与此相邻的服务区应当建设规模较小、功能较少，并且可以根据具体的路网结果做出特定的调整。服务区综合楼的主要功能包括：餐厅、厨房、超市、公共厕所、办公室、客房、通信室和电力引入室等。另外还有一些其他功能如：休闲娱乐，商务通信及保健医疗等。为了方便驾乘人员的使用，服务区在规划建设时，应当考虑把商店、餐厅和休息室等设置在一楼或者进出方便的地方，处于较短的交通流线连接处，不需要绕道很远的地方，同时考虑室内净空高度预留吸顶式分体空调，以提供更好的服务。另一方面，餐厅、小卖部和休息室等的外墙应当采用大玻璃通窗，便于休息人员向外眺望，室内空间应宽畅通透，尽量不设或少设柱，或者合并在一起设置成大空间。为了防潮安全，应尽量将通信站设置在二楼或以上服务区。根据驾乘人员来服务区的通常行动流线，外卖部宜靠近大型公厕或与大型公厕合并设置。

②交通性质

交通性质对服务区设置有着重要的影响，如某条道路主要是旅游交通，那么此条路上的服务区应当主要以观赏风景和吃饭休息为主，应当设置功能较为全面和规模较大的景观地点，且在午饭和晚饭时间做好充分的服务准备。然而，某条道路上货车的通行比例较大，那么应当在该条道路上设置侧重于车辆维护等方面的服务设施，如设置较大的停车场和加油、加水等服务设施。

③沿线是较大城镇，服务区建设需求较高

沿线是城镇的应当考虑为进出的车辆提供加油、加水、洗车和检修维护等服务。同时，如果在城镇附近有较大工业园区等，可以考虑设置相关的冷冻储藏和物流配送等需要的服务。

④行车距离

一般情况下，高速公路上尤其是两个城市之间间距较长的，4小时就有集中用餐的需求，需要一个功能较完善和规模较大的服务区；2小时有集中上厕所的需要，此时至少需要一个较大规模的服务区。

⑤道路的重要性

在重要的区际通道或国道主干线，通过此处的过境车辆较多，应当在这些路段上设置具有比较完善服务功能的服务区；而对于支线道路或者重要性较低的道路，应该更多地考虑设置功能较少的服务区。

(3) 适宜间距设计原则

参照国内外相关设计规范，《公路工程技术标准》JTG B01—2014中明确条文是有科学依据并符合国际惯例的，如根据车辆的汽车耗油量、交通部门的事故救援、驾驶人员的心理状态等因素综合考虑。众所周知，驾乘人员每行驶50km或者半小时的车程，应当休息一段时间，这是吻合人体的新陈代谢周期，体现了建设规划者对驾乘人员的一种人文关怀。高速公路服务设施建设规模应根据景观、环保、区域路网、地形等规划布设停车区、服务区位置，同时考虑公路设计交通量、交通组成等综合因素，可以考虑每间隔50km设置一个服务区，而且应当提供一些附属设施，如停车场、车辆修理、加油站、公共厕所、餐饮、小卖部等。

服务区合理间距的确定需要根据实际需要进行考虑，而不存在一个统一的标准，总体上服务区的设置间距以50km为宜，拥有完善服务功能、规模较大的一类或二类服务区设置间距应相对较大，其中一类服务区的间距可放大到100km以上；功能、规模较小的停车区间距应该相对小些，平均间距25km左右。对于交通量特别大或者交通构成中货车占比较大的高速公路，服务区设置间距应适当缩小；在城镇分布比较稀疏的地方，间距适当增大；相反，在经济比较发达、城镇分布密集的地方服务区的设置间距相对较小；对于冰雪或其他灾害易发区，考虑到服务区应急救援功能，服务区的设置间距可适当缩小。

6.2.2 功能结构

(1) 功能结构分类

A类：综合型服务区，服务功能完善，与一类服务区对应，除了具备停车场、加油站、维修站、餐厅、休息室、商店、厕所等服务设施之外，还需要提供临时医疗救助设施。随着一类服务区的发展，在服务区功能不断完善的基础上还需结合服务区的建设进行相应功能拓展的研究。其他功能如运输功能、旅游服务功能等必须结合实际条件，有选择性地拓展。

B类：多功能服务区，服务功能较为完善，能够满足一般出行需求（与二三类服务区对应）。除了不具备临时医疗救助设施之外，停车场、加油站、维修站、餐厅、休息室、商店、厕所等服务设施均具备。其他功能如运输功能、旅游服务功能等必须结合实际条件，有选择性地拓展。

B类服务区设置于A类服务区之间，规模较大，停车位数量也较多，各类服务设施规模适中。

C类：单功能服务区，仅提供停车、临时休息等简单服务（与停车区对应），主要作用是一类服务区和二类服务区的补充。

(2) 服务区内部功能

各功能等级服务区服务配套服务设施见表6.2。

各功能等级服务区配套服务设施一览表　　　　表6.2

功能		A类服务区	B类服务区	C类服务区
基本服务功能	停车场	▲	▲	▲
	公共广场	▲	△	—
	加油站	▲	▲	—
	修理所	▲	▲	—
	餐厅	▲	▲	—
	休息所	▲	▲	▲
	便利店	▲	▲	—
	厕所	▲	▲	▲
住宿设施		▲	△	—
洗浴设施		△	△	—
医疗救护设施		▲	—	—
消费服务功能拓展	休闲旅游设施	△	△	—
	特色餐厅	△	△	—
	特产超市	△	△	—
	会议室	△	△	—
	酒店	△	△	—

续表

功能		A 类服务区	B 类服务区	C 类服务区
运输服务功能拓展	物流仓储	△	△	—
	农产品集散	△	△	—
其他功能拓展	广告开发	△	△	—
	展览陈列	△	△	—

注："▲"表示必备设施，"△"表示可选功能拓展设施，"—"表示不具备此设施。

数据来源：《高速公路服务区类型划分及功能配置研究》。

6.2.3　规模结构

（1）服务区整体规模

一类服务区：规模最大，停车位数量较多，各类建筑设施规模也比较大，占地面积通常大于 80 亩，但是一类服务区的规模并不是越大越好，在确定规模时，通常要考虑到服务区的运营、养护等成本，而过大的服务区规模无疑会为服务区的运营、养护带来一定的经济负担。

二类服务区：服务功能相对完善，相对于一类服务区，二类服务区除了不具备临时医疗救助设施之外，停车场、加油站、维修站、餐厅、休息室、商店、厕所等服务设施均具备，同样，二类服务区也需要在发展过程中不断进行功能拓展的尝试。二类服务区设置于一类服务区之间，规模较大，停车位数量也较多，各类服务设施规模适中，占地面积通常在 60～80 亩之间。

三类服务区：仅具备临时停车、休息、如厕的功能。主要作用是一类服务区和二类服务区的补充。占地面积通常在 20～35 亩之间。

（2）服务区内部配置规模

按照现代公路工程研究理论，还没有建立科学的数学模型及公式计算合理的停车场面积，实际往往参考已有高速公路案例。查阅一些城市高速公路、服务区、停车场占总面积的百分比及《公路工程技术标准》JTB B01—2014 规定"实际建设时停车场及区内道路不宜小于整个场区用地面积的 60%；园地绿化面积不应受限于城市新建建筑小区绿地面积应不低于 30% 的规定"，可以得出符合标准的较为合理的服务区占地比例构成，如表 6.3 所示。

服务区占地面积构成　　　　　　　　　　　　　　　表 6.3

类型	停车场	建筑物	园林绿化	道路和功能拓展用地
一、二类服务区	25%	15%	20%	40%
三类服务区	35%	20%	25%	20%

数据来源：《基于等级划分的高速公路服务区布局和规模研究》。

6.2.4　空间结构

高速公路服务区的空间结构是指高速公路服务区规划体系中，规模不同、职能各异的各级服务区在空间上的分布、联系及其组合服务区体系空间结构优化状态。它强调的是一个区域内的城镇由于存在空间相互作用，在空间上结合为具有一定结构和功能的有机整体，揭示的是区域内各服务区之间空间相互作用的状况和机制。

6.2.5　支撑网络

高速公路服务区的支撑网络为基础设施支撑网络，包含交通、邮电、供水供电、商业服务、科研与技术服务、园林绿化、环境保护、文化教育、卫生事业等技术性工程设施和社会性服务设施。基础设施网络是为了满足服务区发展需要，为服务区服务对象提供基本服务的公共物质设施以及相关的产业和部门，是服务区正常运作与发展的重要基石。

一般服务区包含以下几种基础设施系统：①交通系统：城市对外交通、城市对内交通；②水资源及给排水系统：水资源保护、给水、排水；③能源系统：供电、燃气、集中供热；④通信系统：邮电、广播、电信、电视；⑤环境系统：环境卫生、园林绿化、环境保护；⑥城市防灾系统：防火、人民防空、防地面沉降、防风、防雪、防地震、防其他自然灾害（泥石流、滑坡等）。

综合性服务区或有其他功能如旅游、商务的服务区，其基础设施网络更加丰富。

6.3　高速公路服务区规划实施研究

6.3.1　高速公路服务区规划步骤

服务区的设计和布置，要遵照以下步骤进行：首先是在每个线路上分析沿线风土人情等社会风貌、经济发展规模以及即将和已经开发的旅游资源；然后是根据服务区设置需求，遵循相应的选址原则和方法，初步选取服务区地点，并对所有选点进行重要性排序，排序时要充分考虑各个地点的有利和不利条件；最后以未来年限的预测交通量为基础，得出使用的土地面积，同时综合考虑本服务区的地理位置、地形特点以及与其他服务区配合等因素，进一步完善服务区规划，最终得到服务区的规模和设计。

6.3.2　高速公路服务区规划实施的建议

服务区设计是其建设的基础，服务区建设时应遵循统筹规划和分步实施的原则。分期逐步建设时应满足以下四个条件：

（1）如果公路正在建设，那么服务区应同公路主体工程同时完成，假如通车后相应服务区设施尚未完工，将会严重制约高速公路交通运输功能，并降低经济收益，这一点特别体现在关键重要的主干线上，支线公路可以采取保留土地逐步建设的办法。

（2）一次投入确保长期收益，要在未来年限预测交通量的基础上规划征地规模，开展服务区的土地收购工作，为了避免以后服务区扩展时无地可用的困难，设置服务区在早期阶段要预留足够的土地。

（3）服务区所有设施的过早完全建设和使用会造成服务设施闲置和建设资金过度浪费，实际建设中，往往根据服务区的服务要求分期建设，初步建立如加油站和停车场等必要的服务区设施，然后再随着公路运输的发展分期完成其他服务区设施，逐步提高服务规模和功能，从而实现经济效益的最大化。

（4）服务区的进一步建设。土地是服务区建设考虑的首要因素，首先应该考虑如何取得土地，要调查建筑设施基本服务区符合要求的情况，是停车场面积不足还是其他因素造成的，征地时要充分考虑到实际地形和周围环境，扩建在原有停车场等设施的基础上，合理建设，尽量避免重复建设，在建设的同时，要保证服务区现有设施的正常运营和服务。

参考文献

[1] 交通部规划研究院. 国家高速公路网规划 [R] . 2004.9

[2] 《公路工程技术标准》[S] JTG B01—2014

[3] 杨楚屏. 对高速公路服务区规划设计的探讨 [J] . 工程建设与设计，2004.3

[4] 任宪磊，谢飞. 高速公路服务区停车场的规划设计 [J] . 山东交通科技，2002.3

[5] 葛林. 高速公路服务区的设计优化 [J] . 中外公路，2005.3：135-136

[6] 刘喜平. 高速公路服务区设计规划 [J] . 中外公路，2004 (1)：114-117

[7] 张松. 浅议高速公路服务区的规划与设计 [J] . 交通标准化，2003 (9)

[8] 何敬晨，高速公路服务区占地规模调查与分析 [J]，交通世界，2009 (23)：112-113

[9] 秦华容，杨铭. 基于需求分析的高速公路服务区配置研究 [J] . 中国公路，2004 (23)

[10] 张全胜，左庆乐. 高速公路服务区功能定位的探讨 [J] . 交通标准化.2008 (8)

[11] 穆莉英. 高速公路服务区合理规模与布局研究 [D] . 石家庄：河北工业大学，2007

[12] 蒋愚明. 高速公路服务区服务设施规模的研究 [D] . 南京：南京林业大学，2008

[13] 秦华容. 基于服务对象需求分析的高速公路服务区配置研究 [D]：硕士论文. 西安：长安大学，2005 (6)

[14] 姜国清，高福华，王晓飞. 高速公路服务设施的探讨 [J] . 中国西部科技，2006 (5)：12-14

[15] Marcos Singer and Patricio Donoso. Assessing an ambulance service with queuing theory. Computers & Operations Research，In Press，Corrected Proof，Available online 18 January 2007

第 7 章　高速公路服务区设计

7.1　国际上服务区设计规范标准概述

7.1.1　日本

日本高速公路服务区用地、景观非常注重与环境的融合，其功能设施最为齐全和人性化，如婴儿的换尿布和哺乳也可以很方便地进行。在服务区内人们可以及时了解所需要的各种信息，可免费取用精美的交通地图、交通常识和安全宣传品、周边风景旅游资料等，其中再生纸制的折叠小垃圾箱上甚至还画有可供解闷的小画谜。所以尽管是封闭的高速公路的附属空间，服务区还是被营造为与周边社会和自然环境相互融合、密切关联、毫无隔阂的和谐场所。

日本在高速公路沿线建筑方面，比较倾向于通过模拟的手法来表达传统风格和地域特点，对于细节的深度推敲也是其设计的重点。这些空间不仅是休息的地点，也是文化展示和休闲娱乐的场所。

7.1.2　美国

美国人认为公路是一种具有人工特征的景观。交通设施既能带来巨大的公众效益和生活的乐趣，也可能对环境产生不利影响，因此减弱或者消除这些设施给周围环境带来的不利影响是必要的。

高速公路休息区大多单侧布设，很少有沿路两侧对称布置的实例。选址有的紧邻高速公路一侧；有的通过匝道稍远离公路；有的与互通立交合建；有的与称重站合建。所有休息区布设时均充分利用沿线场地灵活布设，基本顺应地形布设，没有明显的填挖现象。

美国高速公路服务区一般设有加油站、很大的停车场、小型汽车维修站、洗手间等，满足人、车的基本休息、保养，大的服务区还可以看到麦当劳的快餐店。美国以加油产业为主导形成景观化的加油站很有特色，以吸引顾客为目的，站房、灯光、商标、非油品及信息化服务等形成的规范化空间标志性很强。

总体来看，美国高速公路服务区空间体现出顺应地势的灵活性、形态和材料的乡土化、吸引顾客的标志性的设计理念。

7.1.3　法国

法国高速公路服务区可作为欧洲的典型。法国公路服务区面积较大，相对而言功能空间具有较大的伸缩性。因此在布局上不拘一格，因地制宜，表现出与环境协调的灵活性。强调功能的分离层次，将建筑体量融入环境景观中。注重动静分区。

法国很多建筑设计的策略可以理解为"不破坏、不干涉就是保护和传承"，典型就是卢浮宫扩建工程。高速公路沿线建筑也遵循着同样的原则。对环境的不干涉、场地的顺其自然、建筑物通过化整为零实现因地制宜的布局，同时也力求在未来发展的改扩建中对现状有充分的保留利用，避免对环境有过度的破坏。

法国服务区具有明确的交通层次，小车、大车、人行、加油互不干扰，以景观相诱导，以标志标牌标线相强制，多重措施并行。

法国服务区景观通过场外景观、绿化、铺地、设施（休息游乐设施、灯具、垃圾桶、标志等）、构筑物（天桥等）的组合，形成景观标志对交通的良好诱导和绿化对功能分区的自然隔离，另外，景观与建筑功能相结合，也提供了可供消磨足够时间的依托场景，可以保证司乘人员得到充分的休息，避免疲劳行车。

法国在1976年后把文化生活带进了高速公路空间，利用沿线服务区开展文化娱乐活动，以吸引人们停车休息。

7.2　我国服务区规划设计标准

7.2.1　总则

(1) 服务区的功能
①社会功能

高速公路服务区始于沿海一带，且服务区定位多相互借鉴和参考，其设计理念、功能定位、服务设施及经营模式均大同小异。由于高速公路的设计速度决定了高速公路的封闭性，那么为满足驾驶人员和乘客的基本生理需求，服务区的基本生活设施是必不可少的。根据相关调查数据显示，国内九成以上的服务区设有加油站，七成左右设有饮食区域，但针对有特色地区的特色文化产业展示相对较少。同时，从经济效益来说，处于盈利状态的服务区不足三成。结合国外研究表明，高速公路服务区不仅只满足人员的休整、饮食等功能，而应该与社会环境、生态环境、人文环境相结合，不应把高速公路完全独立于整个社会。

②生态功能

高速公路独特的运行模式及其长距离的带状特征决定了一条高速公路上不同服务区之间的生态环境存在着显著差异，存在地域差异性。不同气候环境、人文环境、土壤及动植物分布均不同。高速公路除了对整个社会经济文化造成影响，同时也会影响和破坏途中的生态平衡，因此，对于高速公路服务区的功能定位不能局限于社会功能而应综合考虑其生态平衡，同时进行生态交通规划的方案对比，选择最优方案，以实现交通和环境的有机协调，体现绿色、环保、节能，即实现可持续发展。

③经济功能

利用高速公路服务区特有的线上、线下平台，带动展示周边地区相关产业经济发展。

(2) 服务区的组成

服务区基本组成应包括车辆服务功能、人员服务功能、附属服务功能，条件许可时可增加拓展服务功能。车辆服务功能设施包括：进出匝道、贯通车道、停车广场、加油（加气）站、充电站、车辆维修站、加水点、导向系统等。人员服务功能设施包括：如厕设施、餐饮设施、购物设施、休息设施、住宿设施、洗浴设施、银行服务设施、信息服务设施、医疗救护等。附属服务功能设施包括：管理用房、员工宿舍、附属设备用房、给排水设施、垃圾处理设施、废气处理设施等。拓展服务功能设施包括：洗车、野营停车区、旅游休闲娱乐、健身娱乐室、客运换乘、仓储、物流、商业服务等。

服务区原则上分为三类，即主（中心）服务区、普通服务区、停车区。具体功能设置见表 7.1。

高速公路服务区功能配置一览表　　　　　　　　表 7.1

功能配置		类型	模式一		
			主（中心）服务区	普通服务区	停车区
车辆服务功能		进出匝道（贯通车道）	●	●	●
		停车广场	●	●	●
		加油（加气）站	●	●	○
		汽车维修	●	●	○
		充电桩	●	●	○
		加水点	●	●	●
		交通导向标志	●	●	●
		交通信息告示牌	●	○	○
人员服务功能		公共卫生间	●	●	●
	餐饮	餐厅	●	●	—
		茶座（咖啡厅）	○	○	—
	购物	超市	●	●	—
		小卖部	○	○	○
	管理	管理用房	●	●	○
		员工宿舍	●	●	○
	休闲	室内外休息区（庭院）	●	●	—
		宾客休息室	●	○	—
		公共沐浴室	○	○	—
	信息通讯	电子显示屏	●	●	—
		信息查询系统	●	●	—
		公共电话	○	○	—
		互联网（WiFi）	●	○	—
	住宿	客房	●	○	—
附属服务功能		辅助设备用房	●	●	○
		场区安保设施	●	●	○
		场区照明设施	●	●	●
		给排水设施	●	●	●
		废气处理设施	●	●	○
		垃圾处理设施	●	●	○

续表

功能配置 \ 类型		模式一		
		主(中心)服务区	普通服务区	停车区
拓展服务功能	洗车	○	○	○
	野营停车区	○	○	—
	旅游休闲娱乐	○	—	—
	健身娱乐室	○	—	—
	金融服务自动存取款机	○	○	—
	客运换乘	○	○	—
	仓储、物流、商业服务	○	○	—

注：●表示必须设置，○表示选择设置，—表示无需设置。

（3）服务区的选址

①服务区的选址原则应根据国家高速公路服务区总体规划确定，具体建设位置的选择应根据该服务区所在路段的交通区位、交通性质、场地特征、环境影响、经济发展等因素确定。

②服务区间距宜控制在 40～50km 左右，其中设计速度 80km/h 的高速公路，可采用低限；设计速度 100km/h 及以上的，可采用高限，相交高速公路的各方向服务区间距不宜大于 60km。道路交通量比较大、车种结构比较复杂的，需要加油的车辆也比较多，间距可适当小一些，但不得小于 30km。

③停车区与服务区或停车区与停车区的间距宜为 20～30km。

④当一条线路上设置 2 个或以上服务区时，根据相邻服务区情况，可设置 1 个主服务区，相邻的服务区则按普通服务区设置。

⑤服务区（停车区）与隧道出口、互通立交应保持一定的距离，一般不小于 2km。

（4）服务区的用地

①服务区用地按《公路工程技术标准》、《高速公路交通工程及沿线设施设计通用规范》、《公路工程项目建设用地指标》有关规定执行，可适当增大规模，预留今后发展空间。服务区总面积＝停车场＋汽修广场＋加油站区＋房建区及环路＋绿化及其他。

②服务区用地指标一般条件（即服务区所在路段按车道数可承载的通常交通量和大型车比例）下的基准值按表 7.2 取值。当实际建设的服务区所在路段的交通量和大型车比例与基准值的编制条件不同时，其用地指标按表 7.3 中的系数进行调整。

服务区用地指标基准值（hm²/处）   表 7.2

公路技术等级	车道数	用地指标基准值	编制条件	
			路段交通量 Q(pcu/d)	大型车比例 μ(%)
高速公路	八	9.5333	60000≤Q<80000	20<μ≤30
	六	7.6	45000≤Q<60000	20<μ≤30
	四	6.5333	25000≤Q<40000	20<μ≤30

服务区用地指标调整系数 表 7.3

公路技术等级	车道数	路段交通量 Q(pcu/d)	大型车比例 μ(%)				
			$\mu\leqslant10$	$10<\mu\leqslant20$	$20<\mu\leqslant30$	$30<\mu\leqslant40$	$\mu>40$
高速公路	八	$80000<Q\leqslant100000$	0.65	0.93	1.09	1.24	1.36
		$60000<Q\leqslant80000$	0.59	0.82	1.00	1.14	1.24
	六	$60000<Q\leqslant80000$	0.73	0.99	1.20	1.38	1.51
		$45000<Q\leqslant60000$	0.59	0.85	1.00	1.12	1.25
	四	$40000<Q\leqslant55000$	0.64	0.90	1.09	1.25	1.35
		$25000\leqslant Q<40000$	0.60	0.85	1.00	1.15	1.25

③停车区用地指标一般条件（即停车区所在路段按车道数可承载的通常交通量和大型车比例）下的基准值按表 7.4 取值。当实际建设的停车区所在路段的交通量和大型车比例与基准值的编制条件不同时，其用地指标按表 7.5 中的系数进行调整。

停车区用地指标基准值（hm²/处） 表 7.4

公路技术等级	车道数	用地指标基准值	编制条件	
			路段交通量 Q(pcu/d)	大型车比例 μ(%)
高速公路	八	2.5000	$60000\leqslant Q<80000$	$20<\mu\leqslant30$
	六	2.1333	$45000\leqslant Q<60000$	$20<\mu\leqslant30$
	四	1.6667	$25000\leqslant Q<40000$	$20<\mu\leqslant30$

停车区用地指标调整系数 表 7.5

公路技术等级	车道数	路段交通量 Q(pcu/d)	大型车比例 μ(%)				
			$\mu\leqslant10$	$10<\mu\leqslant20$	$20<\mu\leqslant30$	$30<\mu\leqslant40$	$\mu>40$
高速公路	八	$80000<Q\leqslant100000$	0.92	1.02	1.11	1.19	1.26
		$60000<Q\leqslant80000$	0.87	0.93	1.00	1.06	1.10
	六	$60000<Q\leqslant80000$	0.97	1.04	1.12	1.19	1.25
		$45000<Q\leqslant60000$	0.82	0.91	1.00	1.09	1.16
	四	$40000<Q\leqslant55000$	1.01	1.11	1.20	1.30	1.39
		$25000\leqslant Q<40000$	0.81	0.92	1.00	1.08	1.16

④服务区选址应尽量利用废弃地、荒山和坡地，或结合弃土场设置，尽量不占用农田。

⑤服务区受场地限制，征地规模也不宜少于 60 亩。

7.2.2 设计要点

1. 车辆服务功能设施设计

1）进出匝道

（1）进出匝道、贯通车道应根据交通运输部有关技术规范设置。

（2）为便于养护施工，服务区进出匝道的宽度不小于 10.5m。

73

（3）进出匝道设置应确保车辆不得干扰服务楼，并应有利于车辆驶入停车广场的引导。

（4）进出匝道及贯通车道用地计入主线考虑，不计入服务区用地面积。

2）停车广场

（1）停车广场的总体布局应按高速公路的设计年限 20 年设计，停车广场尽量做大，为今后改扩建留下足够的空间；可一次征用，分期扩建，初期可暂以绿地替代。近期建设应根据预测年限交通量、停留车辆比例、车型比例等进行广场设计。

（2）服务区停车广场应严格按照车辆分类、分车型、分区停放。广场至少应分为小车、客车、货车、超长货车四类停车场，如有条件，可再增设危化品车辆（第五类）停车场。

（3）停车广场严禁客货混停，其中小车、客车客员较多，应靠近服务楼、公共卫生间布设。

（4）小车停车位宜采用 90°竖直停放设计，货车及客车停车位可根据服务区场地及道路交通组织情况采用 30°、45°、60°斜停或 90°竖直停放设计；货车原则上采用前进停车、前进出车，超长车宜顺道路前进方向停放，严禁倒车停放。

（5）停车广场应用绿化隔离岛分区，达到美化遮阳的效果，也可结合太阳能设施建设小车停车棚，同时隔离岛大小、长度应避免影响车辆进出和交通组织。每排停车位较多距离较长的，客车、货车原则上应每 4～5 个车位之间增设绿化隔离带（岛），小车宜每 10 辆车位增设隔离带（岛）；大货车、特长车停车区与贯穿通道之间应尽量设置绿化隔离带（岛）；隔离岛应设置距路面 25cm 高的路缘石。

（6）停车广场的排水设计应结合隔离岛、路缘石等设置雨水排放窨井等，大的广场还应考虑设置适当坡度，加快雨水的排放。

（7）停车场车位数根据主线预测交通量与设施的利用率，按下列公式求得：
$$停车位位数（单侧）=单侧设计交通量×驶入率×高峰率/周转率$$
其中，驶入率——驶入服务区的车辆数（辆/日）/主线交通量（辆/日）；

高峰率——高峰时停留车辆数（辆/小时）/停放车辆数（辆/日）；

周转率——1（小时）/平均停车时间（小时）。

（8）建设引进绿色停车场理念，从管理维护、翻新改造、停车定价、动线规划、车位共享、分时租赁、节能车推广、节能照明、环保材料的使用、雨水收集、景观绿化节约用水、停车导引系统等衡量标准入手，确定停车场设计。

3）加油（加气）站

（1）加油站宜设置在场区出口处，应使车辆尤其是货车加油后行驶进入主线高速的交通顺畅，并应独立成区，且必须按规范要求与周围建筑保持足够的安全距离。

（2）加气设施可考虑预留，待条件成熟后予以实施。

（3）加油（加气）站设计应符合国家现行行业标准《汽车加油加气站设计与施工规范》GB 50156—2012 和《石油化工静设备安装工程施工质量验收规范》GB 50461—2008 的有关规定。

（4）加油站规模按 6 个加油器考虑，管理用房可按 200m² 设计。

（5）加油区设计应方便从停车广场和贯通车道多方向来车的进出，避免车辆在加油站附近小半径转弯加油，尽量减少加油车辆交通流线的交叉。

（6）油库宜采用半埋式，防止油库进水托起油罐而泄漏，必须有严格封闭设施。

4）充电站

（1）通信系统要能经受恶劣环境和较强的电磁干扰或噪声干扰，保持通信的畅通。

（2）在满足可靠性的前提下，综合考虑建设费用及长期使用和维护的费用。

（3）由于充电桩（栓）具有控制点面多、面广和分散的特点，要求采用标准的通信协议，随着"ALL IP"网络技术趋势的发展以及电力运营业务的不断增长，需要考虑基于IP的业务承载，同时要求便于安装施工、调试、运行、维护。

5）汽车维修

（1）服务区应设置汽车维修设施，汽修设施应能满足生产的需要，不得占用道路和停车广场等场所。

（2）汽修设施可包括业务接待室（含客户休息室）、修理厂房、停车场、料库，层高应不小于4.5m。业务接待室应整洁明亮，面积不少于20m^2；修理厂房应配备有效的安全、消防设施，面积不小于80m^2；停车场应设计标志、标线，面积不小于120m^2；料库，必要的存放设施，面积不小于50m^2。

（3）如条件允许，可增设不少于可停放2辆货车的保养停车场地，司机可长时间自行作业。

（4）汽车维修生产设施应有一定的噪声衰减隔离，并达到《工业企业厂界噪声标准》GB 12348—2008的规定。

6）加水点

（1）服务区应设置车辆加水点，可结合货车、客车停车区域内隔离岛预留加水管线，采用软管接长式加水，同时取消原设置的集中加水点。

（2）服务区处于长下坡路段的，所有货车停车场地均应设计加水点，并设置强制加水的标志。

7）交通导向标志

（1）服务区应进行车辆交通渠化专项设计，明确导向标志、停车区域标注的设置位置及版面设计、场区标线设计等，确保进入服务区内的车辆能够行驶安全顺畅、停放整齐有序、进入功能区流线便捷。

（2）服务区车辆由进入匝道引入后，应设置清晰易懂的导向标志，指引车辆进入停车场、加油站、维修场地等。

（3）车辆停车场应设置明显的停车区域标志，可结合隔离岛进行设计，引导车辆分类、分区停放。

（4）交通标线应确保交通的渠化进行设计，宜与交通标志配合使用，在场地无法设置标志时，可以通过交通标线进行补充。标线设计时要尽量减少冲突、交织点，使场区内车辆行驶顺畅。对人员集中经过、进出的道路、广场，应设置必要的人行道标线。

（5）停车广场应根据车型、车类，设置车位标线；服务区采用黄色内标线。

8）交通信息告示牌

服务区信息告示牌设计应在人员的主要出入位置设置，并应一目了然、通俗易懂。

2. 人员服务功能设施设计

1) 公共卫生间

(1) 公共卫生间原则上单独设置；卫生间平面布设应按男左女右的原则设计；厕位布设沿长轴方向排列，便于如厕人员寻找空位。

(2) 合理控制卫生间建筑高度，原则上应满足自然采光及通风要求，层高不宜低于4.5m；屋檐应有一定长度，能起到防雨水飘进卫生间内的作用。

(3) 卫生间外墙高按2.5m设计，2.5m至屋面作自然通风设计，蚊虫较多的地区可考虑设置纱窗，不得采用玻璃窗封闭；卫生间走廊两侧墙体从空气对流考虑，高度30～80cm之间采用镂空设计，无视线要求走廊边墙体高度30cm以上全部采用镂空设计，同时应做好视线遮挡设计；厕格之间的外墙墙体应预留机械通风管孔，人行外走廊的应预留墙排管道。

(4) 男卫生间小便器宜采用壁挂式，排水管应埋入墙内，小便器控制在18个左右，其中应设置两个儿童小便器，宜采用感应式冲洗设施；蹲位控制在12个左右；小便器应设在卫生间外侧（靠入口侧），蹲位设内侧。女卫生间蹲位控制在18～24个；公共卫生间统一采用前后出入、中间走廊，类似"田"字布局设计，中间走廊原则上应设置深色调的大理石洗手槽，便于干湿分离。

(5) 蹲位的开间尺寸宜不小于1.4m×1m，遮挡高度不低于1.8m；厕间隔断板宜用耐脏、易清洁的抗倍特板材等，并采用锌合金、不锈钢等不易生锈的配件。

(6) 卫生间地面应设置截水沟，防止地面污水流至室外。

(7) 洗手槽采用长条槽式，应设在卫生间外面，实现干湿分离；男女洗手池宜分开设置，同时应设置儿童洗手槽。设置洗手槽的通道宽度按不小于3.6m设计。

(8) 洗手槽及小便器宜采用感应式冲洗设施，或采用坚固耐用的手按延时阀；蹲位宜采用脚踏延时阀。

(9) 男卫生间小便器站立区设置竖向排水沟，排水沟采用玻璃钢、不锈钢等易清洁、耐脏的格栅盖板，排水沟应接至户外，设立专门的储水井，用于绿化浇灌。

(10) 服务区应设置一间无障碍卫生间，并设置一间管理用房。

(11) 卫生间地面防滑砖宜采用不小于60cm×60cm规格深色系不上釉防滑砖，防滑砖应耐脏易清洁且具有较高的防滑效果；内墙应采用贴瓷砖设计，高度至少贴至1.8m；卫生间顶棚不宜采用吊顶设计，直接刷白色乳胶漆。

(12) 卫生间应做好通风系统的设计，并考虑防臭措施。

2) 餐饮：餐厅、茶座（咖啡厅）

(1) 服务区应根据客流进行餐饮设施的设计。餐厅、厨房的设计应符合国家现行行业标准《饮食建筑设计规范》JGJ 64—89的有关规定。

(2) 餐饮设施原则上布设于服务区主楼一层，服务楼双侧布置的，其单侧餐厅面积按300～800m²控制；服务楼共用的，餐厅面积按600～1500m²控制。厨房与餐厅面积应按(0.6～0.8)：1控制。

(3) 餐饮、茶座正对广场立面可设落地玻璃窗，其他立面应设置高窗。

(4) 餐厅、厨房仅作简单设计，吊顶、地砖、进出玻璃门等建设暂不实施，由餐饮承担单位负责装修。装修不得影响服务区整体建筑风格，并应符合国家高速公路行业管理的相关要求。

（5）餐饮操作间要有一定的空间，符合卫生要求，成品熟食间要封闭，通过橱窗传递饭菜，饭厅宜分别设计快餐厅、点菜厅、包厢，以适应不同层次旅客的就餐需要。服务区宜设置员工食堂，面积按 $30\sim80\text{m}^2$ 设计。

（6）茶座、咖啡厅可结合超市配套设计。

3）购物：超市、小卖部

（1）服务区设置超市，停车区可设置小卖部。

（2）超市原则上布设于服务区主楼一层，可紧邻公共卫生间布设。服务楼双侧布置的，其单侧超市面积按 $150\sim200\text{m}^2$ 控制；服务楼共用的，超市面积按 $200\sim300\text{m}^2$ 控制。

（3）停车区小卖部可与公共卫生间合并设置，面积按 50m^2 控制。

4）管理：管理用房、员工宿舍

（1）服务区应设置生产管理用房，原则上办公用房主任1间、财务人员1间、其他人员大间办公。

（2）根据需要可预留餐饮、超市管理人员办公用房各1间，其他办公用房2间。

（3）停车区只设置1间管理办公用房。

（4）员工宿舍参照国家收费站员工宿舍建设标准，服务区领导按一人一间宿舍，其余人员按两人一间原则控制宿舍建筑规模。

（5）餐饮、超市员工宿舍根据需要确定，可考虑由餐饮、超市承包单位进行装修、租用。

（6）停车区可考虑设置管理（承包）人员的住宿房间。

5）休闲：室内外休息区、宾客休息室、公共沐浴室

（1）服务区应设置一间面积不小于 45m^2 的宾客休息室或接待室，可设置独立卫生间。

（2）室外休息区应结合山水景观、利用周边地形地貌、融入文化特色进行设计，起到为旅客提供室外集中休息场所的作用。

6）信息通讯：电子显示屏、信息查询系统、公用电话、互联网

（1）服务区设计应考虑预留电子发布信息点、大屏幕电子显示屏等接口，接口应考虑设置在服务楼及公共卫生间人员较集中地方，便于根据电子发布信息点、大屏幕电子显示屏查询路况及气象信息。

（2）服务区宜设置公共电话、用于交通信息等资讯查询的公用电脑、无线网络（或预留）等设施；同时应设置内线电话及内、外网设施。

7）客房

（1）服务区可设置少量的客房，预留今后增设的条件；主服务区应设不少于8间客房。

（2）客房阳台视建筑立面情况设置，有阳台开间可按 $3.6\text{m}\times6.9\text{m}$、$3.9\text{m}\times6.6\text{m}$ 设计（阳台按 1.5m 控制），无阳台开间可按 $3.6\text{m}\times7.5\text{m}$、$3.9\text{m}\times7.5\text{m}$ 设计；客房设置独立卫生间。

8）银行服务

服务区根据需要，在有条件的情况下可考虑设置银行网点，或设置自动存取款机及

ETC 卡充值点等。

3. 附属服务功能设施设计

1）辅助设备用房

（1）服务区应设置必要的配电房（单独设置）、电源房（含进线室，面积不小于 15m²；应设一层，如通信机房在一层，可与通信机房合并一间）、水泵房（可与配电房结合设置）等。

（2）停车区配电房可与电源进线间合并设置。

（3）服务区配电房、水泵房一般按 120m²、60m² 设置。

2）场区安保设施

（1）服务区应当在服务楼前、停车场及外通道口等公共区域设置监控设施及宣传安全的可变情报板或大屏幕显示器，24 小时监控服务区广场，保障人、车安全。

（2）服务区根据需要可设置场区安保用房（一般设置在左右区通道口或外通道口位置），同时预留交警用房 1 间（服务楼 1 层）。

（3）安保用房可考虑与加水点管理房一并设置，但不得影响服务区整体景观和遮挡行车路线。

3）场区照明设施

（1）服务区应设计场区照明设施，广场照明应结合广场绿化或道路渠化岛等设施划分成不同照明区域，为便于维护及为灾害性气候现象安全考虑，广场不宜设置高杆灯，宜采用中杆灯（不大于 15m）和路灯照明，并做好人行通道、走廊的照明设计；停车广场分区照明宜结合绿化隔离带（岛）采用庭院灯。

（2）室外休闲场所应考虑必要的中杆灯照明，用于人行引导的可采用庭院灯。

（3）停车区原则上采用中杆灯照明。

4）给排水设施

（1）服务区的饮用水应考虑附近城镇的自来水；若附近无合适的市政水源应对井水进行处理，水质应达到国家规定的生活饮用水标准。

（2）服务区排水系统应结合服务区的绿化岛、停车广场结合绿化隔离带（岛）设置集水井，场区宜设计一定的坡度采用自然排水，且宜采用暗沟设计，经集水井排入场区边沟；雨水和污水排放各自形成独立的系统，不得混排；有条件的服务区应尽可能考虑雨水收集再利用。

（3）服务区汽车修理、餐饮、厨房生产等含油废水应进行油水分离处理，达到《污水综合排放标准》GB 8978—1996 的规定，污水处理设计要求达到一级排放标准。

（4）服务区生活、餐饮废水，停车区生活废水处理应符合《公路服务区污水再生利用》JT/T 645—2005 要求。

（5）洗车废水应经沉凝沉降油水分离达到排放标准后排放。

（6）服务区污水处理设备应尽量靠近服务楼和公共卫生间布置，以减少管道埋设长度，提高使用效率。

5）废气处理设施

（1）服务区餐饮的油烟废气经处理后，应符合《饮食业油烟排放标准》GB 18483—2001 的规定。

（2）生活设施的燃气、燃油等经处理后应符合《大气污染物综合排放标准》GB 16297—1996 有关规定。

（3）加油站卸油、储油、加油污染源环保设施应符合《加油站大气污染物排放标准》GB 20952—2007 附录 B 和《储油库、加油站大气污染治理项目验收检测技术规范》HJ/T 431—2008 中有关规定。

6）垃圾处理设施

（1）服务区、停车区均应设置垃圾收集、处理设施。

（2）服务楼人员进出主要通道应设置分类垃圾箱。

（3）服务区生活餐饮的垃圾应进行分类储存，采用集装箱式并送附近垃圾场进行处理。

（4）服务区汽车维修等生产的废旧轮胎、废金属等，应分类储放，并运送有关地方妥善处理。汽车维修产生的废油、乳化油等应按《危险固废储存控制标准》GB 18597—2001，有专门的存放地、存放容器进行收集储存，定期送有危险固废处理资质的单位进行处理。

4. 拓展设施设计

（1）服务区应在条件允许且经营需要的情况下，再考虑设计建设拓展设施。拓展设施主要包括洗车、野营停车区、旅游休闲娱乐、景观营造、客运换乘、仓储、物流，商业服务等。拓展功能除洗车外，其余用地另行征用。

（2）洗车应设置在服务楼后侧，同时应做好污水排水设计。

（3）野营停车区应根据自驾游车辆的需要设置，包括提供停车、帐篷、充电等服务，远离公共卫生间的可设置小洗手间，同时设置公共淋浴房、管理房。

（4）对邻近旅游区的服务区，如客流、车流量较大，可考虑结合旅游区等的延伸服务需要设置旅游休闲娱乐、健身娱乐室、有偿旅游信息咨询服务。

（5）客运换乘，根据服务区地理位置、相邻城镇有需求、普通公路连接等情况，增设"交通驿站"，不仅具备基本功能，还兼具城市特色商贸物品展示等新功能。

（6）加入"智慧平台"，提供信息交流的 APP 平台，建设智慧服务区。将综合性服务区的经营服务、管理等功能及设施进行有效的整合，需要通过大数据管理系统收集、分析和处理，以充分挖掘顾客的信息化需求，为旅客提供广泛的综合性服务平台。

（7）发展物流基地，提供货物中转、物流配送等服务，成为商贸流通的中转站。

（8）景观营造应追求"自然和谐"，尽量采用本地树种、草种，不得选用名贵树种、花草。服务区室外环境主要体现在停车的隔离岛和主建筑的门前、广场、休息广场以及服务区周边。服务区绿化隔离带（岛）原则上应种植本地生长快、四季常绿、树冠大、不落叶的乔木形成行道树，灌木绿篱镶边，花卉点缀；服务楼前采用灌木绿篱、花卉点缀；绿化隔离带（岛）原则上应采用缘石设置，高度 20～25cm，为便于人行，除保证种植乔木的树穴外，其余应予以硬化；靠近进口的绿化带（岛）设置应结合停车位分区情况和车辆引导分流功能综合考虑，在保证车辆行驶的前提下，留足道路宽度即可；靠近加油站的绿化岛设置，应首先满足车辆转弯行驶的需要，同时避免广场硬化面积过大。服务区周边绿化，应种植有吸附或净化能力、适合当地气候、土壤的地方阔叶树等常绿植物，并尽量考虑多层次的绿化林带，以高大灌木形成绿篱，以高大乔木形成带色的林带，形成立体交叉的绿化格局。

7.2.3　服务区建设规模控制

服务区功能设置规模建议如表7.6所示。

服务区功能设置规模建议表　　　　　　　　　　表7.6

功能类别		单侧建筑面积（m²）		
		主服务区	普通服务区	停车区
服务楼	餐厨	600～800	300～500	
	超市（小卖部）	150～200	100～150	50
	休息室	45	45	
	客房	280～350	280	
	管理用房	300～350	200～300	30
	员工宿舍	650～1000	500～650	60
	员工食堂	50～80	30～60	50
	安保用房	30～50	30	
	通信机房	15～30	15	
面积小计		2120～2905	1500～2030	190
汽修间		270	150～270	
配电房		120～170	120	
水泵房		60	60	30
加水房		20	20	
公共卫生间	男卫小便器	18～22	16～20	5
	儿童小便器	2	2	1
	男卫蹲便器	10～12	10～12	4
	女卫蹲便器	20～24	20～22	8
	无障碍卫生间	1	1	1

注：单侧布置服务楼共用，餐厅面积按600～1500m²控制，超市面积按200～300m²控制。

参考文献

［1］　高速公路交通工程及沿线设施设计通用规范（JTG D80—2006）

［2］　公路工程技术标准（JTG B01—2014）

［3］　公路路线设计规范（JTG D20—2006）

［4］　福建省高速公路服务区标准化设计指南（征求意见稿）

第8章 服务区智慧化

8.1 智慧服务区发展历程

8.1.1 高速公路的信息化与智能化

高速公路服务区的智慧化建设是在高速公路信息化和智能化的建设基础上发展起来的。随着城市化的进展和汽车的普及，交通拥挤加剧，交通事故频发，交通环境恶化，交通问题已成为国家困扰的社会问题。智能交通系统是解决以上交通问题的有效途径，其基本特征为信息化，其核心技术为智能化，两者之间存在密切的联系，交通信息化是智能化的基础，没有交通信息化就无法实现智能化；交通智能化是交通信息化的推进和延伸，交通智能化对信息化提出了更高的要求，从而促进交通信息化的发展。

1. 高速公路信息化

信息化是指信息技术产业化和信息资源开发利用产业化所组成的整个信息革命的发展过程，它反映一个国家或地区利用信息技术和信息资源的总体水平。信息化是一个整体的概念，包括六个基本要素：信息资源、信息技术应用、信息传输网络、信息技术和产业、信息化人才以及信息化政策法规和标准。

高速公路管理的信息化是交通信息化的主要内容之一，其含义可以理解为：在高速公路的规划、建设、养护、运营及交通管理方面，运用信息技术，实现信息采集、处理及服务的系统化，并共享其资源，从而提高高速公路的管理和服务水平。

2. 高速公路智能化

高速公路是一个涉及人、车、路、环境等多个要素的、复杂的、动态的大系统，智能化的高速公路系统是智能交通系统的一个重要组成部分。智能交通系统（Intelligent Transportation Systems）是以先进的交通信息系统为基础，将信息采集技术、数据通信业务、电子控制技术及计算机处理技术等有效地运用于整个运输管理体系，使人、车、路密切配合，和谐统一，从而建立起一种在大范围内全方位发挥作用的实时、准确、高效的综合运输管理系统。

高速公路智能化是指将先进的信息技术、数据通信技术、电子控制技术和系统集成技术等有效地应用于高速公路的建设与管理，加强车辆、道路、使用者三者之间的联系，从而形成一种安全、高效的运输系统。与传统的高速公路管理相比，智能化最大的区别就是充分体现以人为本的管理思想。它的突出特点是以信息的收集、处理、发布、交换、分析、利用为主线，为交通参与者提供多样性的服务。

3. 高速公路信息化与智能化发展状况

美、欧、日是世界上经济发展水平最高的国家，也是高速公路信息化与智能化发展最为完善的国家。美国注重安全设施的建设。

目前，美国在智能化交通领域独树一帜，根据本国的交通基础设施特点和实际需要，已建立起相对完善的车队管理、公交出行信息、电子收费和交通需求管理四大系统及多个子系统和技术规范标准。"9·11"恐怖事件引发了美国政府和交通界人士的反思，认为ITS 应该而且能够有效预防恐怖袭击，加强基础设施和出行者的安全，并可以用于评价灾难的程度和加快交通的恢复，实现快速疏散和隔离。因此，美国 ITS 今后的建设趋势之一就是研究 ITS 在美国安全体系中维护地面交通安全的作用，重点将集中在安全防御、用户服务、系统性能和交通安全管理方面。

日本注重 ITS 诱导设施的建设。日本组织了以丰田公司为首的 25 家公司联合研究开发自动公路系统。近几年，日本还开发了全国公路电子地图系统，打开了车辆电子导航市场，已经有近 400 万套车内导航系统在市场上应用。目前，日本的 ITS 建设主要集中在交通信息提供、电子收费、公共交通、商业车辆管理以及紧急车辆优先等方面。

欧洲注重 ITS 基础平台的构建。欧洲在 ITS 建设方面的进展，介于日本和美国之间。目前正在进行远程信息处理技术的全面应用开发工作，计划在全欧洲范围内建立专门的交通无线数据通信网，ITS 的主要功能如交通管理、导航和电子收费等都围绕远程信息处理技术和全欧无线数据通信网来实现。目前正着手开发先进的旅行信息系统、车辆控制系统、商业车辆运行系统、电子收费系统等。

在我国，作为政府主管部门之一的交通部，在制定科技发展"九五"计划和 2010 年长期规划时，就已将发展 ITS 列入计划，开展了 ITS 发展战略研究。国家有关部委成立了全国 ITS 协调小组，并完成了"中国智能交通系统体系框架""中国 ITS 标准体系框架研究""智能运输系统发展战略研究"等一批关系中国 ITS 发展的重点项目，同时完成了重大专项"智能交通系统关键技术开发和示范工程"。但我国目前 ITS 基本上处于分散在有关部门的各自开发研究过程中，尚缺乏系统性、可操作性强的框架体系方案，至今还没有较为完整的全国 ITS 整体规划和专项规划，这势必影响今后全国 ITS 的发展。在我国，虽然 ITS 已经开始和主体工程同步规划建设，但进行的主要是 ITS 的前期和基础工作，前期工作主要是为 ITS 的实施做好通信资源的预留工作，基础工作表现在交通工程机电设施的建设上，ITS 运营还处在初级阶段，只是作为整个主体设施运营的一部分。

另外，我国的交通基础设施还处在大规模建设阶段，以公路交通为例，虽然高速公路的总体规模不断扩大，但除局部区域外，总体上还没有形成网络，即使在形成网络的个别区域，由于投资主体和管理体制的不同，ITS（以交通工程机电系统为代表）的规模效率和网络效率还很难发挥，比如 ETC 建设方面，虽然在个别路段的个别车道已经实施，但无论是物理基础还是信息载体上都还没有形成系统，从而在很大程度上影响了其效率的发挥。

8.1.2　高速公路服务区的智慧化

高速公路以其便捷、高效、直达的优势成为更多人出行的首选，但随着车流量的日益增长，社会公众对出行的需求越来越多、越来越具体，高速公路的管理者正面临着供需不能合理匹配的瓶颈。服务区的作为高速公路的重要组成部分，是塑造高速公路社会形象和提供综合服务的重要窗口，是提高公路经济效益、服务地方经济、安全管控的重要支撑，高速公路服务区信息化的建设与完善，可进一步发挥高速公路综合的功能特性和服务水平。

1. 概念界定

目前，"智慧服务区"或"服务区智慧化"已被大多数高速公路服务区管理单位所接受，个别服务区已经着手建设，这是现代服务区一体化管理和服务的"互联互通，信息共享，协同服务"的信息化理念。所谓的服务区智慧化是指，将新一代信息技术云计算、物联网、下一代网络、高速移动、传感器技术、运筹学、人工智能和系统综合技术有效地集成应用于高速公路服务区信息化建设，注重信息系统之间的关联和资源共享，推动管理的科学化和服务的创新。

智慧服务区是在服务区信息化和智慧化建设的基础上，将综合性服务区的经营服务、管理等功能及设施进行有效的整合，通过大数据管理系统收集、分析和处理，以充分挖掘顾客的信息化需求，为旅客提供广泛的综合性服务平台。

2. 高速公路服务区智慧化发展历程及现状

西方国家的高速公路发展较早，其高速公路服务区（包括停车区）的规划建设也领先于发展中国家。美国率先推出了免费 Wi-Fi 服务，在延长公众停留时间的同时，也通过广告等推送方式提高了消费转化率。欧洲的高速服务区通过信息系统向公众提供周边道路的拥堵情况和服务区的停车信息，使其能提前安排行程；同时，大部分服务区还将 Twitter、Facebook 等社交平台作为宣传媒介，将旅游信息、景点攻略、体验分享等内容进行推送，既提高了粉丝的关注度和活跃度，也让服务区管理者提前知道公众的出行动向和服务需求。日本的服务区很好地践行了环保理念，不仅利用顶棚等区域部署光伏发电，还通过信息分析平台降低能耗成本。

国内服务区信息化和智慧化建设起步相对较晚。近年来，国内大部分省、市、自治区的服务区都进行了信息化建设。其中，在网络优化于监控的基础上，北京、浙江、安徽等地均部署了免费 Wi-Fi 服务；浙江、江苏等地的服务区不仅构建了统一经营管理平台，还通过新媒体平台、智能信息查询终端、网上订餐与支付等手段向公众提供了更加便捷的服务；福建、浙江等地区将高速公路信息化与服务区信息化相结合，将服务区业务伸向了"驾驶过程中"；而山东、台湾等地区也在试水太阳能、充电桩等新能源设施，为公众未来的出行方式提前部署。随着移动互联网的深入发展，越来越多的省份和地区开始服务区电商平台的设计和研发，争先抢占未来市场。

3. 高速公路服务区智慧化发展存在问题及趋势

经过多年建设，服务区已由传统的加油、如厕、餐饮等基本服务，逐步发展成为以互联网、物联网信息化为特色的经营管理、休闲娱乐、增值营销、电子商贸等业态丰富、功能齐全的新型商业区。

而随着信息技术和网络技术的日新月异，国内外服务的信息化和智慧化建设正迎来一个快速建设和发展时期。但仍存在诸多问题：

（1）信息化基础薄弱。大部分服务区网络接入条件较差、带宽不足、形式单一、稳定性差，供电稳定性和持续性不强。

（2）内部监管手段单一。服务区分布零散，巡检力度较低等主观因素，容易滋生偷懒和侥幸心理，导致监管部门得不到真实的数据信息，不能够合理地做出相应的调配与规划，降低服务质量。

（3）各信息化平台相对独立，缺乏统一管理与协同，致使服务区智慧化建设整体成效受影响，难以发挥各平台优势和服务区综合优势。

（4）系统种类繁多，数据庞大，但数据归口不统一，导致数据并未对经营管理和公众服务提供有力的支撑，降低了数据的价值性。

（5）服务区信息化和智慧化建设具有一定的盲目性。目前国内服务区的智慧化建设处于起步阶段，因而实际建设中存在一定的盲目性，未结合服务区本身和地区实际情况加以考虑。

因此，如何总结与重新审视服务区的信息化与智慧化建设，使其在"网络化"的同时，实现"互联化"与"大数据化"，通过"云服务平台"的模式真正发挥信息系统在综合集成方面的作用，更好地为经营管理者和公众提供"恰到好处"的服务，将是服务区智慧化建设未来发展的必然趋势。

4. 高速公路服务区智慧化建设原则及目标

高速公路服务区智慧化建设原则主要包括：

（1）以人为本，协同发展

高速公路服务区智慧平台以人为本，坚持人、车、路、环境协调发展的原则，实现"人—车—路—环境"协调的建设和运营管理，满足建设者、管理者、社会公众对现代化高速深层次、全方位的需求。

（2）技术先进，经济合理

以"技术可行、经济合理、适当超前"为原则，采用先进、成熟的技术对高速公路服务区智慧平台进行设计，同时充分考虑到经济性和实用性，降低成本，针对性地解决现实中高速公路服务区建设中存在的问题。

（3）平滑扩展，安全可靠

高速公路服务区智慧平台应具有良好的兼容性、开放性和互连性，并预留一定的接口数量，实现智慧服务区系统的二次开发，以适应用户的不同需求，使其具有良好的可扩展性和可持续性。同时充分考虑智慧服务区系统安全性、可靠性的需求，构建高速公路智慧服务区平台的安全保障体系，保证其长期稳定可靠运行。

（4）资源整合，信息共享

按照信息共享，开放共用的原则，构建高速公路智慧服务区平台，汇聚高速公路相关的信息资源，消除信息孤岛现象，为高速公路和服务区的管理者、出行者及其他关联单位提供服务，最大化地提高信息利用效率。

高速公路服务区智慧平台应能够统一平台，综合各类信息资源，完成信息资源的交互与共享，提供智慧管理与智慧服务，具有动态化、自动化、全局化等特征。动态化是指能够实时、全面地获取数据信息，可靠地实现数据信息的传输，便于高速公路服务区智慧平台实时动态地对数据进行分析与处理。自动化是指能够减少不正当的人为干预，保证高速公路服务区智慧平台运行与决策的准确性。全局化是指通过高速公路服务区智慧平台形成高速服务区建设、运营及养护的全寿命信息管理与服务体系，保障高速公路服务区的安全运营与安全通行。

8.2 智慧服务区总体框架

智慧服务区以底层的技术标准、网络传输和运行环境为三大保障体系，提供基础的支撑环境；以智慧服务区云服务应用平台和大数据处理中心为核心，将收集到的基础信息、商贸信息和路况信息通过建模分析和深度学习，最终向公众和经营管理者提供公共服务、商业服务和管理服务。按照功能和时间先后的不同，智慧服务区的搭建可以分为设施层、平台层和应用层三个不同层面，如图 8.1 所示。

图 8.1 "智慧服务区"搭建示意图

(图片来源：据《高速公路智慧交通平台与初步应用研究》等资料整理)

8.2.1 设施层

传统的高速公路服务区智能系统都是采用烟筒式孤岛的信息架构建设方式，集成化程度不高，每个应用系统使用单独的服务器，自主的安全标准和管理准则，单独的数据库，从而造成建设成本高、周期长、管理效率效能低下、运行和维护成本高的难题。然而随着高速公路服务区信息化和智慧化应用的不断扩大与深化，服务器规模日益增加，服务器资源不能根据需求及时调配或动态扩展，导致成本高的硬件资源的浪费；而且相互独立的智能应用系统占据了大量服务器，导致其资源利用率极低。

设施层是为高速公路服务区基础设施提供服务的，将其采集的海量数据进行存储，利用虚拟化技术将高速公路服务区基础设施的服务器、网络、计算等资源进行虚拟化处理，形成存储资源池、网络资源池、计算资源池及其他资源池等，实现资源的按需分配，提高基础设施的有效利用率。此外，设施层能够根据实际情况按需扩展，实现资源的动态调整。

设施层面向的是具体的物理硬件资源，其核心资源包括计算资源、网络资源和存储资源，并对这些物理资源进行管理，为用户提供服务。设施层将服务器、存储设备、网络设备等硬件设备进行分布式集群、抽象化、虚拟化处理，形成虚拟化资源（虚拟服务器、虚拟 CPU、虚拟内存、虚拟化网络、虚拟存储等），构成云平台的基础设施，提升计算资源、网络资源以及存储资源的使用效率。只要用户按需对物理资源进行请求，设施层就会动态地分配用户所需的资源。设施层主要由智慧网络基础设施（包括节点机房、传输网、无线网络和服务器建设等板块）组成。

8.2.2 平台层

传统的高速公路服务区智能系统相互独立，运行平台不一，数据共享困难。高速公路服务区智慧云平台的平台层提供云计算基础服务，为软件开发者提供基于互联网的应用开发与运行环境，提供软件应用编程接口和运行平台。软件开发者可以根据用户的需求直接使用云平台的平台层，自由创建、自行测试安全部署软件应用及服务，方便而快捷。较以往使用不同的运行平台扩展或部署新的智能系统应用和服务不同，平台层使用成本低，适应能力强。此外，平台层可完成各个软件应用系统的数据融合，形成综合的服务区基础数据库，打破信息孤岛的限制，实现数据的共享，为平台层的应用提供数据服务。综上，平台层主要提供云计算基础服务、软件部署和数据整合服务。

平台层为云计算平台服务层，主要包括数据汇聚共享平台和云计算基础服务平台，实现数据整合和云计算的基础服务。数据汇聚共享平台是汇集各类基础业务系统数据形成海量的交通数据，如建设期数据库、运营期数据库、养护期数据库、综合办公数据库等，利用云计算大数据处理技术形成综合的信息共享数据库，打破信息孤岛限制，实现数据的汇聚与共享，为高速公路管理者、出行者、高速公路关联单位等提供服务。云计算基础服务平台提供云计算的基础应用服务，将开发和运行平台作为服务提供给用户，主要包括中间件、云存储、云搜索、云推送、统一认证、Open API 等，为云应用开发提供标准统一、开放共享、松耦合的高速公路云服务平台。

8.2.3 应用层

传统的高速公路服务区智能系统应用大都安装在本地服务器中，通过客户端/服务器的模式进行访问，且大都受限于范围制约，不能随时随地的为用户提供服务，数据库大都采用主从式架构，很难根据负载的变化进行动态的扩展。然而，高速公路服务区智慧云平台的应用层是面向用户的，直接为用户提供服务。用户只需联入 Internet 便可获得所需服务，不受时间地点的限制，可通过传统 PC 客户端、笔记本、手机、PDA 等各种智能终端按需获取所需服务。应用层采用多租户的形式，为用户提供各高速公路服务区综合服务系统的数据访问服务，实现不同系统数据的关联查询；并且其提供了数据隔离机制，可以保证各个用户在共享数据时，保证数据的安全性。依托高速公路服务区智慧云平台，应用层集成智慧管理和智慧服务两大应用，实现高速公路服务区的管理专业化、服务便民化，有效地改善高速公路服务区的管理和服务。智慧管理应用由智慧建设、智慧运营、智慧养护应用组成，形成高速公路服务区建设运营养护的一体化机制。智慧服务应用由基础信息管理服务、出行服务、增值服务组成，为高速公路服务区管理者、出行者、高速公路服务区关联单位等提供服务。

应用层为云应用服务，是以基于云端的应用为基础，以用户的需求为中心，实现面向用户的"一站式"应用支持，提供高速公路服务区的智慧管理与智慧服务应用。智慧管理应用集成了建设期项目管理系统、商贸管理系统、路况信息综合管理系统、旅游出行信息管理系统、道路运行监控系统、联网收费管理系统、指挥调度与应急救援系统、机电设备运维等智能系统应用，形成集建设、运营与养护一体化的管理体系，为高速公路服务区管理者提供决策分析。智慧服务应用集成了出行服务系统、增值服务系统、基础信息服务系统、网上云商城系统等应用，为出行者高速公路服务区关联单位与第三方信息服务商等提供服务。此外，应用层还提供智能系统移动应用的集成，即客户端的开发，可以将运行在传统 PC 上的智能系统移植到智能手机、PDA 等移动终端上，满足高速公路服务区管理者和出行者的移动需求，随时随地的对智能系统进行访问，获取相关信息。

8.3　智慧网络基础设施建设

智慧网络基础设施建设包括节点机房、传输网、无线网络和服务器建设四部分。

8.3.1　节点机房

依托 AB 区的节点机房，具体包括：①物理网络：采用光纤；②IP：到达所有功能体、信息点；③无线商用 Wi-Fi：无线局域网络全覆盖；④无线集群对讲网；⑤有线电话网（IMS）全覆盖。

8.3.2　传输网

运营商需进场，可出租光纤、管道、机房；具体传输：①光纤网敷设作为基础，管道路径规划，实现主干的覆盖到达；②传输网建设：建设综合业务的 IP 承载网。

8.3.3　无线网络

无线网络建设包括了商用 Wi-Fi、应急保障无线网和无线对讲网三部分。

1. 商用 Wi-Fi

无线局域网络全覆盖，部署策略：先由人流密集区、商业服务区开始，逐步向农业、旷野、林场、山区覆盖。

2. 应急保障无线网

设置无线应急网，当通信网阻断（故障、拥堵、风暴、事故等），可以启动应急网。应急无线网是运营保障。

3. 无线对讲网

设立移动对讲网中心机房及基地站，用于全区内部应急调度，同时为游客进山探险、户外运动等提供备用通信器材。

8.3.4　服务器建设

服务器机房是整个智慧服务区的云服务平台、大数据中心、IP 网络中心和多媒体电话网 IMS 交换中心。

1. 云服务平台建设

为入园机构提供 SAAS 服务，为进入高速路、服务区的司乘人员提供以手机为第一载体的 APP 服务，同时提供触手可及的各类信息服务。

2. 大数据中心建设

数据处理中心，是整个服务区综合信息、数据归集中心。

3. IP 网络中心建设

各个服务机构均联网到综合体数据中心；各个建筑内（群落中心）设网络接入点、信息交换点；各个场所设置足够的信息点，供各类设施联网；用户在服务区内随时可以得到网络服务。

4. 多媒体电话网 IMS 交换中心建设

在服务区设置 IMS 交换系统，业务随 IP 网络到达所有入园的服务机构，应有足够的数量配备，均配备多媒体通信系统，同时对游客提供固定终端，如：民宿的房间内可以做 3D 通信；路边的信息亭可以随时用视频发出服务请求；各个服务机构通过视频提供面对面的沟通。

8.4　智慧服务区云平台搭建

8.4.1　云平台架构

智慧服务区云服务应用平台采用"DBA（Data collection—Business intelligence—Application service）"的架构模式，实现了从各类信息终端的数据采集到各业务需求和模型的数据分析，再到平台使用者所需要的可视化数据服务应用展示的架构与功能的全过程支撑体系。智慧服务区云平台分为基础信息数据采集、云处理中心和保障体系三大部分，如图 8.2 所示。

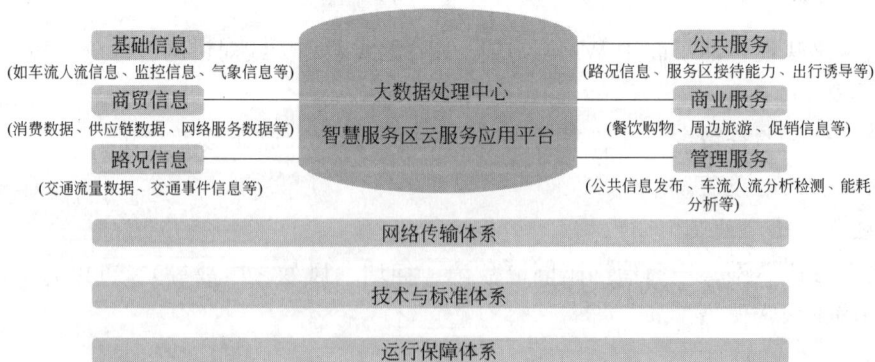

图 8.2　"智慧服务区"云平台搭建示意图

（图片来源：王以好，卞军. 浅析智慧服务区建设思路与实施案例 [J]. 工程技术，2015（30）：276-277）

8.4.2 信息数据采集

信息数据采集是利用物联网技术中的射频识别技术、车载智能终端及其他传感设备与技术，并集成高速公路服务区中的综合服务系统，实现了人、车、道路、服务区和环境的相互交互，及时、全面、精确地采集数据信息，为高速公路服务区的安全运行和管理提供了有效的基础数据，也给司乘出行者和服务区经营管理者带来了有效的服务信息。数据采集系统主要采集基础信息、路况信息、商贸信息、公共服务信息、商业服务信息、管理服务信息、旅游服务信息七类信息数据。具体见表 8.1。

信息数据采集类型 表 8.1

信息数据类型	具体采集数据
基础信息	车流人流信息、监控信息、气象信息等
路况信息	交通流数据、交通事件信息等
商贸信息	消费数据、供应链数据、网络服务数据等
公共服务信息	服务区接待能力、车位信息查询、出行诱导等
商业服务信息	餐饮购物、周边旅游、促销信息等
管理服务信息	公共信息发布、车流人流分析检测、能耗分析等
旅游服务信息	旅游资讯咨询、线路规划、旅游周边产品

8.4.3 云处理中心

基于云的综合服务平台主要由数据汇聚与共享、智慧管理和智慧服务三大部分组成，将实时采集的海量交通数据进行存储，并通过云计算技术对海量交通数据进行数据汇聚、处理与交互共享，形成高效的综合交通数据库，为云平台上的应用提供智慧服务，构建一体化的高速公路智慧交通运行服务体系；为高速公路管理者提供全面、准确的高速公路运营状况消息，提供监控、管理、决策依据；为高速公路出行者提供准确、丰富的出行诱导信息，以及安全、高效、舒适、快捷的交通信息服务。一旦高速公路处于异常交通状态，基于云的综合服务平台为高速公路管理者提供决策支持，实现高速公路关联部门如高速交警部门、高速公路应急救援部门、高速公路养护部门等的联动应急处理，保障高速公路通行的安全和畅通，并避免或减少二次交通异常，提高协同管理的高效性。

8.4.4 保障体系

高速公路服务区智慧平台的保障体系即智慧云平台的安全保障体系。由于平台具有超大规模效应，可弹性扩展，各个新的智能应用动态接入，为其带来了潜在的安全威胁，且为不同的用户如高速公路服务区管理者、出行者、高速公路关联单位等使用，一旦其受到攻击或者侵害，势必会造成重大的损失。因此，高速公路服务区智慧云平台必须建立一个多层次的安全防御体系，来实现以云平台为基础的安全进攻的快速辨别、预警和保护，其主要由云平台基础设施层安全体系、云平台服务层安全体系以及云平台应用安全体系组成，如图 8.3 所示。

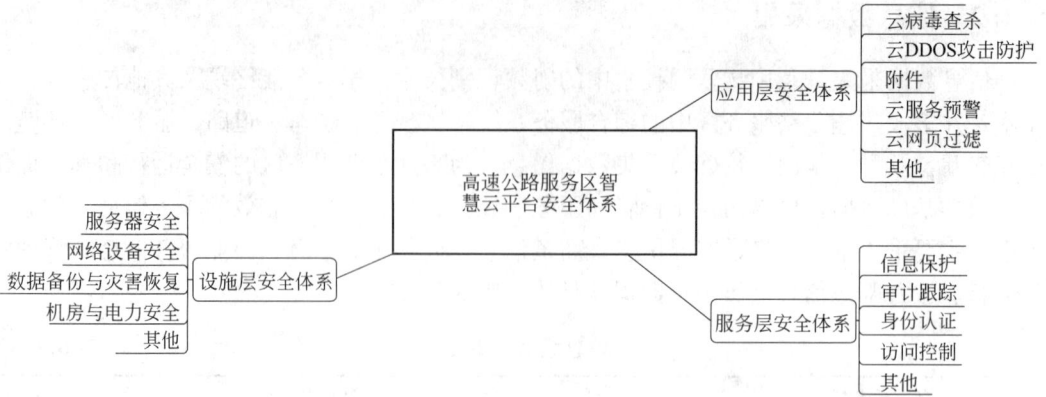

图8.3 高速公路服务区智慧云平台安全保障体系

1. 云平台基础设施层安全体系

云平台基础层安全体系是高速公路服务区智慧云平台的根基，一旦基础层设施遭到破坏，云平台的运行将会陷入瘫痪，因此必须保证云平台基础设施层的物理安全、网络安全等。

（1）为了保障高速公路服务区智慧平台的安全与稳定，其物理服务器必须存放在安全的机房中，只有管理员才可进入，且采取一定的措施使机房的温度、湿度等保持在最佳水平；确保电力供应安全，预防突然断电、电压不稳所带来的不利影响。设施层的服务器采用容错技术，一旦主服务器发生故障，可以及时启用备用服务器，保障高速公路服务区智慧平台正常运行。

（2）在设施层的网络传输方面，必须按照约定的通信协议进行数据传输，且提供数据加密传输等一系列技术来保证网络传输的可靠性。在必要的情况下，实现服务器与应用客户端的双向证书认证，保障数据的安全传输。

（3）设施层采用虚拟化技术对计算、网络、存储等资源虚拟化处理。为保障镜像模板的安全性，云平台必须确保创建的所有虚拟机都具有基准级别的安全性，同时对创建的虚拟机进行全寿命周期的管理，控制虚拟机所消耗的服务器资源，以防止虚拟机抢占资源。云平台必须建立虚拟机的隔离机制，具有严格的访问控制和日记审计功能，防止病毒、外部用户的入侵，采用两种以上的身份鉴别机制对云平台虚拟主机操作系统进行运行维护管理。

（4）云平台数据备份采用本地备份、网络备份以及 LAN-Free 备份等主流的备份方式，一旦遇到问题时可以迅速恢复。同时建立异地灾备中心，一旦发生地震、火灾等自然灾害时，高速公路服务区智慧平台能够正常使用。

2. 云平台服务层安全体系

云平台服务层安全体系是高速公路智慧交通云平台的核心，以实现平台安全、数据安全、身份标识和访问安全，保障其有效运转。

（1）高速公路服务区各类数据海量，为高速公路服务区管理者、出行者、高速公路服务区关联单位等不同的用户提供服务，须对数据进行严格的访问控制，并对涉及高速公路服务区管理者的敏感信息进行加密处理和存储，利用数字签名、数字信封技术、加密技术等建立一套高效的信息保护机制，实现云平台各智能交通子系统应用数据的可靠访问。

（2）高速公路服务区智慧平台提供身份认证和访问控制，按用户的不同等级进行权限划分。如出行者只能根据自己的需求进行数据查询，而不能对高速公路服务区智慧平台的数据库进行删除、插入、修改等。高速公路服务区智慧平台的管理员拥有对数据进行操作的权限，及时保障数据的更新。

（3）高速公路服务区智慧平台的用户涉及高速公路服务区管理者、出行者、关联单位等，云平台的审计跟踪服务会将各个用户的操作记录在案，一旦用户发生非法行为，便可以进行责任追溯。

（4）高速公路服务区智慧平台提供中间件基础服务和开放的 API 接口，供软件开发者使用，存在潜在的威胁，通过采用漏洞扫描等方式对中间件进行审查，一旦发现潜在的安全隐患必须立刻对其进行加固处理，确保中间件系统的安全。

3. 云平台应用安全体系

高速公路服务区智慧平台的应用层部署了高速公路服务区智能子系统应用，为高速公路服务区管理者、出行者、高速公路关联单位等不同用户提供服务。由于应用层上的应用是面向用户的，云平台的安全应用体系必须满足用户的安全需求，使用户能够在安全的环境下对智能子系统应用进行访问。

（1）对高速公路服务区应用软件进行质量安全管理，检测源代码的安全，对软件的漏洞进行查杀，保证软件应用的安全性。

（2）用户通过连接互联网对云平台的应用软件进行使用，必须建立安全的网络通道，同时采用防火墙技术、云网页的过滤、云的病毒查杀、关键词过滤、内容审查等技术，保证用户可以在安全的环境下使用应用软件。

（3）云平台的应用以多租户的方式为用户提供服务，建立数据隔离机制，以防中间人攻击或者篡改用户信息的威胁。

8.5 APP 智能终端开发

8.5.1 不同主体的需求服务分类

在云数据平台搭建的基础上，通过 APP 客户端的旅游推送界面，实现信息流、物流、资金流的一体化整合，推动高速公路服务行业现代化，提高多元化经营管理水平，满足交通旅游业现代化建设需要。

结合服务区功能定位，APP 实现面向不同主体，可以满足不同服务需求：司乘人员（游客）服务、服务区经营（商家、商户、生产商）服务和服务区管理建设部门服务如表8.2 所示。

智能终端 APP 主要服务主体及具体内容   表 8.2

智慧服务区形态	具体内容
互联网＋司乘人员服务	免费 Wi-Fi、出行服务 APP、服务区云商城、便捷支付、高速公路通行信息发布、广告推荐系统、司乘人员对通行信息的交流互动区、用户调查问卷系统等
互联网＋服务区经营	商业管理系统、O2O 电商平台、广告推送系统、经营决策系统、企业管理系统等

续表

智慧服务区形态	具体内容
互联网＋服务区建设管理	视频云监控系统(服务区管理人员能够通过手机等智能设备随时监控服务区管理动态)、智能卡口系统(对进入服务区车流数量、车型等进行动态监控)、广播呼叫系统、客车停靠监控系统、危化品车监控系统、物联网监控系统、大数据舆情监控、用户感知群智分析系统等

8.5.2　司乘人员（游客）服务

1. 需求服务界定

主要面向服务区的司乘人员和游客的需求服务，依托信息化管理系统和智能终端。

2. 主要服务内容

如表8.3所示。

司乘人员（游客）服务主要内容　　　　　　　　　　表8.3

服务主要类型	服务具体内容
免费 Wi-Fi	通过 APP 可以实现一键链接服务区免费 Wi-Fi
出行服务 APP	路况信息、地图导航、天气预报、地方旅游景区推荐和介绍、地方美食推荐、住宿推荐等
服务区云商城	自助网上购物平台,结合物流配送中心进行打造;实现在线一键式下单、支付买单和当日发货
便捷支付	服务区内各类消费(餐饮住宿、景区门票、加油加气、汽车保养、娱乐健身等)便捷支付,如支付宝、微信、Apple Pay 等
高速公路通行信息发布	实时高速道路路况信息
广告推荐系统	广告商广告投放
交流互动区	司乘人员对通行信息的交流互动版块
用户调查问卷	征集意见、服务投诉
其他	……

8.5.3　服务区经营（商家商户生产商）服务

1. 需求服务界定

主要面向商家、商户、生产商的服务需求，依托信息系统和智能终端，便于及时地管理和发布各类信息。

2. 主要服务内容

如表8.4所示。

服务区经营（商家、商户、生产商）服务主要内容　　　　　　　表8.4

服务主要类型	服务具体内容
商业管理系统	商户商业管理系统(办公、会议通知、人员安排等)
O2O 电商平台	Online 线上网店,Offline 线下消费,商家通过免费开网店将商家信息、商品信息等展现给消费者,消费者在线上进行筛选服务并支付,线下进行消费验证和消费体验
广告推送系统	商户广告推送
经营决策系统	商家商户日常经营管理和结算

服务主要类型	服务具体内容
生产线监控系统	用于生产商监控企业流水线生产状况和设备运行状况,可实现无人化生产
智能通信平台	企业内部即时通信系统
企业管理系统	企业智能化管理一体化,实现办公、通知、生产包装、人员安排等一体化生产
其他	……

8.5.4 服务区管理建设部门服务

1. 需求服务界定

即基于服务区管理的需要,以提高管理水平为目的设置的信息化管理系统。

2. 主要服务内容

如表 8.5 所示。

服务区管理建设部门服务主要内容 表 8.5

服务主要类型	服务具体内容
服务区设施监控系统	服务区各类基础设施、公共设施运行状态监控和管理系统
视频云监控系统	服务区管理人员能够通过手机等智能设备随时监控服务区管理动态
智能卡口系统	对进入服务区车流数量、车型等进行动态监控
广播呼叫系统	服务区管理、广播找人、重要通知播报、服务区概况介绍
客车私家车停靠监控系统	通过实时监控便于车位调度
危化品车监控系统	对装载危险品车辆的实时监控和协调
安全警报监控系统	应急救援、生命保障系统
物联网监控系统	监控和统计物流数据
大数据舆情监控	用户感知群智分析系统,搜集用户分布状态、活动路径和购物偏好,以便于更好地调整服务区服务和商业业态
其他	……

参考文献

[1] 王以好,卞军. 浅析智慧服务区建设思路与实施案例 [J]. 文摘版:工程技术,2015 (30): 276-277

[2] 范中华. 高速公路智慧交通平台与初步应用研究 [D]. 重庆交通大学,2015

[3] 李志恒. 高速公路服务区综合管理与服务信息系统 [J]. 中国交通信息化,2014 (1):111-112

[4] 陆由. 高速公路服务区信息化架构与研究 [J]. 中国交通信息化,2014 (S1):38-40

[5] 韩金梅. 重庆高速公路服务区信息平台的建立及效益预测方法研究 [D]. 重庆交通大学,2014

[6] 赵爽爽. 高速公路服务区规划设计研究 [D]. 重庆交通大学,2013

[7] 曾兆庚,颜泽贤. 高速公路服务区经营现状及发展趋势 [J]. 商业时代,2008 (3):15-16

[8] 未小刚. 高速公路服务区开发与管理研究 [D]. 长安大学,2006

[9] 徐红海. 智慧高速交通大数据应用探讨 [J]. 中国交通信息化,2016 (3):80-84

[10]　钟玲. 浅谈我国高速公路信息化建设与管理的现状和发展对策 [J]. 中国高速公路信息化管理及技术研讨会，2005：79-82

[11]　王铁滨. 浅谈美国的智能化交通 [J]. 北方交通，2013（2）：4-6

[12]　阮晓东. 智慧交通新思维 [J]. 新经济导刊，2013（10）：56-63

[13]　范炜. 日本智慧交通建设的借鉴 [J]. 浙江经济，2012（21）：48-49

[14]　蔡翠. 我国智慧交通发展的现状分析与建议 [J]. 公路交通科技（应用技术版），2013（6）：224-227

[15]　International Telecommunication Union. ITU Internet Reports 2005：The Internet of Things [R]. 2005

第9章　高速公路服务区应急管理

高速公路服务区是高速公路的重要配套设施，是高速公路向公众开放的服务型窗口。服务区面临的不仅是自身所处地理环境、自然气候条件以及全球气候变化带来的突发自然灾害隐患，也要面对社会各阶层民众进入服务区消费娱乐所带来的突发公共安全隐患（图9.1）。由于车流量、客流量较大，高速公路服务区一旦发生突发事件，危害性极大，极易造成群死群伤的群体性事件。因此，加强服务区突发事件的应急管理，是高速公路管理部门和地方政府的重要职责，也是当前高速公路安全生产工作的重点。

图 9.1　高速公路服务区火灾事件
（图片来源于网络）

9.1　高速公路服务区应急管理体系

应急管理是指政府在应对突发事件前后所进行的管理工作。目的是有效预防和处置各类突发事件，最大限度地减少突发事件对社会造成的人员伤亡和财产损失，将不利影响降到最低。

我国的应急管理工作实行"一案三制"的应急管理体系。"一案"是指国家突发公共事件应急预案体系，在突发事件发生前根据可能发生的情形事先制定应对计划和方案。"三制"是指应急管理体制、运行机制和法制。应急管理体制强调建立健全集中统一、坚强有力、政令畅通的指挥机构；运行机制强调建立健全监测预警机制、应急决策、协调机制；法制建设方面强调通过依法行政，在突发事件的应急管理中做到规范化、制度化和法制化。"一案三制"对于完善我国的应急管理体系建设具有重要的现实意义。本书同样按照"一案三制"的思路，从服务区的应急预案、管理体制、运行机制、法制建设四个方面对高速公路服务区的应急管理进行阐述。

9.2　高速公路服务区应急预案

9.2.1　应急预案基本类型

1. 自然灾害事件

服务区一般远离城市，地处偏远，依傍山体、河流，多有高边坡，在恶劣天气来临时，容易遭受洪涝、台风、暴雨、冰雹、雪等气象灾害，以及山体滑坡、泥石流等地质灾害，造成服务区生产服务设施损毁、服务区车辆滞留、拥堵情况。

2. 公共卫生事件

服务区作为一个为公众提供服务的开放场所，存在人员密集传播快、人员流动性强不易监管的缺陷，高速公路服务区公共卫生事件主要包括服务区餐饮、超市运营中发生食物中毒等卫生安全和职业危害，以及影响公众健康和生命安全的突发事件。

3. 社会安全事件

主要包括影响高速公路服务区正常运营的社会突发事件和群体性事件，票款安全事件，恐怖袭击事件等。不法分子一般选择在人员密集的场所实施作案，没有特定目标，出于冲突、个人挫折或政治目的。在这种情况下，服务区容易成为不法分子眼中流窜偷盗、恐怖袭击、群体性冲击事件的目标场所。

4. 事故灾难事件

服务区对外提供的服务内容包括加油、餐饮等。在日常运营工作中，存在安全检查不细致、操作不规范、监管不到位引发的火灾等事故，或存在由于自然和人为双重因素导致的矿难事故、交通运输事故等。

5. 其他突发事件

因服务区周边路段发生交通事故或节假日车流增多、恶劣天气等导致的服务区车辆滞留、拥堵情况，服务区长时间停电、停水等严重影响服务区正常运营的事件。

9.2.2　应急预案基本内容

根据 2004 年国务院办公厅发布的《国务院有关部门和单位制定和修订突发公共事件应急预案框架指南》，针对突发事件应对的专项和部门应急预案，不同层级的预案内容各有所侧重。高速公路服务区应急预案内容应包括：

（1）总则：明确编制预案的目的、编制依据、适用范围及事件类别等。

（2）机构及职责：明确各组织机构的职责、权利和义务，以突发事故应急响应全过程为主线，明确事故发生、报警、响应、结束、善后处置等环节的主管部门与协作部门；以应急准备及保障机构为支线，明确各参与部门的职责。

（3）预防预警机制：包括信息监测与报告、预警信息系统、预防预警行动、日常安全及准备措施、预警级别及发布（建议分为四级预警）

（4）应急响应：包括分级响应程序、信息报告和处理、通信、指挥和协调、紧急处置、应急人员的安全防护、群众的安全防护、社会力量动员与参与、事故调查分析、检测与后果评估、新闻报道、应急结束等。

（5）后期处置：包括善后处置、社会救助、保险、事故调查报告和经验教训总结及改进建议。

（6）保障措施：包括通信与信息保障、物资与设备保障、应急队伍保障、培训演习、监督检查等。

（7）附则：包括各类相关术语、定义、预案管理与更新、责任追究与奖励、制定与解释部门、预案实施或生效时间等。

（8）附录：包括相关的应急预案、预案总体目录、分预案目录、各种规范化格式文本、相关机构和人员通讯录等。

9.3 高速公路服务区应急管理体制

9.3.1 应急管理系统构成

我国高速公路应急管理组织目前尚未形成一个成熟的体系，但实践中的经验以及现有的研究认为应主要包括两大部分：应急信息管理系统和应急决策及处理系统（图9.2）。

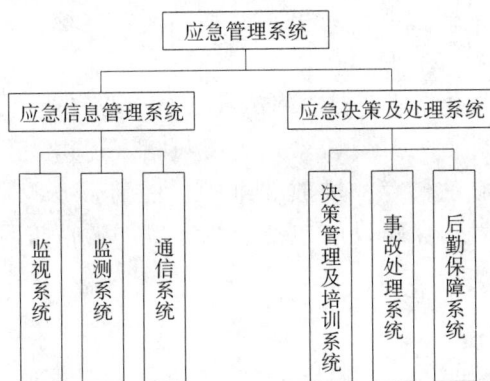

图 9.2 服务区应急管理系统

1. 应急信息管理系统包括：监视系统、监测系统、通信系统

（1）监视系统是高速公路应急反应的耳目。通过常规和先进的监视手段，可以及时发现、快速分析高速公路交通事故的发生地点、规模，预测事故的发展趋势，为应急反应决策指挥提供可靠依据。

（2）监测系统是多功能综合性监测，应结合现有的高速公路监测系统进行监测。该监测系统应具备两项功能，即交通状态监测和快速反应能力。为此应配备若干流动监测车，完善道路系统原有的监测设备和监测点，提高常规监测能力和快速反应能力。

（3）建立畅通、可靠的通信系统是保证高速公路正常运营的重要基础条件。通信系统应具备的主要功能包括：提供应急中心、各应急处理中心和各应急处理基地之间的日常通信业务和信息联网；提供各级交通管理部门与当地的公安、消防、医院、保险等部门的通信；提供高速公路运营部门与车辆的通信；提供各应急反应基地与上路行驶车辆的紧急通信；提供交通事故现场救助的辅助通信；提供道路交通安全通告。在通信系统的建立上，应充分利用现有体系，并将各应急反应基地接入公用通信网，通过公用通信网形成完整的交通事故应急反应通信体系。

2. 应急决策及处理系统包括：决策管理及培训系统、事故处理系统、后勤保障系统

（1）决策管理及培训系统：指挥者就是决策者，操作者就是执行者，指挥者和操作者的素质是交通事故应急处理的重要因素。因此建立培训设施定期对指挥者和操作者进行培训是十分必要的。通常，高速公路突发事件的决策管理是多个相关部门共同合作的结果。对于高速公路管理者而言，主要是指通过配置必要的培训基础设施，对指挥人员和操作人员进行理论培训，利用应急处理信息中心系统进行模拟训练，利用各应急反应中心和应急基地的事故控制与处理设施进行实战操作培训，以提高各类人员的应急能力。

（2）事故处理系统：高速公路交通事故应急反应体系的中心是有一支具备快速反应能力、救援破拆设备装备齐全的专业救援队伍。而我国目前缺少的正是救援破拆设备，如破拆救援工具，这是一种专门解救伤亡人员的设备，体积小巧，便于携带，工作性能可靠，机动性强，利用其特殊的扩张剪切、支撑、托举等功能，可在几分钟内将严重变形的事故车辆解体，救出车内被困人员及物品，降低事故损失，减少人员伤亡。

（3）后勤保障系统：在高速公路交通事故应急反应行动中，后勤支持保障系统是确保事故处理作业顺利进行的重要因素，主要包括人力组织，车辆燃料和润滑油保障，事故控制和处理设施的储存、堆放和维护，后勤服务，周边援助保证，档案管理和通信联络等方面。后勤保障设施包括应急车辆、通信工具和应急操作人员的防护装备等。

9.3.2 组织机构及职责

1. 组织结构

应急管理的指挥机构为服务区安全生产领导小组，下设安全生产管理办公室（设在服务区综合办）。

公司和所属各服务区下设联络组、紧急救护组、疏散引导组、抢险抢修组、消防扑救组、后勤保障组、善后处理组，负责应急响应工作的具体实施。如图 9.3 所示。

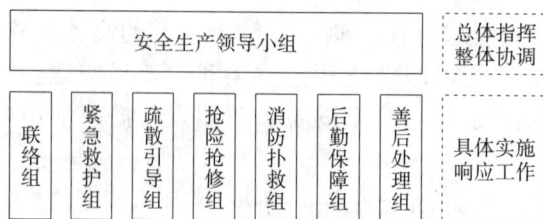

图 9.3 服务区应急管理组织结构

2. 机构职责

（1）安全生产领导小组职责：

①负责组织有关部门制定应急抢救预案；

②负责统一部署应急预案的实施工作及紧急处理措施；

③公司安全生产领导小组负责全公司应急救援的整体协调管理，各服务区安全生产领导小组负责服务区应急救援的总体指挥；

④负责平时的应急准备，合理高效地使用应急资源；

⑤定期组织安全检查，消除安全隐患；对企业职工进行安全教育，掌握安全消防知识；

⑥负责组织预案的演练，及时对预案进行调整、修订和补充；

⑦负责配合上级部门进行事故调查处理工作；

⑧负责报告、信息报送、组织联络各职能部门及协调。

（2）联络组职责

①负责向相关急救部门打电话，并留下联络号码；

②到约定的地方接急救车辆；

③负责与上级联络，说明具体情况；

④负责与联防单位联络，说明具体情况。

（3）紧急救护组职责

①事故发生后，对现场一般伤员进行急救；

②遇有重危伤员时，组织协调转诊收治，办理相关手续。

（4）疏散引导组职责

①紧急情况发生时，坚守岗位，依据预案措施及疏散路线有秩序地疏散引导人员；

②控制事故区域人员、车辆的进出，负责疏散完毕后有秩序撤离。

（5）抢险抢修组职责

①在具有防护措施的前提下，必要时深入事故发生中心区域，关闭系统，抢修设备，防止事故扩大，降低事故损失，抑制危害范围的扩大；

②协助有关部门进行事故调查工作。

（6）消防扑救组职责

①由义务消防队成员组成，负责对火灾、泄漏事故的灭火、堵漏等任务，并对其他具有泄漏、火灾、爆炸等潜在危险点进行监控和保护，负责应急救援、采取措施防止事故扩大造成二次事故；

②认真贯彻执行领导命令，参加事故调查。

（7）后勤保障组职责

①负责为急救行动提供物质保证，包括应急抢险器材、救援防护器材、应急用车辆的使用和提供运输等；

②负责外部救援单位的联系及接待。及时上报有关信息，保证各种指令、信息能够迅速、准确地传达。

（8）善后处理组职责

①负责组织落实善后处理工作；

②负责或协助有关部门进行事故调查工作。

9.4　高速公路服务区应急管理运行机制

高速公路服务区突发事件应急机制的健全是预防和减少服务区突发事件及其造成的损害，保障出行者的生命财产安全的重要手段。应急管理工作包括突发事件发生前的应急准备工作、监测与预警工作、事故发生时的应急响应与现场处置工作以及事故后的处置与调查等。

9.4.1　应急准备机制

1. 应急资源保障

（1）物资设备保障

公司和各服务区应针对不同的突发事故类型进行服务区应急资源储备，灵活设置储备内容及数量。应急物资装备包括食品、药品、汽柴油、消防物资、融雪剂、急救包、保暖衣物等。专用起吊与拆破工程设备、工具、特种车辆、蓄水池、取水口、专用供水设备、柴油发电机组、应急通信和指挥系统等。储备数量应根据交通量、车型构成、服务区硬件及环境条件、突发事件历史发生情况等综合确定。建立科学的管理机制，做好日常更新、维护工作，保证物资装备处于良好状态。高速公路管理部门要积极与地方政府相关部门协调，建立应急救援物资设备的调用补偿机制，推动路地资源共享。公司和各服务区应准备交通车辆，以便在紧急情况发生时投入使用。

（2）通信与信息保障

公司和各服务区都要建立应急通信保障体惜，充分利用现代化通信手段，把有线电话、移动电话、对讲机及互联网等有机结合起来，发挥社会基础通信设施的作用，为应对突发事故提供通信与信息保障；服务区应急管理后勤保障组需确认各外部机构的联系方式，并列出外部单位和机构的名单和联系方式。外部机构包括：当地环保局、安全生产管理局、消防部门、附近单位消防队、公安局、派出所、医疗机构等。必要时应与当地医疗机构和附近单位消防队达成合作协议。

（3）技术支撑

按照人防与技防相结合的原则，应全面推广服务区实行 24 小时动态监控，配置广场照明设施和电子监控装置，建设消防通道，配齐消防器材，定期进行检修、维护。设立专职安全管理人员，全面负责停车场安全管理。成立安全巡逻小分队，24 小时不间断对场区安全进行巡逻，发现泄漏、自燃等存在事故隐患的危险化学品运输车辆，及时向主管领导汇报，并责令车主立即排除事故隐患，同时做好相关记录，为突发事件的发生提供准确的资料和证据。

（4）资金保障

应急资金的投入可分为前期和后期两个部分，应做到专款专用。事故发生前的资金投入主要用于对事故隐患排查预警、邀请专业人员对员工的安全培训教育、与当地政府和应急部门的协调沟通工作、应急物资的储备（包括救援设备、食品、场地、交通工具等），需专人专场保管，定期检查更新。后期的资金投入主要用于灾后重建、灾后服务区员工和司乘的基本生活、区内受损设备的修复、清理受灾现场等。

2. 应急培训演练

（1）应急培训

公司综合部负责公司机关的应急知识培训，各服务区综合办负责本服务区的应急知识培训，根据受训人员和工作岗位的不同，选择培训内容，制定培训计划，提高处置突发事件的应对能力，确保服务区一旦发生突发事件时，能够快速反应，及时施救，减少事故影响，保障人民群众生命财产安全。应急知识教育培训采取多层次、多渠道和多种方法进行，如举办安全生产训练班、讲座、报告会、事故分析会等。管理人员和应急小组成员的培训重点是安全生产意识、安全管理水平和应急救援能力；其他员工的培训重点是遵章守纪、自我保护和提高防范事故的能力，对新员工或调换工种的员工，进行服务区、部门、班组三级安全教育和技术培训，并经考核合格后方可上岗。

（2）应急演练

为了达到检验预案、完善准备、锻炼队伍、磨合机制、科普宣教的目的，公司安全领导小组要组织各服务区按照预案的内容进行安全应急演练，各服务区也要自行组织对预案进行演练，检验指挥系统、现场抢救、疏散、响应能力。演练必须做到有方案、有记录、有总评、有考核。演练结束后对演练进行评估及总结。通过演练，提高各级救援队伍的实战技能，掌握一整套适合本单位的抢险救灾方法，增强救援能力。

3. 应急能力评估

应急能力建设评估，是检验高速公路服务区在应对突发事件时所拥有的人力、组织、机构、手段和资源等应急要素的完备性、协调性以及最大程度减轻突发事件损失的综合能力。应急能力直接影响到突发事件发生后能否快速有效地应对与解决，通过对高速公路服务区突发事件应急能力的评价，可以客观、全面、真实地认识到高速公路服务区现阶段应急管理工作中存在的优势以及不足，有目的性地完善和改进应急管理工作，不断地加强应急能力的建设。评价准则可以包括监测与预警能力、基础保障能力、应急响应能力、应急恢复能力等，每一项评价准则下的具体指标还要进一步细化，如图 9.4 所示。

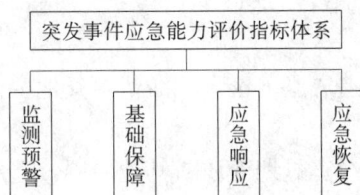

图 9.4　服务区应急能力评估准则

9.4.2　监测与预警机制

监测预警机制是在灾害、事故等突发事件发生之前，准备灵敏地昭示风险前兆，并能及时提供警示的一项综合机构、制度、措施等构建而成的预警系统，其作用在于超前反馈、及时反馈、防患于未然，从而最大限度地降低突发事件造成的损失。监测预警是应急管理运行的首要环节，也是最重要的一个环节，对突发事件的处置起着关键作用。

监测预警机制主要包括监测、评估和预警三部分，具体包含采集信息、突发事件动态监测及信息初整理、处理信息并形成评估、审核汇总后及时发布等操作。该流程构建的要点在于以下几个方面：

1. 信息征集

大量采集突发事件原始信息，整理分析后获取有效信息，由此掌握突发事件的相关因素条件，便于控制防范，最大化地降低发生概率。

2. 预警启动

通过政府或政府授权的职能部门发布预警警报，根据突发事件的危害性和紧急程度，提出相应的预防、应急措施。根据突发事件性质及危害程度进行分级预警，以某高速公路服务区的预警级别划分为例：

（1）红色Ⅰ级启动标准

①高速公路服务区内运输剧毒化学品、放射性物质车辆发生泄漏，严重威胁群众生命财产安全事故，指造成 30 人以上死亡（失踪），或者 100 人以上重伤（急性中毒）的；

②因恶劣天气或自然灾害造成服务区车辆滞留，其他突发事件预计处置时间在 24 小时以上的情况。

（2）橙色Ⅱ级启动标准

①高速公路服务区内运输剧毒化学品、放射性物质车辆发生泄漏，严重威胁群众生命财产安全事故，指造成 30 人以下，10 人以上死亡（失踪），或者 100 人以下，50 人以上重伤（急性中毒）的；

②因恶劣天气或自然灾害造成服务区车辆滞留，其他突发事件预计处置时间在 12～24 小时的情况；

③因服务区餐厅或超市出售霉烂、过期变质或其他原因引起的严重食物中毒事件，造成人员受到伤害的；

④服务区发生群体治安事件及重大刑事案件、造成人员伤害的。

（3）黄色Ⅲ级启动标准

①高速公路服务区内运输剧毒化学品、放射性物质车辆发生泄漏，严重威胁群众生命财产安全事故，指造成 10 人以下，3 人以上死亡（失踪），或者 50 人以下，10 人以上重伤（急性中毒）的；

②因恶劣天气或自然灾害造成服务区车辆滞留，其他突发事件预计处置时间在 8～12 小时的情况；

③因餐具未消毒，食品腐烂、过期变质或其他原因，造成食物轻微中毒事件，影响服务区正常运营的；

④服务区发生治安事件或涉及刑事案件的。

（4）蓝色Ⅳ级启动标准：

①高速公路服务区内运输剧毒化学品、放射性物质车辆发生泄漏，严重威胁群众生命财产安全事故，指造成 3 人以下死亡（失踪），或者 10 人以下重伤（急性中毒）的；

②因恶劣天气或自然灾害造成服务区车辆滞留，其他突发事件预计处置时间在 6～8 小时以下的情况；

③因餐具未消毒，食品腐烂、过期变质或其他原因，影响服务区正常运营的；

④服务区发生治安事件或涉及刑事案件的。

3. 资源整合

现代社会背景下，灾害和突发危险事件频发，突发事件类型多样，规律不一，因此预测预警机制的良好运行依赖于各单位部门的联动，即加强高速公路管理部门与地方政府、公安、交警、路政、消防、安监、气象、卫生等职能部门的协调互动，建立起信息沟通和共享的渠道，实现跨部门跨行业协同作战，提高处置服务区突发事件的能力，确保一旦发生突发事件，能够及时、有效施救，减少危害后果，有效控制事态发展和恶化，最大限度地降低和减少损失。

9.4.3 应急响应与处置机制

1. 应急响应机制

服务区的应急响应机制是高速公路管理部门针对突发事件报警而作出应对反应的一种应急处置模式。该模式能够保证整个应急管理系统在突发事件发生时迅速作出准确有效的反应，并给予民众监督协助的权利和机会。根据突发事件对应的不同应急启动标准进行分级响应，以某高速公路服务区的应急响应级别划分为例：

（1）红色Ⅰ级响应

当达到Ⅰ级应急启动标准时，公司总经理、分管服务区业务领导、机关相关部室负责人、服务区分公司有关人员应及时到达现场指导救援、抢险和处理。应急事件的发生、处置情况由应急处置领导组研究决定。

（2）橙色Ⅱ级响应

当达到Ⅱ级应急启动标准时，公司总经理、分管服务区业务领导、机关相关部室负责人、服务区分公司有关人员应及时到达现场指导救援、抢险和处理。应急事件的发生、处置情况由应急处置领导组研究决定。

（3）黄色Ⅲ级响应

当达到Ⅲ级应急启动标准时，公司分管服务区业务领导、服务区分公司班子成员应及时到达现场指导救援、抢险和处理。

（4）蓝色Ⅳ级响应

当达到Ⅳ级应急启动标准时，服务区分公司与相关部门迅速启动应急预案，相关负责人立即赶赴现场进行应急处置，尽快恢复服务区正常运营和交通。由服务区分公司将应急事件的发生、处置情况向公司信息监控中心统一上报。

2. 应急处置机制

应急处置是服务区应急管理程序的主体之一，在应急预案的制定和管理组织体系的完善的基础之上，有效完备的应急处置机制能够快速控制局面，处理事故问题，尽快结束突发事件带来的影响，最大限度地降低损失，维护社会秩序的正常稳定运行。处置机制是一项实用性和操作性极强的程序，因此在应急过程中显得尤为重要。

（1）火灾事故应急处置

①发生初起火灾且火势较小，发现火灾的人员应立即使用灭火器进行扑救，若不能扑灭，应迅速报告，通知消防灭火组运用消防器材立即进行扑救，防止火势蔓延。

②安全生产领导小组组长根据事故报告立即到现场进行指挥。各应急小组进行火灾

扑救。

③车辆火灾事故发生后，应立即组织人员灭火，有可能的情况下卸下车上货物。疏散引导组疏通事发现场道路，保证救援工作顺利进行，疏散人群至安全地带。在急救过程中，遇有威胁人身安全情况时，应首先确保人身安全，迅速组织脱离危险区域后，再采取急救措施。

④若火势失控，后勤保障组应立即拨打"119"报警，讲清火险发生的地点、情况、报告人及单位等。

⑤各组应同时做好以下工作：抢险抢修组负责切断火灾区的电源，有人员被困时先救人，疏散引导组疏散周围人群、隔离现场，火灾现场有易燃易爆物品时应先搬出；消防灭火组救火；紧急救护组进行现场救护，可对伤者进行简单的止血包扎，伤员口渴时可给适量饮用清洁水或含盐饮料，如有需要立即将伤员送至医院。

⑥火灾扑灭后，要注意保护火灾现场，善后处理组组织善后工作。

（2）触电事故应急处置

①脱离电源

根据开关的位置及触电人的实际情况，采取相应措施切断电源以及使触电人脱离电体。

②伤员脱离电源后的处理

根据伤员受伤程度，决定采取合适的救治方法。伤势严重时向当地的 120 抢救中心或其他医疗机构求救，并派人等候在交叉路口处。指引救护车迅速赶到事故现场，争取医务人员接替救治。在医务人员未接替救治前，现场人员应及时组织现场抢救。

③伤员好转后的处理

严密监护，随时准备再次抢救。初期恢复后，设法安抚伤员情绪。

（3）雷击事故应急处置

①当雷击中建筑物等设施设备，应待雷雨过后，到事故地点检查，若避雷设施设备损坏，应及时维修，上报公司和当地防雷减灾办公室并做好记录。

②当有人被雷击中，应在安全的情况下将人移到安全的地方。若伤势较轻，可实施现场急救，进行简单包扎；若伤势严重，则拨打 120 请医生救助，事后应及时检查雷击原因，及时改进避雷效果。

（4）爆炸事故应急处置

①发生爆炸事故后，服务区安全生产领导小组应立即赶赴现场进行指挥，各应急小组应立即组织抢救。

②迅速判断爆炸原因并采取相应的救援处置措施。

③如果爆炸引起火灾，应及时启动火灾应急预案。

（5）食物中毒应急处置

①在出现食物中毒突发事故后，发现部门应立即将有关情况上报安全生产领导小组。

②安全生产领导小组根据事故影响范围、严重程度、可能后果和应急处理的需要，作出判断，决定是否启动应急预案。

③立即停止食品加工或供应活动。

④轻度食物中毒，出现恶心、呕吐情况较轻时，观察其情况发展。如果情况较严重或

中毒人数 3 人以上时，立即拨打 120 急救电话，将中毒客人送往附近医院救治。

⑤若发生集体（3 人以上）中毒，领导小组应及时向当地相关卫生行政部门进行详尽报告，发现没有吃完的可疑食品，应立即包装、标上"危险"字样、冷藏保存，并且配合餐饮单位立即封闭厨房及加工间，暂停营业，待卫生部门调查取证后，方可进行消毒处理。

（6）高温中暑应急处置

①发现工作人员中暑，应立即把中暑人员扶到阴凉处休息。给中暑者饮用一些含盐分的清凉饮料，还可以在额部、太阳穴上涂抹清凉油、风油精等，或服用藿香正气水等中药。

②组织人员给患者进行物理降温（冰水、冰袋冷敷头及腋下等），加强通风及散热。

③对重症中暑者，必要时送医院治疗。

（7）伤亡事故应急处置

适用于服务区车辆伤害、机械伤害、高空坠落、物体打击等伤亡事故应急处理。

①发生事故后，应立即报告，安全生产领导小组马上组织抢救伤者，首先观察伤者的受伤情况、部位、伤害性质，采取相应的急救措施。

②运用最快的交通工具或其他措施，及时把伤者送往临近医院抢救，运送途中应尽量减少颠簸。同时密切注意伤者的呼吸、脉搏、血压及伤口的情况。

（8）治安事件应急处置

适用范围：打架斗殴、寻衅滋事、强拿硬要或者任意损毁、占用公私财物、追逐、拦截他人等治安刑事案件。

①如果恶性伤害案件正在进行或犯罪分子正在实施犯罪，发现人应立即通知服务区交通疏导员，值班交通疏导员应立即制止，注意自身安全。

②立即报告服务区安全生产领导小组，并同时拨打 110 报警。

③事态控制后，应保护好现场，配合警方对事件的调查、取证、处理。

（9）泄漏事故应急处置

①泄漏源控制：可通过关闭有关阀门、停止作业或采用合适的材料和技术手段堵住漏处；如包装桶发生泄漏，应迅速将包装桶移至安全区域。

②泄漏物处理：少量泄漏用不可燃的吸收物质包容和收集泄漏物（如沙子、泥土），并放在容器中等待处理；大量泄漏可采用围堤堵截、覆盖等方法。

（10）恶劣天气应急处置

适用范围：在发生雨、雪、雾、冰冻等恶劣天气造成高速公路通行困难或服务区拥堵时。

①发生雨、雪、雾等恶劣天气造成公路通行困难时，服务区安全生产领导小组根据实际情况，及时启动预案，通知相关的应急组工作人员，调集应急车辆、救援物资，赶赴现场实施有效处置，同时将情况及时通报给上级和有关部门。

②因恶劣天气道路难以通行，导致旅客大量滞留服务区时，现场应急小组应根据旅客滞留情况、路况情况，认真做好旅客服务（就餐、购物、休息、车辆维修等）工作，提供茶水和临时休息处。利用广播等宣传工具，向旅客做好宣传、解释工作，同时重点照顾好老弱病残旅客，提高旅客满意水平。

③配合交管部门做好道路的保通工作。

④因恶劣天气，造成严重积雪、积水时，现场应急小组应利用水泵或除雪机械进行清障工作。

（11）交通拥堵应急处置

适用范围：在因服务区匝道维修、排队加油、车辆较多等原因发生服务区拥堵时。

①在发生服务区拥堵时，服务区安全生产领导小组根据实际情况，及时启动预案，通知相关的应急组工作人员，调集应急车辆、救援物资，赶赴现场实施有效处置，同时将情况及时通报给上级和有关部门。

②因拥堵导致旅客大量滞留服务区时，现场应急小组应根据旅客滞留情况、路况情况，认真做好旅客服务工作，提供茶水和临时休息处。利用广播等宣传工具，向旅客做好宣传、解释工作，同时重点照顾好老弱病残旅客，提高旅客满意水平。

③配合交管部门做好道路的保通工作，增派安全疏导员合理疏导滞留服务区车辆。

（12）停电、停水应急处置

适用范围：服务区因机械故障或其他突发事件造成停电、停水的情况。

①值班人员应立即把情况报告给服务区安全生产领导小组，由领导小组管理办公室布置有关工作。

②领导小组管理办公室立即电话通知各重要职能部门，抢险抢修组立即开启备用电源或抢修，负责组织水、电维修人员查明停水、停电原因并及时与当地电力部门联系协调，尽快排除故障。餐饮部、商品部、物业部应维持好各场所的秩序，向旅客做好解释工作。

③必要时，后期保障组联系当地供水部门，请求用水车送水。

（13）交通事故应急处置

①发生交通事故，第一发现人及时向交警部门报警同时拨打120急救电话。

②发生人员伤亡时，在交警、医院等急救人员尚未到场的情况下，抢险作战小组人员应迅速对伤者进行止血，如有休克者应立即进行人工呼吸或胸外压进行抢救。

③交通事故发生后，警戒疏散小组人员应及时疏散现场围观人员，协助交警维持现场秩序，保留现场，提供交警需要的证据。如加油现场发生交通事故，则停止加油作业，防止其他危险再度发生，同时将事故发生周围的车辆移出，给急救车辆留出通道。

④通信联络小组组长立即将情况向公司相关部门汇报。

⑤后勤保障小组人员协助相关部门做好善后工作，等待专业医务人员前来处理。

3. 应急终止程序

应急处置之后，安全生产领导小组确认满足下列条件时，可下达应急终止命令，解除应急所采取的各项措施：

（1）险情排除，服务区恢复正常运营。

（2）现场抢救活动已经结束。

（3）服务区突发事件得到控制和消除。

（4）受危险威胁人员安全离开危险区并得到良好安置。

应急结束后，将事故情况上报；向事故调查处理小组移交所需情况及文件；提交事故应急救援工作总结报告。

9.4.4 善后处置与调查机制

服务区应急状态解除后，服务区分公司要督促相关管理单位尽快提交应急事件调查报告，内容包括：事故经过、事故发生原因、处理过程、经验教训、人员伤亡、损失大小情况、事故直接损失、间接经济损失、奖罚人员名单等；参加应急救援行动的有关部门应积极协助，认真答复与事件有关的问题；调查报告经应急工作领导小组组长批准后，报公司应急指挥中心备案。

经事故调查报告批复后，应根据事故调查报告对事故责任人进行处理，积极落实事故防范措施，立即进行生产秩序恢复前的污染物处理、必要设备设施的抢修、人员情绪的安抚，以及抢险过程应急抢救能力评估和应急预案的修订工作。

9.5 高速公路服务区应急管理法制

9.5.1 已有成果

国务院 2007 年颁布的《突发事件应对法》，规定突发事件处理主体为"属地管理"，这一规定使得服务区的应急对象有了明确的责任归属，使快速处置的时间尽可能地提前。

交通运输部 2009 年 4 月出台的《公路交通突发事件应急预案》，适用于涉及跨省级行政区划的，或超出事发地省级交通运输主管部门处置能力的，或由国务院责成的，需要由交通运输部负责处置的特别重大（Ⅰ级）公路交通突发事件的应对工作，以及需要由交通运输部提供公路交通运输保障的其他紧急事件，其应急预案体系涉及应急组织体系、运行机制、应急保障、监督管理等部分，其中各个部分又包括诸多内容。

目前，国内大部分省、市、自治区已出台本地高速公路服务区运营管理暂行规定，部分还在规定中对服务区突发公共事件应急预案作了明确要求，如《上海市高速公路服务区运营管理暂行规定》、《浙江省高速公路服务区管理暂行办法》等。

9.5.2 亟待改善

完善服务区应急管理相关法律体系，指导各地方制定和修改相关管理条例和管理办法，将具体职责分配细化，作出明确规定。对于服务区突发事件应对中各部门的义务、可能产生的情形、费用负担和法律责任都进行明确界定。

强制性行政手段和引导性措施并行，提高服务区应急管理法律法规的可操作性。行政手段的运用能够及时把握突发事件发展的过程，也能够提高突发事件应对的效率。

相关法律法规除了要落实管理层面的职责，还要重视服务区应急功能的配置，这是服务区遭遇突发事件时应急处置措施能够顺利进行的前提保证。

参考文献

[1] 钟开斌．"一案三制"：中国应急管理体系建设的基本框架［J］．南京社会科学，2009（11）：77-83

［2］　徐秀芹．地方政府突发事件应急能力的评价研究［D］．东北大学，2008

［3］　丁博．高速公路服务区突发事件应急能力评估方法研究［D］．吉林大学，2015

［4］　王太．高速公路服务区协调布局与运营管理模式研究［D］．长安大学，2012

［5］　潘庆芳．高速公路服务区突发事件的应急处置与管理［C］//中国高速公路服务区管理年会，2011

［6］　魏立．浅谈服务区突发事件及其应急管理［C］//中国高速公路服务区管理年会，2010

［7］　刘东，段晨，信红喜．我国高速公路服务区现状和未来发展建议［J］．交通标准化，2008（10）：23-27

［8］　翟国方．城市公共安全规划［M］．中国建筑工业出版社，2016

［9］　高速公路服务区突发事件专项应急预案［EB/OL］．http://www.docin.com/p-1125288760.html

［10］　服务区应急预案［EB/OL］．http://www.doc88.com/p-4129029489141.html

第 10 章 服务区发展保障

10.1 高速公路服务区相关规范与政策

10.1.1 规范与政策

为了统一高速公路交通工程及沿线设施设计的技术标准、建筑规模，指导工程建设，交通运输部先后发布了与高速公路服务区设计、建设相关的行业标准、规范等政策法规。与此同时，为了加强高速公路服务区管理水平，提高服务质量，实现社会效益和经济效益的最大化，国家及省级管理机构也相继出台了一系列服务区管理办法以确保高速公路服务区的依法经营、规范管理和优质服务。详见表 10.1。

国内高速公路服务区相关发展政策 表 10.1

政策名称	主要内容	实施时间
《公路工程技术标准》	新标准的主要原则是要确定公路交通工程及沿线设施的规模指标和安全指标，因此条文中完善了交通工程及沿线设施的分级，并且规定了各等级相应的配置设施	2004 年 3 月 1 日
《高速公路交通工程及沿线设施设计通用规范》	对高速公路服务区、停车区等级、位置、布设以及功能等方面进行了详细规定	2006 年 10 月 1 日
《关于加强高速公路服务设施建设管理工作的指导意见》	提出高速公路服务区、停车区建设要以提供公益服务为主，根据交通需求与建设环境等因素对其他服务功能进行严格控制；高速公路服务设施的建设，应根据区域路网建设规划和交通流特性，做到服务设施规划布局与路网布局规模相结合，项目服务设施布设与单点服务设施规模相统筹，合理确定服务设施间距、选址以及单点规模，有计划、分步骤地建设实施；合理控制高速公路服务设施建设规模，保证服务、发挥功能、减少占地、节省投资，提高规模效益。同时鼓励服务设施安装电子显示、电子监控等设备，提高自动化程度和动态监控能力以及公共服务信息平台的建设	2009 年 1 月 23 日
《公路工程项目建设用地标准》	该标准在第三节服务设施中对高速公路服务区及停车区用地面积进行详细规定，给出服务区及停车区用地指标一般条件（即服务区所在路段按车道数可承载的通常交通量和大型车比例）下的基准值；并指出经批准，服务区可与公共汽车停靠站、物流中心、公路治理超限超载站等设施合建，其设施的用地面积应单独计列；此外，当服务设施需要承担公路交通应急保障功能时，其用地面积应根据实际涉及方案增加	2011 年 12 月 1 日
《全国高速公路服务区服务质量等级评定办法(试行)》	该办法首次从全国层面制定出高速公路服务区服务质量评定原则和标准、评定程序及方法。该标准从 9 个大类，33 个小类进行记分。结果按服务区等级分为达标服务区、优秀服务区、示范服务区	2015 年 2 月 28 日

截至 2016 年 6 月，浙江、湖北、重庆、河南、江西、江苏等省市先后制订了地方高速公路服务区管理办法，从多方面规范了服务区的经营与管理，为提升地方高速公路服务区服务水平发挥了重要作用。

随着社会对高速公路服务区管理水平要求的提高，各地方政府及主管部门不断创新行业管理制度和措施，相继出台包括服务区管理办法、千分考核、星级服务区评定等一系列行业管理措施和手段，力图建立起较为完善的行业管理政策体系。1996 年，辽宁省率先在服务区实施《千分考核标准》，对全省服务区管理、经营和服务工作进行全面考核。2001 年，参考星级饭店评定标准，河北省交通厅结合高速公路实际情况，制订了《河北省高速公路星级服务区评定标准》，在全国开创了高速公路服务区开展星级评定的先河，至今已有 18 个省市开展了服务区星级评定工作（表 10.2）。作为一种服务能力量化考核方式，星级服务区的创建极大地提升了服务区的软硬件设施、服务水平和经营管理能力。

全国服务区星级评定情况　　　　　　　　　　　　　　　表 10.2

省(市)	时间	开展主体	有关文件
河北	2001 年 9 月	河北省交通厅	《河北省高速公路服务区管理暂行办法》、《河北省高速公路星级服务区评定标准》
山西	2004 年 10 月	山西省高速公路管理局	《山西省高速公路服务区星级评定办法》
福建	2004 年 11 月	福建省高速公路有限责任公司	《服务区星级考评及达标量化标准》
吉林	2005 年 10 月	吉林省高速公路管理局	《吉林省高速公路"星级服务区"评比标准(暂行)》
河南	2006 年 10 月	河南省交通厅	《河南省高速公路服务区星级评定办法(试行)》
湖北	2008 年 7 月	湖北省交通运输厅	《湖北省高速公路服务区星级考核评定办法》
天津	2009 年 7 月	天津市高速公路管理处	《天津市高速公路服务区星级评定考核办法》
广西	2009 年 10 月	广西高速公路管理局	《广西高速公路服务区星级评定办法》、《广西高速公路服务区星级考核评定办法(试行)》
陕西	2010 年 6 月	陕西省交通运输厅	《陕西省高速公路服务区星级评定办法(试行)》
安徽	2011 年 4 月	安徽省交通运输厅	《安徽省高速公路服务区管理办理》、《安徽省高速公路服务区星级考核评定办法(试行)》
湖南	2011 年 11 月	湖南省交通运输厅	《湖南省高速公路服务区星级考核评定管理办法(试行)》
浙江	2012 年 2 月	浙江省交通运输厅、省文明办等	《浙江省高速公路星级文明服务区创建管理办法》
重庆	2012 年 3 月	重庆市交通委员会	《重庆市高速公路服务区星级评定管理办法》
四川	2012 年 12 月	四川省高速公路管理局	《四川省高速公路服务区星级评定管理办法(试行)》
山东	2013 年 3 月	山东省交通运输厅公路局	《山东省高速公路服务区监督检查与星级考核评定管理办法》
江苏	2015 年 7 月	江苏省高速公路管理局	《江苏省高速公路服务区质量等级评定办法》
贵州	2015 年 4 月	"多彩贵州·最美高速"创建工作联席会议办公室	《贵州省高速公路服务区服务质量等级考核评定办法(试行)》
广东	2016 年 4 月	广东省交通运输厅	《广东省交通运输厅关于高速公路运营服务质量评价的办法(试行)》

经过不断探索，各地高速公路服务区逐步摸索出了符合发展需求的管理办法和手段，有效促进了高速公路服务区管理向更加规范化、专业化发展的步伐，为广大用路人提供了持续改进的出行服务。为切实做好 2015 年全国高速公路服务区服务质量等级评定工作，

根据交通运输部相关文件的部署，中国公路学会牵头成立了全国高速公路服务区服务质量等级评定委员会，研究制定了《2015 年全国高速公路服务区服务质量等级评定工作实施方案》。自此，高速公路服务区质量评定有了全国标准。

2015 年 12 月，由交通运输部组织，中国公路学会负责实施评定的"全国高速公路服务区服务质量等级评定结果"发布。此次评定历时一年，首次从全国层面评出 100 对全国百佳示范服务区，400 对优秀服务区。结果显示，在百佳示范服务区中，河南、河北两省分别占据 7 席，并列第一；江苏省有 6 对服务区入围，为第二；浙江、安徽、江西、安徽及湖南均有 5 对入围，并列第三。优秀服务区方面，河北（30）、河南（29）和江苏（24）的入围数量同样分列三甲。

10.1.2 方针原则

1. 政府指导，部门协作

积极争取地方政府支持，加强与相关部门的协调配合，充分发挥政府和部门指导作用、运营单位主体作用以及行业学会协调自律作用，引导社会公众参与，尽快形成政府、行业、企业和公众共同参与的协作推进机制。

2. 科学定位，强化功能

以保障基本服务功能为主，不断强化为驾乘人员提供停车、短暂休息、如厕以及餐饮、加油、车辆维修、公路出行信息播报等基本服务；在此基础上，因地制宜开展客运接驳、客货运输节点、旅游服务等延伸服务，提升综合服务能力，满足公众多样化需求。

3. 分类管理、协同发展

构建车辆通行费投入为主，服务区经营所得补贴为辅的服务区公共设施管养投入保障机制，不断优化驾乘人员停车、如厕等免费服务。充分发挥市场在资源配置中的调节作用，鼓励社会资本投入餐饮、便利店、车辆加油和维修等经营性项目，公平竞争，提供高品质、多样化服务。

4. 规范运营、优质服务

建立健全服务工作标准化管理体系，不断提高服务区服务工作规范化水平。营造公平竞争的市场环境，依法经营，为驾乘人员和通行车辆提供符合相关质量技术标准的服务保障。

10.2 服务区建设保障

10.2.1 加强服务区规划与设计

按照交通运输部《关于加强高速公路服务设施建设管理工作的指导意见》（交公路发〔2009〕31 号）等相关规定，以满足驾乘人员与车辆服务需求为目标，科学预测交通量增长和车型构成情况，综合考虑环境、运行成本等约束条件，按照"统筹规划，因地制宜，适度超前，经济实用"的原则，统筹各类使用者需求，科学确定服务区间距、位置、规模，优化服务区内设施布置，合理分配各功能区位置和建筑面积，强化人性化服务水平，提高土地利用率。有条件的地区，在设计风格上要体现当地自然和人文特点。新建服务区，应提前征求运营单位或其主管部门意见，确保设计符合实际运营需求。

10.2.2　服务区建设和改造

服务区应与公路主体工程同步规划、同步设计、同步施工。停车场、公共卫生间等基本服务设施必须同步投入使用；餐厅、加油站、便利店等其他服务设施可结合交通量增长状况，分期建设，逐步投入使用。设置危险货物运输车辆专门停放区域，禁止与其他车辆混合停放。结合新能源汽车用户规模和发展需求，增设加气、充电设施。完善母婴喂养室、残疾人专用通道等人性化服务设施。有条件的服务区，要增设第三卫生间，方便旅客照顾异性家人如厕。服务设施老化或不足的，要加快实施改造，重点解决停车场容量不足、公共卫生间配比不合理等突出问题，确保满足实际需求并预留适度扩充空间。重大节假日期间，还应结合实际，适当增设简易卫生间，满足驾乘人员如厕需要。交通量已经或趋于饱和的，要积极争取地方政府及相关部门支持，加快实施扩容改造，或在上、下游路段增设停车区，科学分流，满足不同服务需求。

10.2.3　服务区生态化

服务区建设和运营将更加重视绿色、生态、环保和节能。服务区作为高速公路的基础配套设施，是彰显一个地区的重要"窗口"。服务区的生态化建设，将主要从服务区的绿化、污水处理以及节能等几个方面实施，如加大服务区的绿化覆盖面积，减少水资源的耗费以及生活用水和污水的科学处理，在建设过程中注重选用节能材料等。

10.3　服务区运营保障

10.3.1　服务区服务保障

1. 加强服务设施日常管养

服务区日常管养由服务区所属高速公路运营管理单位负总责。各地交通运输主管部门要结合本地区实际，健全和完善服务设施运营管理制度，定期开展检测和服务功能评价。服务区运营管理单位要根据已确定的管养目标和标准规范，加强服务设施日常管养，确保各类设施设备齐全，维护维修及时，功能完好，正常运行。严禁对服务区服务项目以包代管，放任自流。

2. 全天候基本服务保障

高速公路服务区停车场、公共卫生间、加油站、汽车修理、便利店、开水供应等基本服务功能场所应为驾乘人员和车辆提供全天候服务。在正常供餐时间外，能够提供简单餐饮服务。有条件的服务区，要提供全天候的客房服务，满足长途旅客和接驳运输驾驶员等人员住宿需要。在高峰时段，可利用服务区内部的连接通道，实行小客车错峰调配使用服务设施，最大限度地提高服务接待能力。

3. 加强服务区运行秩序维护

结合场地条件及车型构成情况，优化停车区域设置，确保交通标识齐全清晰。加强监控设施以及保安和保洁人员配置，配合相关部门，积极疏导运行秩序，确保车辆分区停放、有序进出。督促驾乘人员做好安全防护工作，不得随意禁止危险货物运输车辆进入服务区。重大节假日等客流高峰时段，要加派人员，引导驾乘人员有序就餐、购物、如厕，维护良好秩序。加强保洁管理，确保公共卫生间、停车场等公共场所始终保持卫生整洁。

4. 加强公路出行信息服务

加强服务区信息化建设，提高服务设施的自动化程度和动态监控能力，实现公路运行状况和信息发布联网管理，确保公路路况、公路气象等公众出行信息实时滚动播报。开通微博、微信等公共网络平台，实时发布公路出行相关信息，多渠道提供出行信息服务。建立服务区停车位剩余接待容量提示制度，通过高速公路交通广播、沿途可变情报板等多种载体，及时发布前方服务区相关信息，提示驾乘人员合理调整出行方案。临近重点旅游景区的服务区，要加强与景区管理单位协作，实时发布景区道路使用情况，避免进入景区的道路拥堵。

10.3.2　服务区管理保障

1. 专业化运行管理

随着经济的日益发展及高速公路的日趋发达，对高速公路服务区的要求越来越高，因此优化高速公路服务区的经营模式，制定规范的管理制度，做到以人为本、与时俱进、不断创新，对高速公路服务区的发展至关重要。

为了有效促进高速公路服务区运营管理的突破和创新，各省（市）在明确高速公路企业定位的基础上，开始创建和完善高速公路服务区准入制度，强调加强安全管理，杜绝责任事故发生；同时不断完善管理制度，强化激励机制，向创建绿色规范高速公路服务区的目标迈进（表10.3）。

高速公路服务区运营管理活动情况

表 10.3

省份	活动名称	目标和宗旨
山西省	主题年活动	根据不同主题对服务区管理进行针对提高
辽宁省	冠军团队	统一品牌、统一经营、统一管理、统一资源
		畅行天下、驿站如家
		温馨驿站、用心服务
		五星级服务理念、三星级工作标准
河南省	双百三十	平安、智能、阳光、和谐、低碳
	互学互比	
	星级服务区评定	

2. 人员管理

(1) 管理型人才管理

针对服务区专业管理人才匮乏、管理能力普遍偏低，难以满足服务区行业需求的现状，服务区工作委员会自成立之初，就将服务区专业人才培训确定为一项重要工作内容。2009年11月15日，第一期全国高速公路服务区经理（主任）培训班正式开班，成为全国服务区一线管理人才培训的一个起点，之后每年一期，培训内容涉及服务区政策法规、经营管理、服务标准、案例分析以及日常管理中的法律问题等，内容丰富，针对性强。到2016 年 6 月已成功举办十四期，培训人数近五千人次。

（2）从业人员管理

建立健全从业人员准入制度。通过多种方式引进专业人才，完善教育培训机制，推进服务人才培养实训基地建设。依托大专院校、专业培训机构以及与相关企业合作等方式，分时段、分层次开展员工教育与培训，重点加强物业管理、餐饮、汽车修理、加油站、商品营销等服务管理人员的培养。健全劳动保障机制和薪酬激励机制，建设素质高、业务精、服务好、肯奉献的服务区工作团队。

3. 运营管理

高速公路服务区运营管理是一个内容繁杂的系统工程。由于我国各省高速公路的投融资体制、管理体制、经济发展水平、经营理念各有不同，因此，所采取的运营管理模式也多种多样。服务区经营管理主要应实现两大目标：社会效益和经济效益。要充分挖掘省内特色商品资源，形成区域化经营特色，研发服务区市场品牌，研究服务区消费的发展趋势，提升高速公路服务区经营管理水平。总体而言，各省市遵循交通运输厅的指示精神，根据市场需求，引入竞争机制，具体实施中各服务区根据其自身情况，通过招投标等形式采取了自营、承包、租赁和合作经营等多种经营模式。

（1）服务区运营体制与模式

服务区经营管理的好坏很大程度上取决于经营机制、经营模式的转变和创新。例如，江西省坚持"以法律法规为准绳，以合同管理为手段，以追求三赢（百姓、商户、业主三方共赢）为目标"的原则，形成以自主经营（卖场经营）为主，租赁经营、委托经营为辅，三种经营管理模式并存的经营机制。浙江交通投资集团将餐饮服务作为服务区最大的经营业务，以自营套餐为主，开展形式多样的特色化经营。其商品销售主要是便利店和特色专柜两种渠道，便利店以自营为主，特色专柜及水果等以租赁为主。服务区进行商业改造规划，并实行"招商先行"的原则，积极引进各知名品牌商户，丰富服务项目；同时建立完善的招商引进、管理、淘汰机制，使各招商项目有序经营，提升服务区品牌整体形象。这种以招商业务为价值创造基础，使自营的餐饮项目逐步退出，通过招商实现多业态商业价值，有助于创造自己的连锁经营品牌，提升公司核心竞争力，执行以自营服务区树立战略品牌、创造规模效益，以外包服务区扩大经营范围、补充经济效益的经营策略，形成了自营和招商相结合的经营体制。

（2）服务工作标准化管理体系

经营者应当制定各项岗位工作职责和操作规程，制定和落实各项检查制度并报服务（停车）区管理部门（表 10.4）。同时应当与服务（停车）区管理部门签订各类安全、卫生等责任状。

经营者必须严格执行国家法律政策和相关行业规定，文明服务、安全生产、守法经营、照章纳税、诚实守信，对提供的商品合理定价，明码标价，备有发票，并自觉接受各级有关管理部门和社会的监督。

经营者应当按照国家有关规定规范用工行为，完善劳动用工制度，建立健全员工档案和各项考核奖惩办法，实行岗前培训制度，上岗员工应当持证或者挂牌上岗并定期接受岗位培训。

高速公路服务区服务管理要求　　　　　　　　　　　　表 10.4

地点	配备项目	配备标准
加油站	消防设施	干粉灭火器、二氧化碳灭火器、消防沙、消防桶、消防铲、消防毯等
	加油设施	加油(加气)机、加油(加气)岛、地下油罐(柴油罐、汽油罐)、储气区;液位仪、通信设施、网络连接、电话线等其他集成化管理设施;IC 卡管控系统
	配套设施	营业室、配电间(配备发电机)、工具柜(间)、垃圾桶
	人员	站长、副站长、收银员、安全员、计量员、加油员
超市	陈列设施类	货架若干组、透明冷藏柜、展示冰柜等
	其他设施	配置防盗系统 1~2 套,收款机 1 台、收银后台 1 套、价枪 1 把,物价卷标、打印机 1 台、电子秤 1 台、验钞机 1 台,空调、开水供应设备、工具柜、垃圾桶等
	人员	主管、店长、领班、收银员、营业员
餐饮	家具类	餐桌椅、儿童椅、收银台、垃圾桶等
	餐具、器皿	餐盘、烟灰缸、玻璃杯、茶壶、茶杯、醋壶、消毒餐具、环保餐盒、餐桌台布、碗筷消毒柜、纸巾,以及根据经营品种所需要的餐具、用具等
	电器	电视、音响广播、收银系统、空调、灭蚊灯、透明冰柜、微波炉、热水供应设备等
	厨房用具	除经营餐饮品种所需要的基本炊事用具外,厨房应配备抽油排烟系统、餐具回收车、冰柜、消毒柜、清洗池等
	外卖摊位	经营各类小吃品种所需要的基本用具
	人员	经理、领班、收银员、服务员、传菜员、保洁员、厨师长、厨师、厨杂工、售卖员等
车辆维修站	家具	货架、工具柜、沙发及茶几 1 套、书架、报纸架、垃圾桶等
	电器	电视、收款机、饮水机、空调等
	汽修工具	双柱举升机 1 台、1 条长度大于 8m 的车用地沟(提供普通修补服务的可不配)、台钻、电焊和气(钎)焊设备、千斤顶、轮胎气压表、气缸压力表、台虎钳及工作台、砂轮机、润滑油加注器、充电机、骑马攀螺母拆装机、轮胎螺母拆装机、轮胎拆装机、轮胎动平衡机、内胎修补工具及工作台、空气压缩机、废油回收装置、小修必需的手工工具和检验仪器等
	人员	主管、维修工、仓管员

(3) 服务区服务考核评定

健全和完善服务工作标准体系,实现规章制度健全、岗位设置合理、责任分工明确、工作内容具体、工作标准清晰、过程控制严格、监督检查到位。省级交通运输主管部门要组织相关单位,加强检查考核,督促运营单位不断规范管理、提升服务。发挥行业学会作用,建立健全全国统一的服务质量等级评价体系,加强服务达标和等级评定,完善外部监督机制,鼓励社会公众参与评定工作,共同促进服务水平不断提升。

4. 服务区品牌管理

随着高速公路服务区的快速发展和市场要求,各省服务区管理部门和服务区经营企业开展了系列的品牌创建活动,大胆创新、拓展经营,将服务区品牌建设作为服务区经营管理的一项重要工作,提升了服务区的服务能力和服务水平。

2011 年 9 月 2 日,由中国公路学会高速公路服务区工作委员会首次主办的"全国高速公路服务区服务品牌建设座谈会"在南宁召开,会议分析了服务区品牌建设的现状和问题,重点围绕对服务品牌发展政策、创建品牌的要点,以及品牌保护等方面展开热烈讨论。本次会议的召开，标志着国内服务区行业已跨入一个新的发展阶段，"品牌创建"成为服务区行业全民推进的主旋律。

近年来各省在服务区品牌创新上也做了很多有益尝试，取得了一定的成果。如广东的"乐驿"、湖南的"好相惠"、广西的"旅岛"等便利店品牌；"小圆满"、"菊韵人家"、"享当当"等餐饮品牌，"京通精修"和"正兴一家人"等汽车维修品牌，都已初具规模，具有一定的创新性，值得借鉴（表 10.5）。

全国部分高速公路服务区连锁店情况　　　　　　　　　　　表 10.5

经营类型	连锁店品牌	布点区域	门店数量（家）
便利店	乐驿	广东	7
	好相惠	湖南	14
	旅岛	广西	34
餐饮	小圆满	广东、广西	8
	菊韵人家	全国	126
	享当当	全国	200＋
汽修	京通精修	全国	71
	正兴一家人	全国	39

10.4　服务区安全保障

10.4.1　加强安全管理

1. 服务区"四项联动机制"

为确保服务区的安全稳定，高速公路服务区应分别与当地消防大队、派出所、气象局、医院等单位签订协议，建立长期联动保障机制。邀请辖区民警在服务区举行"防范恐怖袭击"知识宣传讲座，提高工作人员和司乘人员对突发事件的应急处置能力，确保服务区驾乘人员有一个安全、和谐、稳定的休息环境。

2. 重大节假日保障

高速公路服务区在重大节假日应与辖区派出所进行交叉巡逻，增加巡逻的次数，路政巡查与服务区治安巡查相结合，实行巡查信息共享，联查联动。服务区治安巡逻车定时不定时巡查的方式，在服务区综合楼、汽修厂、加油站、停车广场等区间内定时不定时巡逻，加大服务区巡查力度，保障重大节假日服务区安全畅通。

10.4.2　加强应急保障能力建设

1. 完善应急预案

制定各项安全保障预案，严格落实防汛、防火、防雷、防盗、防爆炸、防破坏、防食物中毒"七防"措施。切实加强对加油站、宾馆、汽修厂、配电室等要害部位的隐患排查以及餐厅饮水、食品留样、超市食品保质期的日常检查。将食品安全工作纳入日常工作重点监督范围，规范食品采购、贮存、加工流程，增购防尘、消毒等专用设施，坚决杜绝食物中毒现象的发生。

2. 应急物资储备

建立服务区应急物资储备库，储备棉衣、棉被、食品、矿泉水、常用药品、安全救援、防汛抢险等应急物资。严格物资出入库制度，及时检查、更换和增加物资储备库内物资和食品，保证应急储备物资不短缺，无过期，随时处于备用状态，进一步提高应急突发事件和应急处置事件的物资保障能力。

3. 危化品运输车辆管理

重点加强对进出服务区危化品运输车辆的管理，在距离餐厅、超市、宾馆和加油站较远处规划危化品运输车辆停放区，设置醒目的标志。在广场警务室设立危化品运输车辆登记处，凡进出服务区的危化品车辆，由服务区警勤人员登记车号、车上人数、载重吨位、危化品名称、车辆出发地和目的地、停留时间等内容，并由服务区警勤人员对危化品车辆实施重点监管，以有效保证车辆及服务区驾乘人员的安全。

10.5 监督与自律

高速公路的社会公益性和市场经济性，决定了高速公路服务区的经营管理必须接受政府行政监管和宏观调控。这样不仅有利于保证科学规划、合理布局和配套建设，还有利于保证依法经营，规范运营。如政府监管部门按照各自法定职责，对在服务区内经营的餐饮、超市、加油站等依法进行监管，保证食品安全和服务质量，规范经营行为。同时，行业出台统一的服务区行业管理办法、规范经营管理标准，明确监管职责，形成各负其责、齐抓共管的工作格局，促进服务区管理迈上法制化轨道，也能保证诚信经营长效机制运行。如政府或行业监管部门建立服务区招商准入和退出机制，维护公平竞争和正当利益，鼓励真正有实力、有诚信、有口碑的经营企业落地生根。除此以外，还有利于开展同行业交流、协作，有效促进整个服务区行业的可持续发展。

1. 完善监督管理机制

各省、自治区、直辖市交通运输主管部门负责本行政区域内服务区的管理工作，要明确具体的管理部门和职责，加强对服务区运营工作的指导和检查，督促服务区运营管理单位充分发挥主体作用，不断完善服务措施，规范服务管理，提升服务质量。对服务区运营管理单位因维护和服务责任缺失、造成严重后果或影响的，按照相关规定严肃处理。

2. 提高资金保障水平

对服务区公共服务设施的改善和维护经费纳入高速公路养护经费支出范围给予保障。采用BOT模式建设运营或采取专业化经营方式的服务区，按照合同约定的途径，保障相关改善和维护经费。政府还贷高速公路服务区自主经营或出租经营设施所得收益，优先用于公共服务设施改善和维护。

3. 畅通公众投诉渠道

高速公路服务区直接面向社会、面向群众，是展示交通形象的重要窗口，必然会成为社会关注的焦点。服务区经营管理单位要坚持服务大众的宗旨，建立投诉受理机制，主动开通监督渠道，接受社会各界的监督。各地交通运输主管部门和服务区运营管理单位要不断完善公众举报投诉处置机制。在服务区显著位置，统一设立监督公示栏，公示运营管理单位和上级主管部门监督电话，接受社会监督。及时受理驾乘人员举报和投诉，认真开展核查和处理工作，及时反馈核处情况，确保有效投诉反馈率达到 100％。有条件的地区，应在服务区设置投诉受理服务台，快捷受理举报投诉，及时回应公众诉求。

参考文献

［1］　中国高速公路服务区发展报告：1988～2013［M］．北京：交通出版社，2015

［2］　交通运输部公路局．交通运输部关于进一步提升高速公路服务区服务质量的意见．［Z］．2014

［3］　交通运输部公路局．2015 年全国高速公路服务区服务质量等级评定结果．［Z］．2015

［4］　王毅敏．关于对高速公路服务区经营管理的几点思考［J］．商业经济，2011（2）：76-77

［5］　孙绪娜．福建高速公路推行运营服务标准化探究［J］．福建交通科技，2012（6）：104-106

［6］　高速公路服务区品牌建设座谈会召开．［2011-9-7］．http://www.autohome.com.cn/news/201109/239386.html.

［7］　威青高速海阳服务区多措并举加强应急保障工作．［2014-10-19］．http://news.shm.com.cn/txy/article/newsInfo/1166

［8］　万明，林天发．服务区定位与经营策略［J］．中国公路，2013（20）：54-57

实践篇

——"贡川高速公路服务区+"绿色产业服务综合体项目

第11章 项目概述

当前，我国经济发展已步入"新常态"，各行各业都迎来了升级的挑战和变革的机遇，创新成为驱动发展、优化经济结构的最大动力。2015年末的中央经济工作会议和十二届全国人大都强调要通过推进供给侧结构性改革，来推动经济持续健康发展，减少无效和低端供给，扩大有效和中高端供给，增加公共产品和公共服务供给，提高全要素生产率。推进供给侧结构性改革，是新形势下国家宏观调控重点，也是交通运输转型升级、提质增效的必由之路。

2010年以来，福建省永安市GDP增速缓慢（图11.1），建材、化工等产业效益下滑，第二产业受到较大影响。经济进入新常态，未来该地区经济的提升发展需要新的引擎带动。打造地方名片与发展地方特色品牌成为未来发展的突破口。同时需要进一步缩小城乡差距，实现地区的均衡化发展。

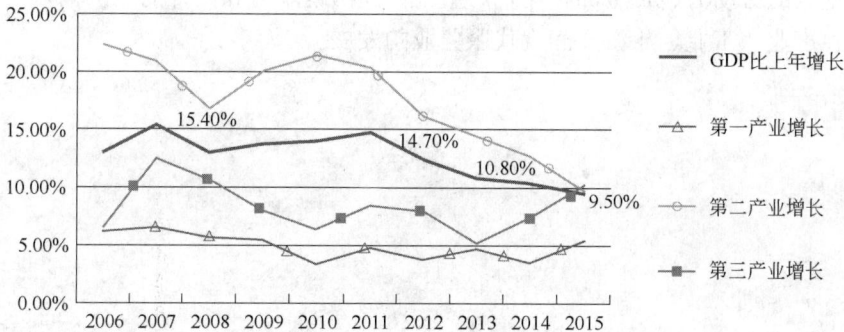

图11.1 福建省永安市GDP和三产2006～2015年增长状况

（资料来源：永安市统计局，中国统计信息网 www.tjcn.org）

经济增速放缓以来，高速公路部门的收益下降，公路管理部门通行收费逐渐饱和（表11.1）。单一的收入结构，不利于部门的长远发展。高速公路服务区作为公路管理部门的重要组成部分，由于其功能单一、规模小、长期封闭管理、缺乏与地方的对接，已不能满足未来发展的需求，急需提升改进。

高速公路泉三线贡川路段 2015～2016 年通行费、车流量情况　　　　表 11.1

年份	通行费征收收入			通行费分配收入			出入口车流量		
	（万元）	占总比（%）	同比（%）	（万元）	占总比（%）	同比（%）	（万元）	占总比（%）	同比（%）
2015	25849.12	27.83	2	45526.27	33.74	1.42	777.01	36.35	1
2016	25305.86	27.2	−0.3	33483.07	24.82	−3.05	608.35	29.24	−20

（资料来源：福建高速集团三明分公司。）

在深化"供给侧改革"的新思路下，高速服务区的转型迫在眉睫。未来要以提高效

121

益、提升质量为中心，全面转型升级高速公路经营服务管理。因此，福建高速三明分公司经过一段时间的仔细调研，结合三明山区高速公路实际，提出了主动融入地方经济，依托高速公路丰富的路网资源、强大的信息数据平台、"高速互联网＋"线上、线下服务技术，发挥高速公路服务区有效聚集车流、人流的优势，有效吸纳社会各类有利资源，建立实体公司，开展合作式的经营，将周边区域庞大的消费市场有效连接起来，把服务区及周边区域建设成集基础服务、旅游休闲、物流集散、农特产品展销、地域文化宣传为一体的绿色产业服务中心，构建新的服务区经济发展模式，以逐步形成适应当今社会发展、满足人民群众需要、拓展企业经济效益、带动地方人民致富的"高速公路服务区＋"新商业模式。

"贡川高速公路服务区＋"绿色产业服务综合体将"竹""贡"文化融入规划和设计的方方面面。从竹林大道、巨柱竹雕塑、百竹林、水上竹屋的打造到包含"贡""竹"元素的路名和地名，"贡系列"产品，"竹文化"科普、体验和休闲活动，无不将地方特色融入综合体的实体空间和社会空间中，不仅有效地弘扬了地方特色，更凸显了贡川服务区在"竹""贡"文化上的独特性。同时，坐落在长深线、鹰厦线和 205 国道上，毗邻长深高速贡川互通口，紧邻贡川福川工业园的综合体，其物流、购物、展销、交通换乘等功能与工业园相辅相成，最大化发挥道口经济优势，吸引和整合客流、物流和信息流，通过配套线上云服务平台和线下各种高品质高效率的服务设施，既给公路使用者提供便捷的服务，又吸引周边地区的劳动力、资金和物流，产生区位经济凝聚力和向外的经济辐射力，有效带动地方特色产业、工业、旅游业和现代服务业的发展。

第 12 章　项　目　意　义

　　"高速公路服务区＋"绿色产业服务综合体是一个全新产业联合的商业模式，能有效整合服务区资源、最大限度发挥资产效益，是推动公司转型发展的新引擎。它以服务区为载体，依托高速公路路网资源，信息数据平台和"高速互联网＋"线上、线下服务技术，发挥服务区有效聚集车流、人流的优势，串联周边庞大的消费市场的集高速公路服务区基础服务、旅游休闲度假、快速物流集散、客运中转、农特产品展销、绿色农业体验和特色地域文化宣传等功能于一体的开放式建筑群。

　　绿色产业服务综合体以可持续发展为目标，改革创新了服务区经营管理模式，发挥了服务区平台效应和窗口效应，加强服务区与地方产业和文化的联系，从而提升了地区吸引力和竞争力。

　　通过科学合理有效的规划，分阶段的实施，逐步把服务区建设成高速公路与地方经济相互融合、一体化发展的"实验区"，通过与地方一、二、三产的联动发展，实现服务区的转型，使其能主动与地方经济融合，把服务区建设成高速公路与地方优势互补、合作共赢、共同发展的"先行区"；通过引入地方文化，特色商品，把服务区建设成当地人文地理、文化风情以及高速公路企业文化、文明形象的"展示区"；通过引入先进科技，把服务建设成为现代化设施与优美环境、自然景观和谐融合，休闲旅游度假的"体验区"；通过绿色产业开发，把服务区建设成带动当地农民致富、助力美丽乡村建设的"示范区"，实现高速公路服务区"经营管理由封闭到开放""服务项目由单一到多元""经营模式由承包租赁到公司实体"的"三个转变"，最终实现三明高速公路辅业多元经营、拓展增收的战略目标，并使贡川服务区成为转型发展的新引擎，行业发展的新标杆。

第 13 章 贡川高速公路服务区管理现状

13.1 研究区现状分析

　　贡川服务区地处永安市的贡川镇岩下村，四周竹林环绕，依山傍水。服务区位于福建省三明市贡川镇东北部，地处三沙城市和产业发展主轴带中部位置，属贡川镇辖区范围，服务区北距莘口互通口 11km，南距新建贡川互通口 3km、永安北互通口 16km。贡川服务区地处海西三明生态工贸区规划范围内，位于三沙永城市和产业发展主轴带上，处于三明经济开发区贡川产业园辐射范围内，南侧紧邻贡川福川工业园。如图 13.1 和图 13.2 所示。

　　服务区于 2008 年 12 月 25 日投入运营，总占地面积 70195m²，其中停车场 40368m²，建筑总面积 8817m²，绿化面积 20058m²，是集餐饮、购物、休息、加水、汽修为一体的多功能综合性服务区。2015 年贡川服务区所在路段的日均断面车流量折算值为 12421 辆次。

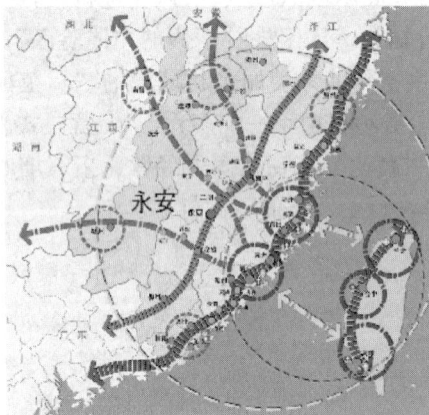

图 13.1 永安市区位示意图
（图片来源：《永安市总体规划》）

图 13.2 贡川服务区区位示意图
（图片来源：《海西三明生态工贸区规划》）

13.1.1 场地组成

　　规划区现状用地主要由现贡川服务区用地、岩下村（含石马自然村）村庄建设用地和农林用地组成。其中，贡川服务区用地为 7.92 公顷（其中 A 区 3.17 公顷，B 区 4.75 公顷），岩下村村庄建设用地 10.4 公顷（其中岩下主村 8 公顷，石马自然村 2.4 公顷）。如图 13.3 所示。

图 13.3　项目规划范围与研究范围

13.1.2　自然条件

规划区地处武夷山脉与戴云山脉的中间地带，沙溪河以西，呈典型的丘陵—河谷地貌；属于亚热带季风性冬候，夏长冬短，雨量充沛，气候温暖，每年 5、6 月洪涝灾害较多。三明—永安地区自然资源丰富，山清水秀，有大量高档次、大规模的生态旅游资源；用材林、毛竹林、矿产、地热、矿泉水等资源丰富。

13.1.3　交通现状

三明市有四通八达的路网资源和便捷的区域物流网络节点；永安市是闽西北与闽南的交通枢纽和重要的物资中转、集散地；贡川服务区拥有来自长深高速公路的丰富的高速车流及人流等资源（长深高速公路是我国高速公路网络"九纵"之一，全国第二长，贯穿我国沿海各经济强省，2015 年日均断面车流量折算值为 12421 辆次）。

13.1.4　民俗文化

永安市有安贞堡、古戏台等物质文化资源和大腔戏、划龙舟等多种非物质文化遗产；贡川镇是人杰地灵的大儒故里，有古城墙、会清桥、笋帮公栈等古迹和许多丰富多彩的民间活动；地方特色饮茶文化和永安竹文化也十分浓郁。

本次规划在系统研究和综合分析贡川古镇、福川园、沙溪河沿岸、205 国道永安段、桃源洞和鳞隐石林旅游区等周边地区的特色和产业发展优势的基础上，对综合体的定位、功能和服务进行规划和布局。

13.1.5　业态发展

三明—永安地区以林竹业、禽畜业、水产业和农产品加工为代表的第一产业发展势头良好，旅游业及相关电子商务等第三产业发展潜力巨大。永安市是中国电子商务发展百强县；贡川是中国贡鸡第一镇、三明市十佳毛竹乡镇、重点工业乡镇。贡川镇的传统产业有极具地方特色的贡席、贡笋、贡鸡、棍子鱼、田螺煲等；周边地区用材林、毛竹林蓄积量大，效益突出。贡川服务区周边地区资源丰富，禽畜业、果蔬业、林竹业、水产业发展基础良好，经济增长速度较为稳健。

13.2　优劣势分析

优势分析详见表 13.1，劣势分析详见表 13.2。

贡川服务区优势条件和发展机遇分析　　　　　　　　　　　表 13.1

项目	优势条件	发展机遇
自然条件	三明—永安地区自然资源丰富，山清水秀，有大量高档次、大规模的生态旅游资源；用材林、毛竹林、矿产、地热、矿泉水等资源丰富	在保护生态环境的基础上，利用福建临山濒水的自然优势，以服务区为中转站和窗口，衔接周边乡村风光和自然生态景区，提升地方特色和吸引力
交通现状	三明市有四通八达的路网资源和便捷的区域物流网络节点；永安市是闽西北与闽南的交通枢纽和重要的物资中转、集散地；贡川服务区拥有丰富的高速车流及人流（长深高速公路，鹰厦铁路，205 国道等）	根据服务区地理区位特点，开放和延伸服务链，进一步完善交通和配套设施，将其建设为连接周边旅游景区、工业园区、城乡集镇等流量密集区域的交通中转联系节点，开展其在客货接驳、仓储物流中转、人流集散等方面的业务；吸引人流
民俗文化	丰富多彩的民俗风情和民间活动；大儒故里，人杰地灵，人才辈出；地方特色饮茶文化，永安竹文化浓郁	借助服务区的信息平台和客流优势，在服务区推介当地文化名片、风俗民情、自然景观，带动产业经济和周边旅游
地方经济	周边地区资源丰富，禽畜业、果蔬业、林竹业、水产业发展基础良好，"十二五"期间 GDP 年均增长 11%	加强现代农业、地方文化、特色旅游三线融合，推动农村一、二、三产业融合依托生态和路网优势，实现地方经济与高速公司协同发展
业态发展	贡川镇的传统产业有极具地方特色的贡席、贡笋、贡鸡、棍子鱼、田螺煲等，用材林、毛竹林蓄积量大，效益突出	打造进入永安市旅游圈、产业圈的北部窗口驿站和进入三明市市区的窗口驿站；以服务区的人流、物流集散地功能和基础设施服务来支撑周边产业的发展

贡川服务区存在问题和解决方案分析　　　　　　　　　　　表 13.2

项目	存在问题	解决方案
经营管理	由于长期的封闭经营，没有融入地方发展，导致经营方式和收入结构单一，大多仍停留在传统式、封闭式的承包租赁或档口经营上	采用开放式经营，鼓励多方合作共赢模式，提供多平台销售通道
功能提供	只提供基础的加油、餐饮、维修、休息功能，不具可持续性	提供多种服务和休闲功能
客流因素	交通停留客流量较少，乘客驻留时间短；部分商品销售价位偏高，服务理念还未深入人性化服务	通过经济优惠政策吸引驻留，并提供优质服务
用地布局	用地布局上一般采取成对设置的方法，即道路两侧各设 1 处服务区，不能满足目前需求	采用不对称布局，加强两边区域的联系

13.3 服务区新模式

在原有的服务区模式基础上,提出服务区新模式(表13.3)。

服务区新模式指除了基础性服务(加油加气、餐饮、汽修、卫生间、停车等)还增进拓展性服务,包括旅游休闲度假、运动拓展、物流集散、农副产品展销、游客集散、特色美食品尝、主题住宿、超市购物、智慧服务等。

服务区新旧模式的比较分析 表 13.3

序号	类型	旧模式	新模式	备注
1	交通组织	封闭式	开放式	有条件
2	主要功能	基本功能	基本功能+拓展功能	
3	布局模式	左右对称,布局仅限于服务区本身	左右对称或不对称,布局包括服务区及其周边腹地	根据地形
4	交通组织	单向,不互通	单向,可以互通	有条件
5	文化建设	缺乏特色	地域特色+文化特色	
6	设施配套	基本需求	基本需求+拓展需求	
7	经营管理	传统经营管理	互联网+智慧服务区	
8	地方联系	没有联系	联系密切	

13.4 发展趋势

目前国内外的高速公路服务区有以下发展趋势:

1. 经营模式上:由零碎化、垄断走向连锁化、规模化

在服务区现有资源利用的基础上,最大限度地进行合理的资源整合,在引进品牌的同时,注重打造自己的品牌,逐步实现服务区经营的规模化、连锁化。

2. 服务理念上:由单一化、"休息服务"走向多元化、"休闲服务"

随着人们生活质量的提高,出行路途消费不仅仅停留在吃饱的问题上,而是讲究消费的质量,以及对品牌餐饮和高品位生活质量的需求。配套设施在公共服务系统之上,更有非营利性的人性化的附加服务功能。

3. 销售价位上:由高价零售价走向平价市场价

制定新的销售策略,逐步推行零售价与市场价接轨,最终达到全部商品平价销售,实现同城同价,实现服务区收入长远稳步提升的目的。

4. 平台功能上:由司乘逗留的场地走向旅游、文化、商贸、物流的载体

在高速公路通行服务中融入文化、旅游信息,指引休闲购物等配套服务,改善大众出行条件和旅游活动品质。同时随着物流业的配送中心向高速公路服务区转移,以及高速公路货运系统的建立,服务区内连锁经营单位也将实施分区统一配送、统一经营管理,规范服务标准、提高服务水平。

5. 经营管理上：由封闭落后走向开放创新

对具备条件的、距离中心城区较近、有相对固定客流的服务区可探索实施开放式经营，为未来服务区的整体开放式经营积累经验。同时在科学化管理上下功夫，在体制、机制上进行不断创新，找准关键性控制因素。

6. 营销策略上：由高价、低端、零售走向 O2O 批发和平价零售兼具多样化

制定新的销售策略，逐步推行零售价与市场价接轨，最终达到全部商品平价销售，实现同城同价，并通过 APP 和物流网络实现线上选购、线下送货到家的服务，从而实现服务区收入长远稳步提升的目的。

第14章 目 标 定 位

14.1 发展目标

本项目依托高速公路丰富的路网资源、强大的信息数据平台，抢抓机遇，勇于创新，以贡川服务区为载体，以服务＋为抓手，发挥高速公路服务区有效聚集车流、人流的优势，将周边区域庞大的消费市场有效连接起来，努力将贡川服务区建设成为转型发展的新引擎，行业发展的新标杆（图14.1）。

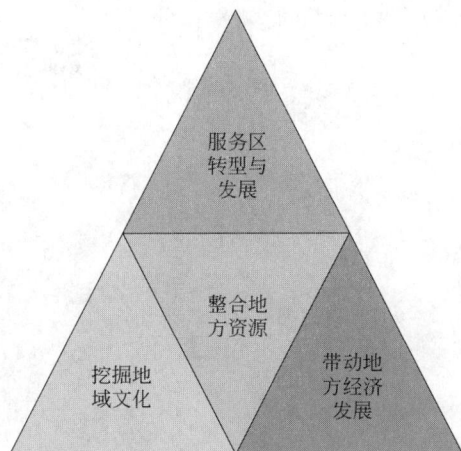

图 14.1 贡川高速公路服务区绿色产业综合体发展目标

14.2 发展理念

秉持"创新、协调、绿色、开放、共享"的发展理念，创新高速公路服务区的发展理念和模式，协调服务区与地方经济社会发展的关系，在立足服务区基本职能的基础上融合发展绿色无污染产业，变传统服务区封闭式管理为开放式运营，从而实现高速公路与地方优势互补，共享发展成果。

14.3 总体定位

在总体定位上，预期通过规划将贡川服务区打造成高速公路与地方发展融合创新发展的**创新区**、高速公路与地方优势互补互利共赢的**先行区**、高速企业文化与地域人文环境特色的**展示区**、高速公路多业态经营智慧综合服务的**体验区**、带动农民增收致富助推新农村建设的示范区。

14.4 功能定位

为实现以上总体定位，贡川服务区在未来将有以下五个功能定位：①交通驿站"旧瓶新酒"，不仅具备基本功能，还兼具城市特色商贸物品展示等新功能。②旅游景区"秀色可餐"，利用周边资源，打造新的旅游目的地，提供游客集散等服务。③智慧平台"科技带动"，提供信息交流的 APP 平台，建设智慧服务区。④物流基地"畅通无阻"，提供货物中转、物流配送等服务，商贸流通的中转站。⑤经济引擎"以小带大"，通过服务区的提升转型，带动地方一、二、三产业的发展。

第 15 章　总体布局规划

15.1　总体框架

15.1.1　规划研究范围总体空间框架

　　绿色产业服务综合体作为旅游和特色产品的展示窗口，与道口物流示范区一起作为地区产品物流、展示交易的枢纽，能够有效引领和促进周边工业产业园等产业载体的快速发展。绿色产业服务综合体作为重要的旅游景点和旅游目的地，充分依托贡川古镇的历史传承和文化特色，并与美丽乡村建设协同联动，实现区域旅游的协调发展。

　　因此，加强规划区与周边联系十分必要。未来研究区范围内的空间结构将以长深高速公路贡川服务区综合体以及贡川道口物流示范区为基础，并依托长深高速公路、G205 国道和沙溪河等交通条件，规划研究范围形成"两核、两轴、三区、一带"的总体空间框架（图 15.1）。

　　两核：以贡川服务区绿色产业服务综合体、贡川互通口为核心，形成带动全路各项功能发展的动力引擎。

　　两轴：以长深高速公路主线形成快速交通轴，联系更大范围的高速公路网络；以 205 国道为城市交通轴，实现其他公路共享服务区综合体；在提高服务区车流、客流和服务效率的同时，进一步提高服务区综合体周边交通要道对车流、客流的吸引。

　　三区：依托贡川服务区绿色产业服务综合体，在西部山区形成农业休闲区，东部滨河形成娱乐体验区；依托高速道口形成贡川道口物流园区，作为全省道口经济示范点，整合运输资源发展道口经济，吸引物流企业入住。为增强道口物流示范区的地区带动和辐射能力，规划面积拓展到 200 亩。

　　一带：沿沙溪河形成与长深高速公路和 G205 国道伴行的滨河景观带，并与贡川古镇联动形成水上游线。

15.1.2　规划区内部空间结构

　　结合贡川服务区周边地区现有自然特征和发展基础，规划区内部空间结构也将形成"两轴聚一心，两区枕一带"的空间格局（图 15.2）。

　　1. **两轴：长深高速交通轴和竹林大道景观轴**

　　（1）长深高速交通轴

　　依托长深高速国家交通大动脉，发掘高速人流及车流的流量资源，成为支撑规划区发展的动力源泉。在长深高速公路主线进入规划区的南北入口设置竹制牌坊，形成规划区的入口节点标志，并以体现地域特色的竹主题跨线廊桥形成高速公路主线的对景标志（图 15.3）。

图 15.1　贡川高速公路服务区战略规划研究范围空间结构示意图

（2）竹林大道景观轴

依托服务区下穿道路向东、西两端延伸形成内部主要道路和景观轴线，向西联系石马村、向东延伸至沙溪河。以竹主题绿化进行景观打造，形成景区竹林大道景观主轴（图15.4），并串联核心区综合体及石马寻古、竹海邀月、滨河渔人码头等主要景观节点。

2. 一心：贡川高速服务区绿色产业服务综合体核心区

核心区范围西、北至现状服务区范围，东至规划道路，南至高速匝道。保留现状贡川服务区 A、B 区的既有用地范围和功能布局，并在此基础上在服务区周边拓展用地。

考虑核心区综合体及外围产业园区就业人群带来的客运交通换乘需求，利用既有建筑和场地新增客运换乘功能，实现服务区与贡川镇客运需求的无缝对接，提升服务区的共享性和运营效率。

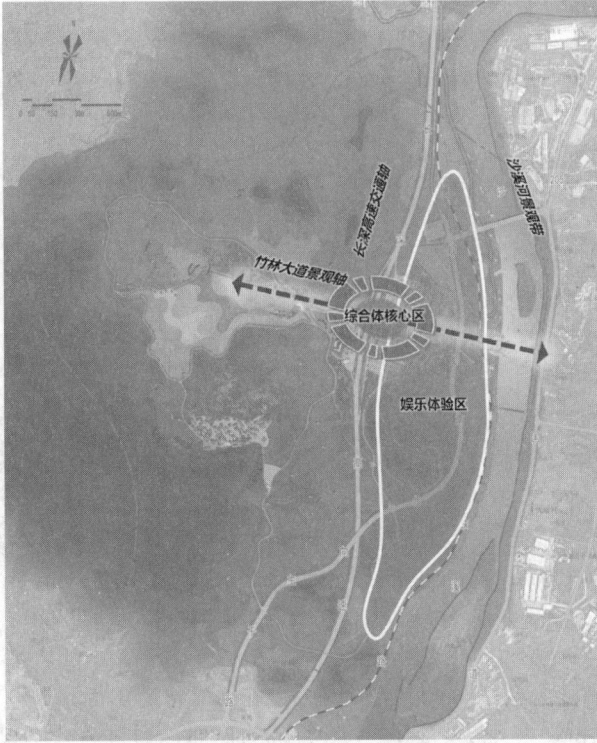

图 15.2　贡川高速公路服务区战略规划空间结构示意图

图 15.3　"两轴"详细规划图

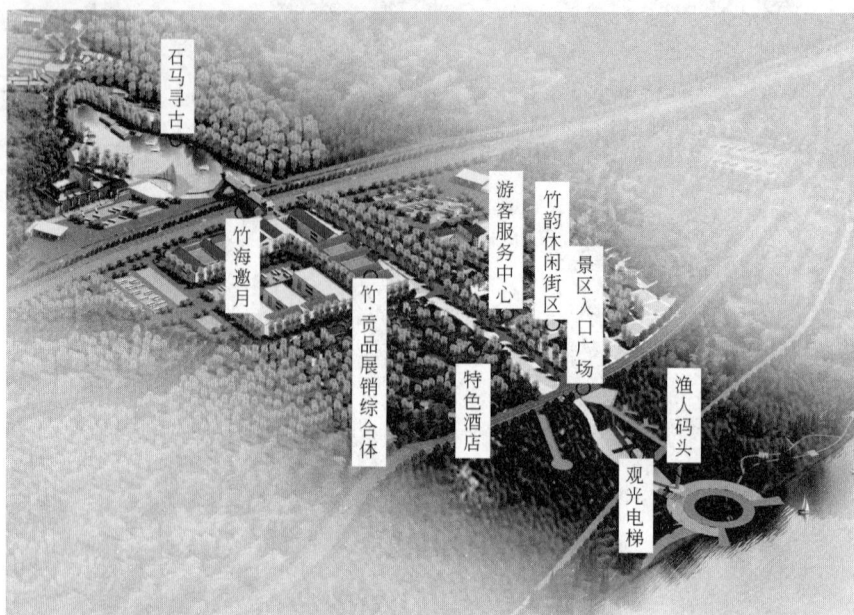

图 15.4　竹林大道效果图

　　增加主线上跨廊桥，实现 A、B 两片服务区的连通；通过收费闸口对车行出入口进行管制，实现服务区开放式运营。

　　以贡川服务区 B 区为基础，向东、向南拓展用地，新建全竹、贡品展销，会议会展综合体；并适度预留停车配载场地和物流仓储服务点，打造"零担"物流集散地。如图 15.5 和图 15.6 所示。

图 15.5　绿色产业服务综合体核心区效果图

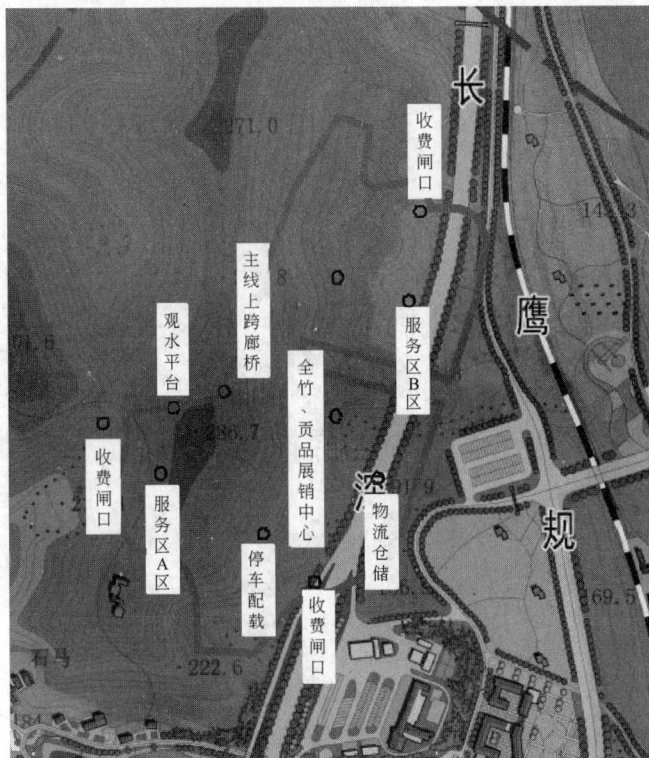

图 15.6 绿色产业服务综合体核心区详细规划图

绿色产业服务综合体依托优越的地理位置、特色的产业基础、创新的运营模式，创造一种以交通为支撑、不同于城市综合体的"产业综合体"模式，成为发挥集成、协同效应的创新产业平台，与"永安竹天下"形成错位发展和功能协作，成为面向高速公路客流货流的前沿窗口，对永安成为中国竹文化交流中心、中国竹产业重要基地、中国竹产品研发创意及交易中心具有重要推动作用。

服务区由过去相对单纯的交通停驻驿站，逐渐演变成为丰富多彩的商贸、旅游网络节点，承载越来越多的公共服务与形象展示职能。

依托贡川高速公路服务区现有发展基础，保留①停车住宿、②餐饮超市、③加油加气、④汽车修理等基本交通服务；并在此基础上提升业态、塑造特色，发展⑤汽车旅馆、⑥特色美食体验、⑦特色商品和旅游伴手礼销售等功能。

顺应"创新、协调、绿色、开放、共享"的"五位一体"发展理念，针对外围产业园区就业人群的客运交通换乘需求，利用既有建筑和场地新增⑧客运换乘站，提升服务区的共享性和运营效率；考虑电动汽车发展趋势，安排⑨电动汽车充电站设施。

加强服务区信息化建设，建设⑩智慧服务区信息服务中心。通过"云网端"的模式综合集成各类交通信息，更好地为经营管理者和公众提供免费 Wi-Fi、出行服务 APP、服务区云商城、便捷支付、高速公路通行信息发布、广告推荐系统、司乘人员对通行信息的交流互动区、用户调查问卷系统等信息服务。如图 15.7 所示。

服务区 B 区拓展区，以商贸流通业、文化休闲、会议会展、接待服务为特色；主要

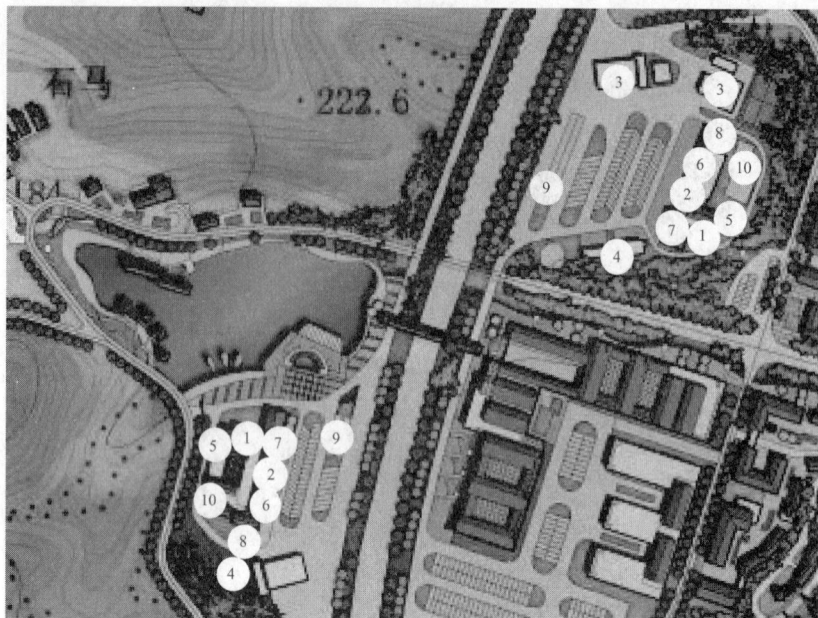

图 15.7　服务区产业提升引导图

安排全竹、贡品（贡鸡、贡笋、贡席）、特色农副产品展销，永安特色竹、贡美食体验，林博会和永安竹笋节会议会展，以及婚庆、年会、影城等文化娱乐项目。如图 15.8 和图 15.9 所示。

结合物流商贸功能，利用社会空载车辆，安排"零担"物流配载。

图 15.8　服务区 B 区拓展区示意图

图 15.9 服务区 B 区拓展区鸟瞰图

3. 两区：以古村田园风貌为特色的农业休闲区和以运动娱乐为特色的娱乐体验区

（1）农业休闲区

依托石马村、岩下村等传统村庄居民点以及丰富的林木和农业生产资源，向山地纵深拓展，安排农家乐、民宿、农业观光、茶道养生等多元功能，形成以古村、田园风貌为特色，体现恬静闲适氛围的农家旅游片区。

在现状贡川服务区 A 区北侧依托现状水塘筑堤围水，打造水上竹屋、观水平台和巨竹雕塑，重点塑造"竹"主题特色景观（图 15.10）。

图 15.10 竹海邀月效果图

（2）娱乐体验区

依托贡川服务区 B 区以及绿色综合体项目，以沙溪河为脉络拓展旅游休闲功能，形成自驾游乐、山地运动、永安美食、康体娱乐、会议婚庆、主题酒店、露营烧烤、文化创意、水上游乐等体验片区。

在竹林大道与贡川镇规划南北向主干路交叉点安排游客中心、集散演艺风情广场、主题酒店、商业休闲街区等项目，同时安排特色竹屋、自驾车营地、房车露营等设施，突出亲近山水野趣和竹文化主题。如图 15.11 所示。

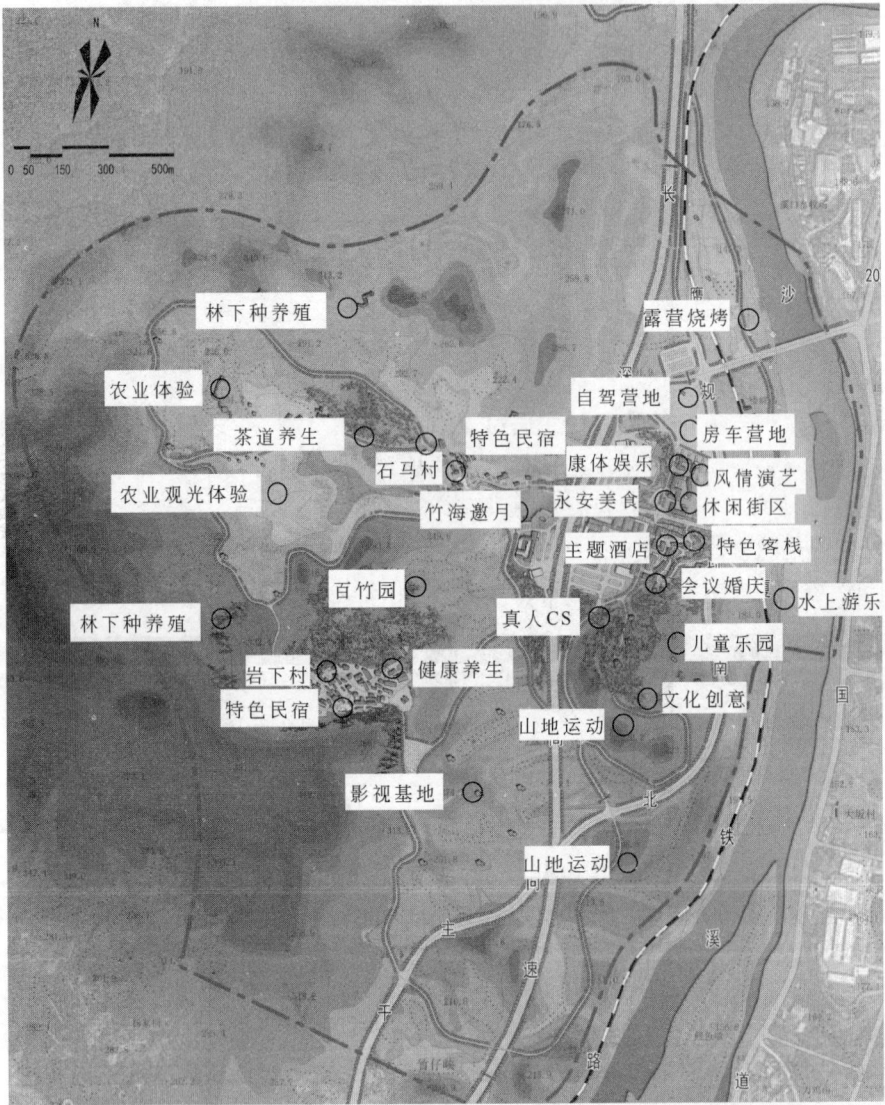

图 15.11 "两区"详细规划图

4. 一带：沙溪河景观带

沙溪河景观带衔接沙溪百里画廊建设，与贡川古镇、桃源洞、月亮湾等周边景区形成联动，开展水上观光等旅游服务功能（图 15.12）。

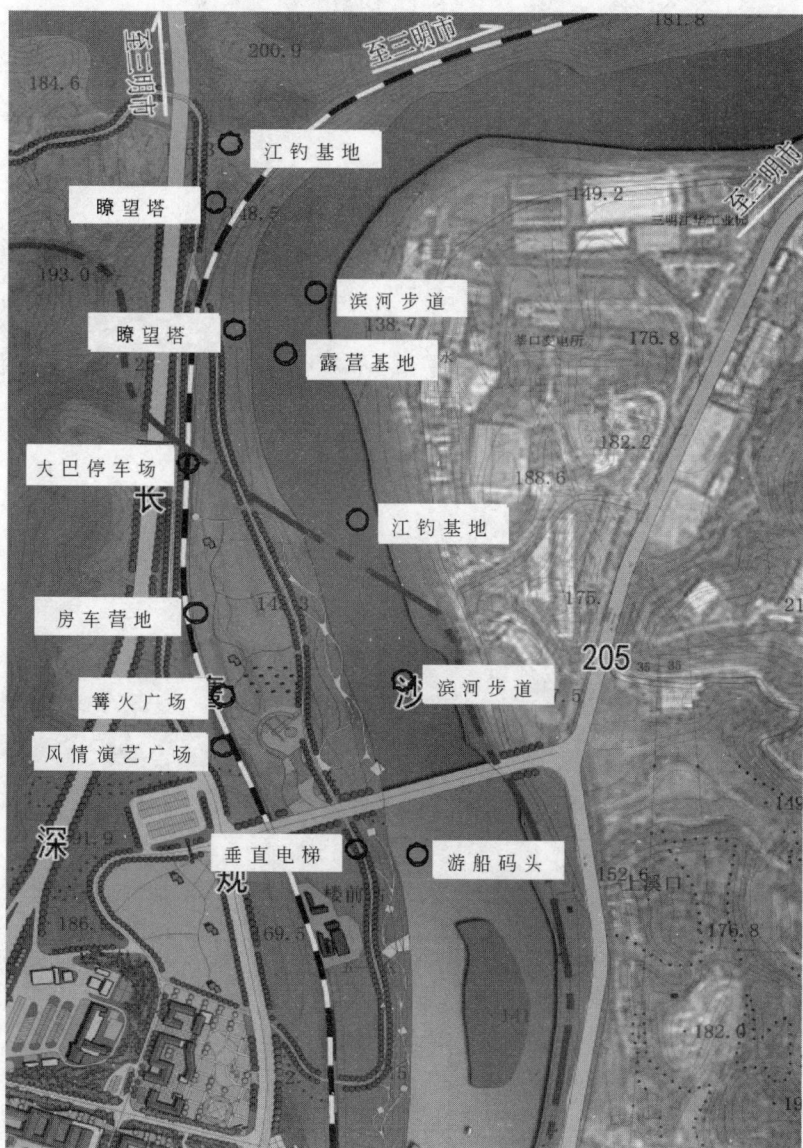

图 15.12 沙溪河景观带详细规划图

结合沙溪滨河绿化景观和滨河步道的打造，安排垂钓、烧烤、露营等户外休闲活动，提升地区整体活力（图 15.13）。

图 15.13　沙溪河景观带示意图

15.2　服务综合体

　　服务区形成交通、游览、住宿、餐饮、购物、文娱为一体的绿色综合体（图 15.14）。其核心区为高速公路服务区，拓展区为沿道路步距 500m 范围内。东至沙溪河，西至石马村，北至沙溪桥，南至山北麓。共 75 公顷用地。

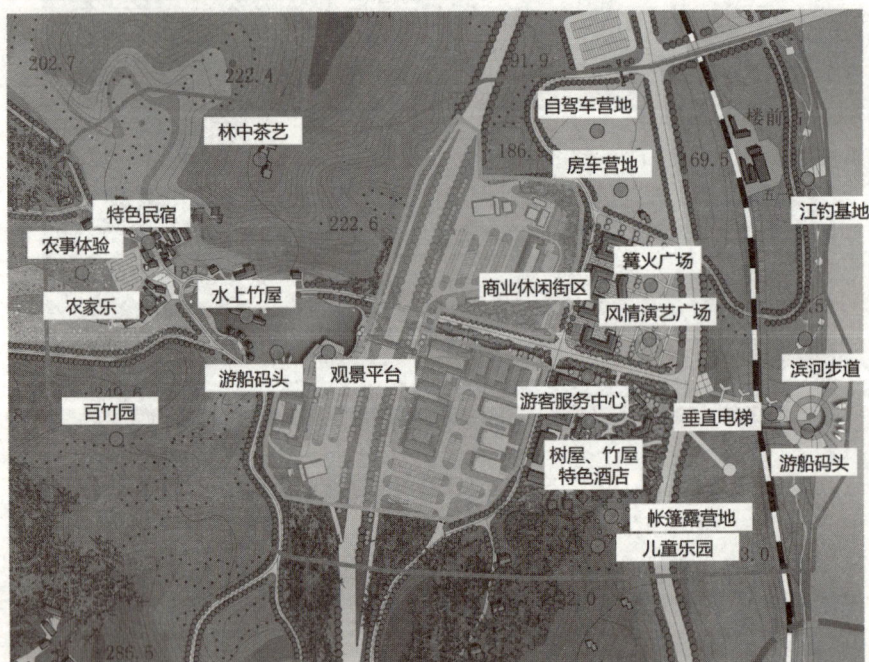

图 15.14　贡川高速公路服务区服务综合体主要项目布置示意图

15.3　土地利用规划

　　规划区用地范围以贡川服务区为核心，东至沙溪河，西至石马村及周边山体，南至岩下村以南 3km 处，北至楼源村，规划区用地面积约 5.21km²。

　　规划城市建设用地主要包括商业服务业用地、物流仓储用地、道路交通用地以及绿地与广场用地。城市建设用地依托现状服务区，沿竹林大道向南、向东拓展，形成绿色产业服务综合体。其他用地主要包括公路用地、铁路用地、村庄居民点建设用地、水域、山林用地等（图 15.15），各部分用地面积如表 15.1 所示。

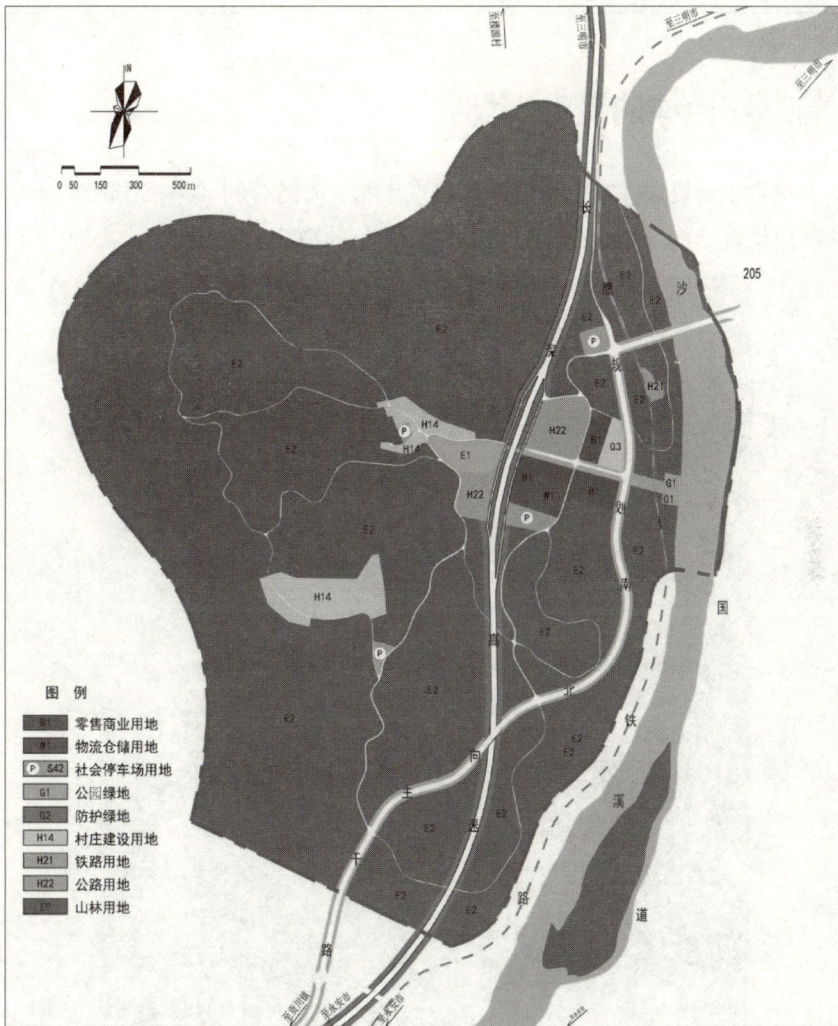

图 15.15　用地规划图

规划用地汇总表　　　　　　　　　　　　　　　表 15.1

用地性质	用地面积(公顷)	占总用地比例(%)
商业服务业用地	5.88	1.13
物流仓储用地	1.61	0.31
道路交通用地	18.72	3.59
村庄居民点建设用地	10.53	2.02
铁路用地	1.81	0.35
公路用地	14.39	2.76
绿地与广场用地	20.75	3.98
水域	24.74	4.75
山林用地	422.64	81.11
共计	521.07	100.00

15.4 "竹"特色绿地景观规划

规划区打造竹主题景观体系，空间上形成点、线、面结合的"一核、两带、四园、多点、全基底"的绿地景观结构，展现全国唯一"竹"特色的高速公路服务区。如图 15.16 所示。

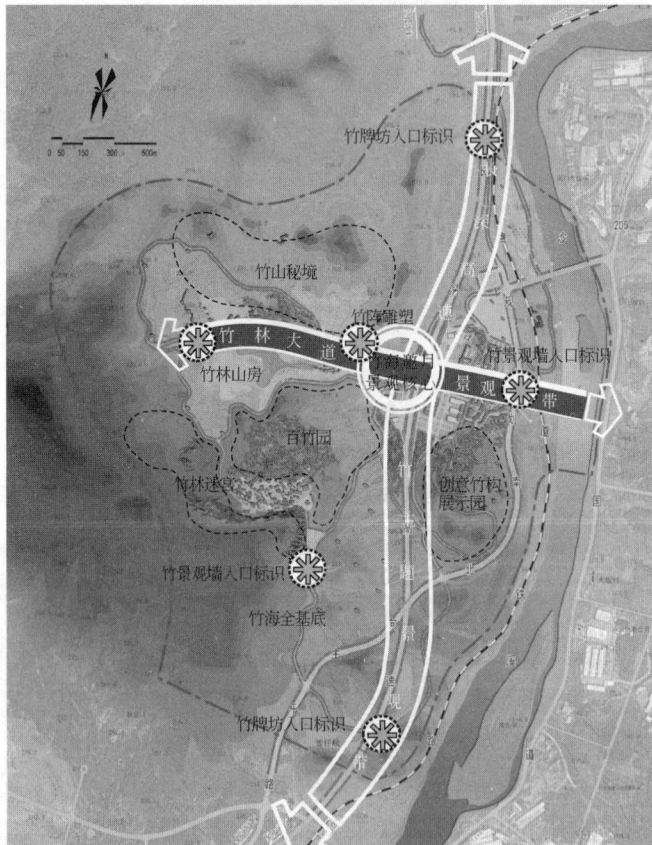

图 15.16　绿地景观规划图

1. 一核

以长深高速与竹林大道相交处的竹海邀月为核心竹景观节点，也是整个区域的核心景区。主要由竹建筑景观、仿"会清桥"跨线廊桥、水上竹屋、亲水竹平台、竹雕塑等景观要素构成。

景观主题：竹海邀月、凌波竹屋、竹阵旋律、跨线廊桥、竹屋酒店、竹街区。

设计重点：利用现状低洼地，截流蓄水，在服务区 A 区北侧形成月牙状水面，有如明月降入竹海凡尘，故称竹海邀月。月牙湖上零星散布几处凌波竹屋，作为特色餐饮，同时丰富了滨水岸线；竹屋采用花格竹窗、竹栏杆、竹坊、竹帘等竹元素，充分凸显地域特色。水面南岸为滨水竹主题广场，其中布置竹阵雕塑，成为由高速进入景区的标识性景观；竹阵由仿竹节的金属材质制成，围绕圆形广场，形成有音乐韵律感的立体形态。跨越服务 A、B 两区的人行跨线桥，拓扑贡川古桥会清桥的形制，运用现代建筑材料，屋顶为仿竹顶，色彩轻快，削弱了巨大的体量感。在服务区 B 区，规划竹屋特色酒店和竹商业街区，形成竹林小镇特色景观，全面展示三明市的竹文化。

2. 两带

南北向长深高速侧分带与中分带以及东西向串联主景区的竹林大道，均以竹为主题配置道路绿化，形成独具特色的竹主题景观林荫带。

景观主题：竹荫大道、竹林深深。

设计重点：沿长深高速两侧与中分带种植竹子为主体植被，中分带选择低矮品种，两侧行道竹可选用颀长高挺的品种，如毛竹。《夏竹青》中用这样的诗句来形容竹子"七月仲夏日炎炎，夏竹苍翠尽开颜，绿竹遮阴行人爽，谦谦君子赠清风"，规划中的长深高速竹荫大道为驾车的过客提供了清凉碧绿的行车环境，竹林大道为游客车辆与行人打造绿竹遮阴的游览环境。在竹林大道上设置竹文化科普宣教景观长廊，进行竹文化的宣传教育。

3. 四园

规划四处竹主题游园，分别为竹山秘境、竹林迷宫、百竹园、创意竹构展示园。竹山秘境主要种植较为高大的竹品种，游览主题为山野探险；竹林迷宫为以竹林搭建的趣味迷宫；百竹园遍植竹子种类百余种，增加科普游览内容，是竹子的博览园；创意竹构展示园中鼓励中外竹艺术家在这里举办竹构艺术展览，提升整个景区的文化品质。

景观主题：竹山秘境、百竹园、竹林迷宫、创意竹构展示园。

设计重点：通过不同的空间处理手法，形成四个不同体验的竹主题游园。"竹山秘境"以原生环境为主，在保证安全的前提下，保持自然步道等攀登路径，主要提供游客野外生存的仿真环境。"百竹园"收集有福建、广东、广西、海南以及东南亚热带国家的竹类，内部规划各类展示园，人工台地与步道分隔相连，摆放科普展示牌介绍竹子品种，打造竹子博览专类园。竹林迷宫中设置林中小屋、空中栈道等设施，为喜爱探险的游客提供趣味性游览竹林。创意竹构展示园主要形式为竹林环绕的绿地，可定期举办竹构雕塑展，并可邀请海内外知名艺术家来参加，提高整个景区的文化品质。

4. 多点

两带串联竹林山房、竹林深深、入口竹牌坊等主要竹景观节点；景区内散布异步异境的次要竹景观节点，主要为竹景观小品等。

景观主题：入口竹主题景观标识（竹牌坊、竹景墙）、竹主题主要景点（竹林山房、竹林深深）、竹文化风情演绎广场。

设计重点：在景区主要入口、重要节点处布置竹主题景观。长深高速南北两端进入景区的位置放置竹牌坊，悬挂 LED 显示屏，显示"贡川服务区欢迎您"字样，以及高速路行驶注意事项。在竹林大道东侧景区入口处的绿地内，放置由竹子密排的山墙状片墙组合竹塑，上书"贡川服务区"字样。竹林大道西端规划竹林山房景点，设计一组全竹建造的特色建筑，作为农耕文化展示、农事体验等活动的场所。除了主要竹景观节点，在景区内的各休憩空间与展示空间，都摆放以竹为主要构成的景观小品，如竹座椅、竹亭、竹篱笆、竹景灯等。在竹韵休闲街区东边安排竹文化风情演绎广场，使游客能够充分感受到竹文化遍布整个贡川服务区景区。

5. 全基底

规划区内遍植漫无边际的竹林，四周青山环抱，形成"竹海"生态基底。在翠竹林中呼吸带有竹叶香气的清新空气，似如轻舟在翠竹掩映的海面荡漾。

景观主题：茫茫竹海，悠悠自然。

设计重点：漫山遍植竹子，万亩翠竹随山势起伏，好似波涛翻滚，绵流不绝。竹海茫茫，无边无际，重重叠叠的翠绿依山就坡，春风徐来，形成一层层铺景叠翠的波浪。自然成画，夏日当空，绿影铺地，秋雨飘洒，冬雪初霁。以翠竹海洋为景观基底，展开引人入胜的竹景区画卷。

第16章 交通组织规划

16.1 区域交通衔接

建设与"贡川服务区＋"绿色产业服务综合体的发展结构、功能布局规划相适应的交通体系。加强对外交通建设，提高与贡川镇、永安市等周边重要地区及工业园区的联系；加强服务区综合体内部设施的布局协调与衔接方式；加强内部各片区之间的交通联系。如图16.1所示。

图16.1 区域交通衔接示意图

往三明城区和永安城区：依托长深高速 G25 主线（通过贡川服务区）和依托镇区主干路向东接国道 G205（南接贡川服务区）这两条干线，向北、向南可便捷联系三明城区和永安城区。

往其他城镇：通过镇区主干路向西、向东分别联系西部、东部快速通道，可快速联系岩前镇、大湖镇、莘口镇等各城镇。

水运：依托沙溪河水运系统，发展水上运输、观光项目。

铁路：依托鹰厦铁路，发挥公路铁路联运的项目。

16.2　对外交通规划

依托北部贡川服务区和南部高速服务区现有的交通优势与建设条件，结合服务区绿色产业服务综合体以及道口物流园未来的发展需求，本次规划中以服务区和互通道口为节点，联动周边工业、物流和旅游业发展，构建集公路、水运于一体的对外交通体系，体现创新、协调、共享的发展理念。如图 16.2 所示。

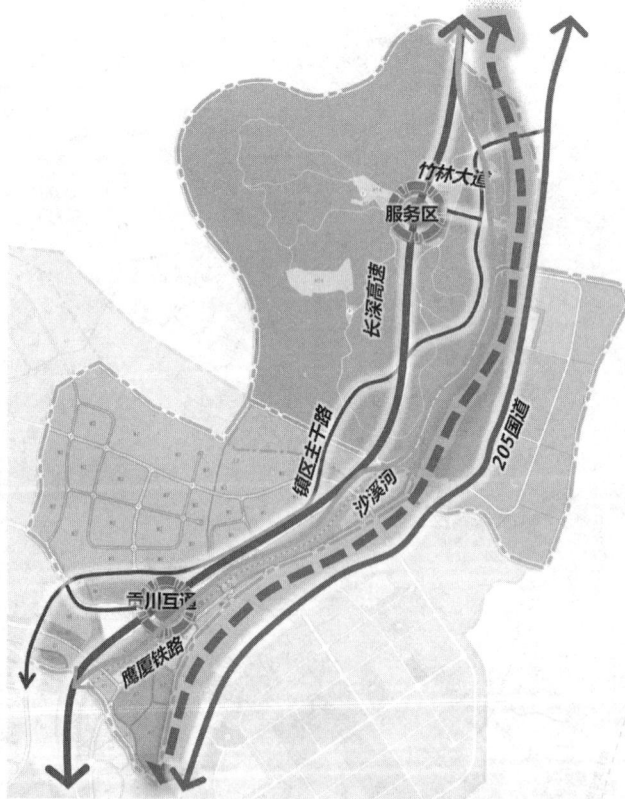

图 16.2　对外交通规划图

公路：长深高速 G25 与国道 G205 南北线横穿本次规划范围。长深高速作为穿越规划区内的大动脉快速通道，为规划区带来高速的车流、人流，是服务区发展动脉和客流的主要来源；同时通过贡川高速互通口与周边地区加强联系。

强化服务区吸引周边交通要道对车流、客流的吸引，结合国道 G205 的走线与位置，在规划区范围内布局 24m 宽南北向主干道（205 复线）跨越沙溪河，实现大客流快速连接至 G205 国道，同时为贡川服务区提供非高速客源，做到与其他公路共享服务区，从而提升服务区的服务范围。

水运：沙溪河位于贡川服务区的西侧，南北向穿越规划范围。结合规划结构中沿沙溪河景观带的建设，发展沙溪河水运系统，发展水上运输、观光等项目，与公路系统共同形成多层次的运输体系，提升贡川服务区的服务效率。

铁路：鹰厦铁路位于贡川服务区西侧，沿沙溪河南北向穿越规划范围，且留有班道口。结合服务区仓储运输的功能，发展铁路、公路联运项目，与水运一起形成综合联运的运输体系，发展不同运输方式的优势。

16.3 内部交通规划

16.3.1 道路交通规划

路网系统：规划区内部道路系统与主题功能分区相契合，形成"西侧半环、东侧十字"的景区主路系统，并依托景区主路串联各个景点形成景区次路系统（图 16.3）。内部主次道路红线宽度分别为 7m 和 5m。规划区内部主干道竹林大道东西向下穿长深高速，红线宽度 14m；与镇区主干路相接，实现内外交通的衔接。

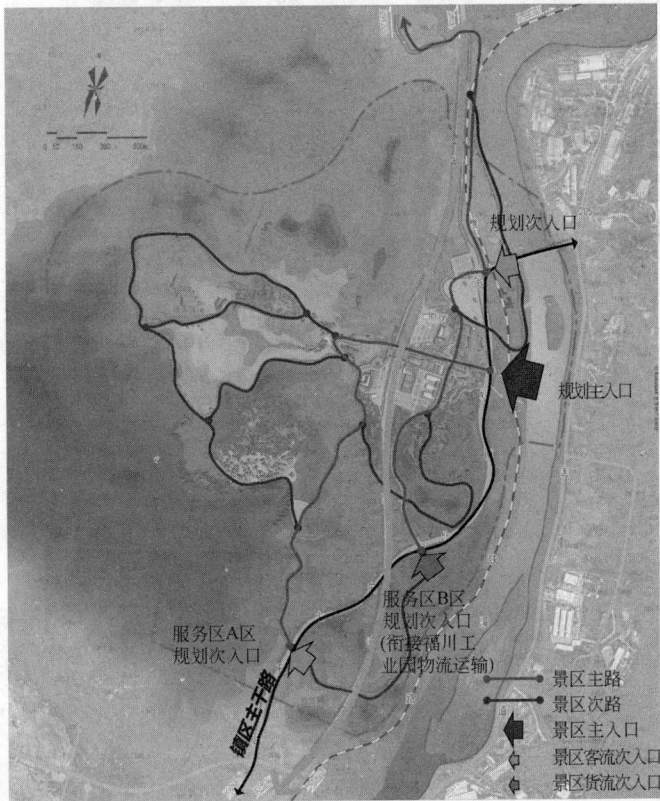

图 16.3　景区道路交通规划图

出入口设置： 在景区主路与镇区主干路衔接处，设置"一主三次"共四个对外出入口。主要景区出入口设置于竹林大道东段。结合游客服务中心、特色酒店和商业休闲街区等功能设置在贡川服务区 B 区东侧；贡川服务区 A、B 两区根据依托主干路与对外南北向规划主干路衔接处各设置一个次要出入口，方便车辆的出入；考虑铁路运输楼前站站点的位置及未来跨沙溪河大桥的建设，在主要出入口北侧设置次要出入口，兼具货物运输功能。

16.3.2 交通设施规划

景区内部交通工具以步行、电动车、自行车为主，机动车存放于指定停车场位置；非高速客源与高速客源车辆分开独立停放，避免对服务区基本功能的干扰，同时便于管理（图 16.4）。

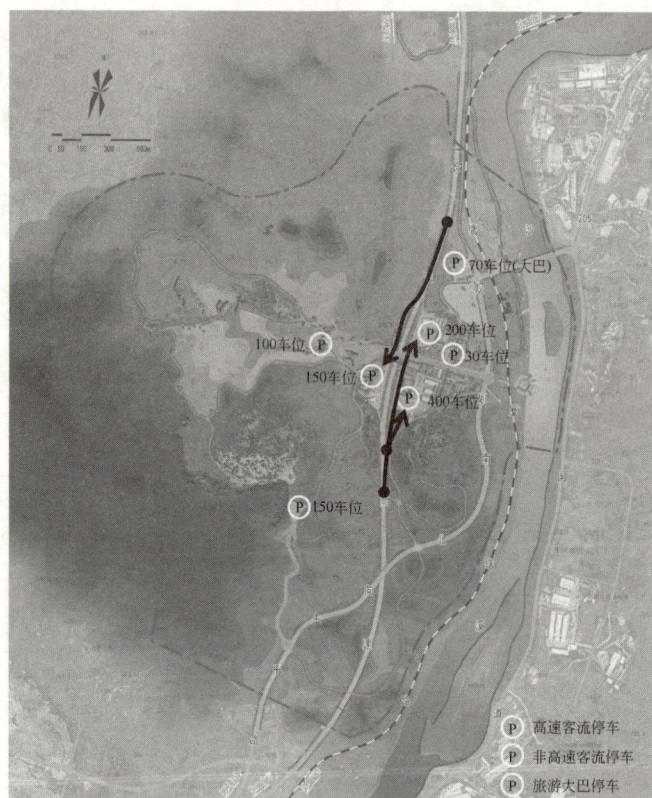

图 16.4 景区静态交通规划图

高速客流停车： 依托既有贡川服务区 A、B 区域停车场，标准车停车位约 350 个。承担高速公路来向游客车流。节假日等客流高峰时期可利用石马村、绿色产业服务综合体等邻近高速公路的非高速客流停车场临时停车。

非高速客流停车： 在服务区周边石马村、岩下村、综合体及休闲街区等核心功能区设置景区独立停车场，标准停车位分别 100 个、150 个和 400 个。普通公路来向的游客，通过景区南侧入口停车场停车换乘后到达不同功能区；景区内部以非机动交通为主，减少机动交通对自然生态环境的影响。

旅游大巴停车：在镇区主干路与国道 G205 相接地区安排旅游大巴停车场，大巴车停车位约 70 个。乘坐大巴抵达的游客经非高速客流停车点下车换乘，旅游大巴下客后沿镇区主干路便捷抵达专用停车场停放。

16.3.3　营地

自驾车营地：依托景区北部次入口和镇区主干路等交通条件，安排自驾车营地；避免大量的自驾车长距离穿行景区。

房车露营地：结合竹韵休闲街区、游客中心等旅游服务设施和篝火风情广场，安排房车露营地，便于依托集中建设地区统筹安排停车、用水、防灾等配套设施。

帐篷露营地：依托竹林景观和竹屋、树屋以及特色酒店接待设施，安排竹林帐篷露营地，提供多样化的旅游休闲和接待设施。

如图 16.5～图 16.8 所示。

图 16.5　景区汽车营地规划图

图 16.6　自驾车营地示意图

图 16.7　房车露营地示意图

图 16.8　帐篷露营地示意图

16.4　服务区交通组织

16.4.1　服务区封闭方案

服务区封闭圈层：适度扩大服务区封闭范围，以贡川服务区 A、B 两区为核心，其 500m 步距范围内划定为管制封闭范围。高速公路来向车辆不出管制圈，核心区范围内，来往车辆可停车在 A 区或 B 区，人行通过廊桥前往核心区各目的地。如图 16.9 所示。

"一卡通"收费模式：在核心区外围，借助智慧 APP 服务区系统，设立一套"一卡通"的收费模式，对出入服务区封闭圈层的车辆进行管理，车辆可通过收费口，出高速路；前往目的地或往三明、永安各地。普通公路来向的车辆，亦可通过收费口进入高速公路管制圈，进入高速路。

高速公路管制圈共设置三个车辆进出收费口，其中贡川服务区 A 区、贡川服务区 B 区、贡·竹综合体三处各设置一个收费口。

16.4.2　服务区上下行联系方案

服务区内采用人车分流的模式，避免互相干扰。A、B 两区相对独立，车行道路通过地下通道相连；步行系统通过高速路上跨廊桥连通，游人可以通过跨线廊桥步行至两侧服务区，前往核心区各目的地。如图 16.10 所示。

16.4.3　应急交通组织

服务区 A、B 区相对独立，遇特殊情况，如车辆严重积压，则通过地下通道疏散到另一侧。如图 16.11 所示。

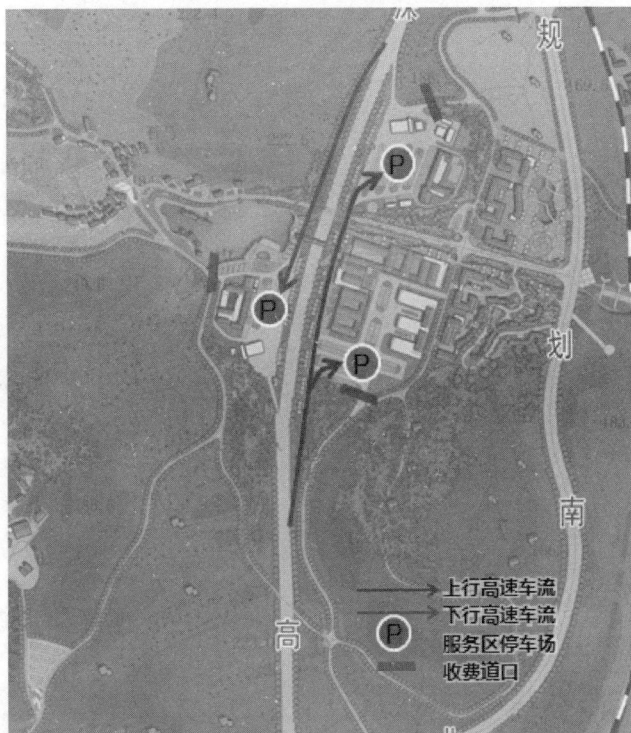

图 16.9　服务区封闭管理示意图

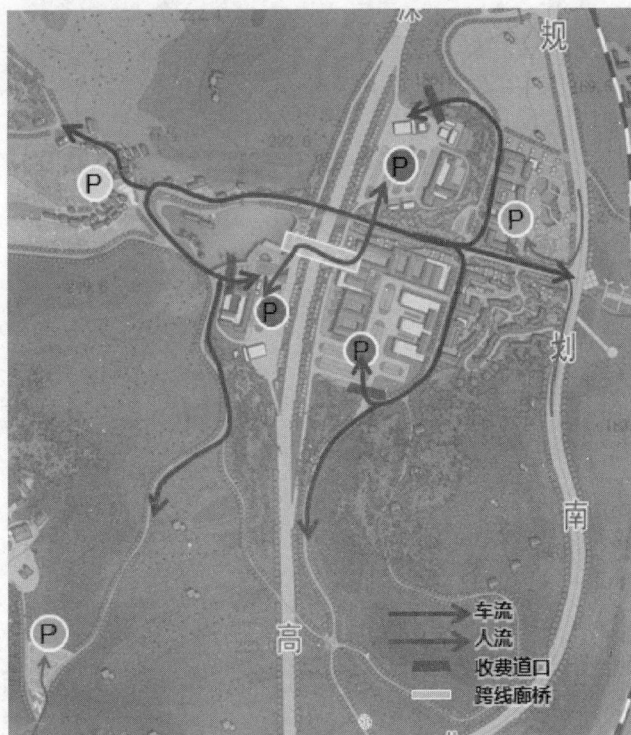

图 16.10　服务区上下行联系示意图

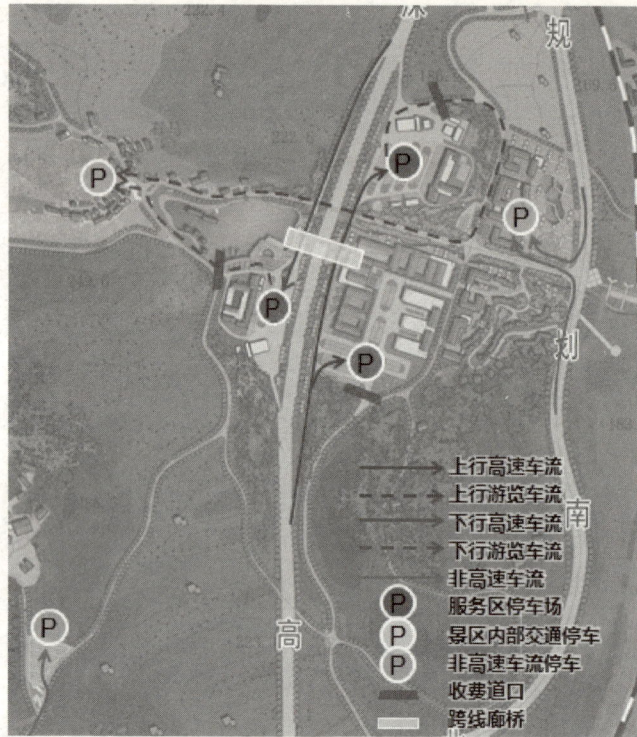

图 16.11　服务区内部交通组织示意图

第17章 产业引导

17.1 产业现状分析

17.1.1 产业区位

贡川服务区地处海西三明生态工贸区规划范围内，位于三沙永城市和产业发展主轴带上，处于三明至永安段的中心节点位置和三明经济开发区贡川产业园辐射范围内，服务区南侧紧邻贡川福川工业园，有良好的产业发展区位和基础（图17.1）。

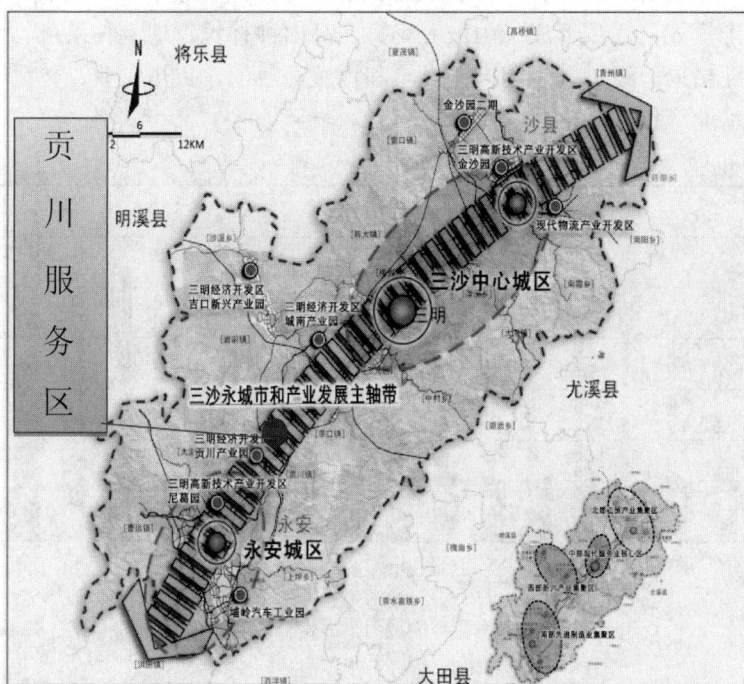

图17.1 海西三明生态工贸区规划图

（图片来源：《海西三明生态工贸区规划》）

17.1.2 产业概况

2015年三明市产业结构为14.7：51.1：34.2；永安市产业结构为8.9：58.2：32.9，贡川镇第一产业和第二产业之比为1：18.24，镇域范围内第二产业发展明显快于第一产业，第一产业发展较为薄弱，亟需加强。如图17.2所示。

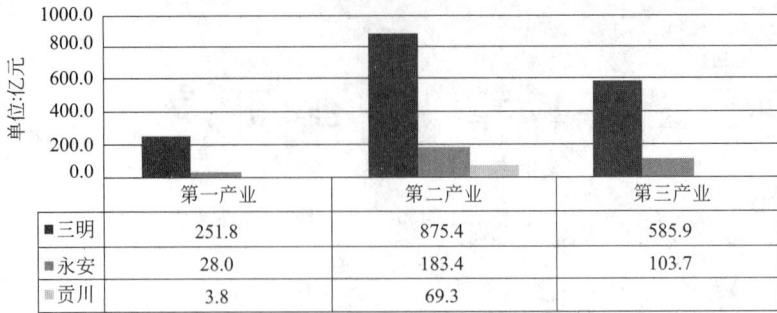

图 17.2　2015 年产业发展现状

单位:亿元	第一产业	第二产业	第三产业
■三明	251.8	875.4	585.9
▨永安	28.0	183.4	103.7
▦贡川	3.8	69.3	

图 17.2　2015 年产业发展现状

1. 第一产业

三明第一产业发展以高优粮食、绿色林业、精致园艺、生态养殖、现代烟草为主，目前农业产值已突破 1000 亿元。

永安第一产业发展以笋竹、蔬菜、水果、茶叶、烤烟、畜牧、农产品加工为主。

贡川第一产业发展以禽畜、笋竹、果蔬、水产为特色，近年来通过推行"公司＋农户＋基地"的生产模式，逐步形成了山坡养鸡禽、高山种林竹、地上种果蔬、水面搞养殖的多元化农业产业格局。经过多年的产业发展和调整，目前，贡川农业、林业、牧业发展情况较为均衡，渔业产值相对落后（图 17.3）。

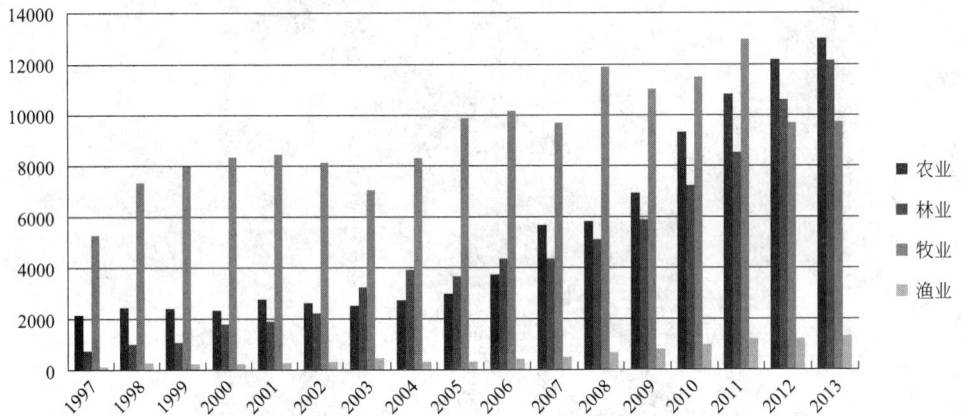

图 17.3　贡川镇 1997～2013 年农林牧渔业产值情况

2. 第二产业

三明第二产业发展以汽车及机械装备、冶金及压延、林产加工、纺织为主导产业，以生物医药及生物、新材料、新能源、节能环保为新兴产业，目前产值突破 2000 亿元。

永安第二产业发展以汽车制造、输变电高端装备制造、新材料生产、水泥产业、竹产业、纺织产业等为主。

贡川第二产业发展以轻纺工业为主，涉及纺织、染整、造纸、食品加工、化工、机械制造等行业，目前产业发展主要以福川（含水东）工业园为依托。

从贡川镇的乡镇企业发展情况看，总产值和年末职工人数逐年攀升，但增加值在近五年出现回落，且企业个数在 2007 年左右也出现了大幅下降（图 17.4）。总体来看，第二产业发展目前并无突出优势和后劲，亟待寻找突破口和发展引擎。

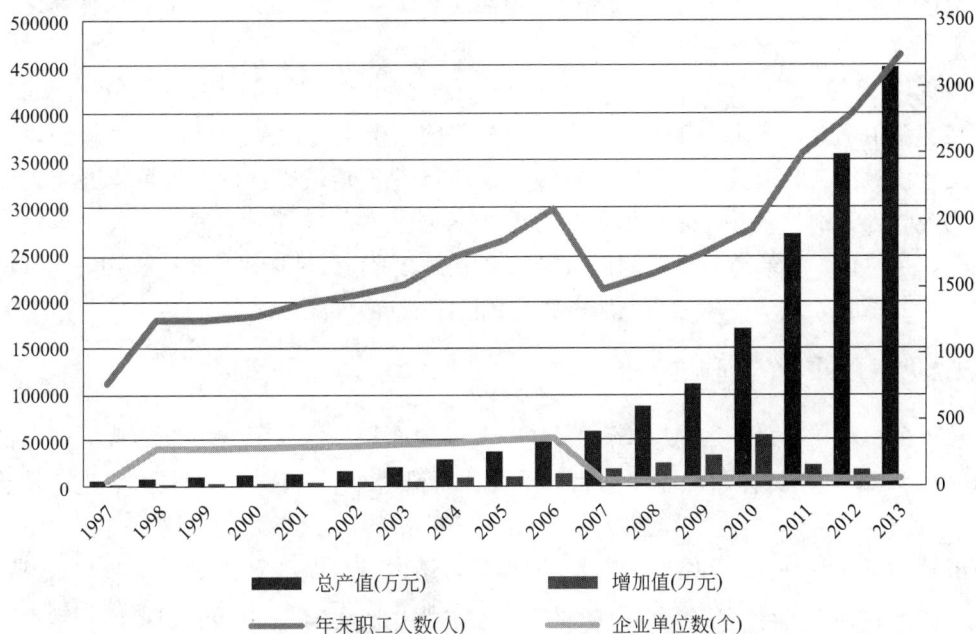

图 17.4 贡川镇 1997～2013 年乡镇企业基本情况

3. 第三产业

三明第三产业包括物流、金融、创意、外包；健康养老、商贸流通、家庭服务；生态文化旅游等，规划到 2020 年，实现旅游经济总收入 15 亿元。

永安第三产业发展以金融服务、电子商务、旅游为主。2013 年永安获"中国电子商务发展百强县"称号，2015 年电子商务年交易总额超过 10 亿元；2014 年永安旅游接待人数 336.68 万人（次），旅游总收入 19.02 亿元，整个"十二五"期间永安旅游人次和旅游收入年均增长 18％以上。

贡川第三产业以农副产品市场营销、旅游为主，旅游业主要以贡川古镇为依托。

4. 小结

从三明至贡川的产业区域层次分析可以看出，贡川服务区周边地区有良好的第一产业发展资源，但第一产业发展现状仍较为薄弱，上升空间较大；其次若以周边资源为依托，规划区内旅游业及相关电子商务发展潜力巨大。

17.2 产业发展基础

17.2.1 市场基础

1. 交通流量

四车道高速公路一般能适应按各种汽车折合成小客车的远景设计年限，年平均昼夜交通量为 25000～55000 辆。2015 年贡川服务区所在路段的日均断面流量折算值为 12421 辆次。根据 2012～2015 年贡川服务区所在区间日均断面流量增长情况，预计未来每年断面流量增速为 10%，双向日均断面流量折算值能达到 15000 辆次/天。因此，长深高速该路段未来有较大的提升发展空间。

2. 客源市场

在客源市场上，未来 5 年内，全省高速公路国土密度将达到 5.68km/100km²，各设区市间 4 小时经济圈形成，群众收入提高（2015 年永安市城镇居民人均可支配收入和农村人均纯收入分别为 28534 元和 13869 元），消费能力增强。城际之间大量往来车辆、司乘人员、自由行、自驾游、旅行团以及关联性企业、所在区域居民、政府机构等，都将成为"高速公路服务区＋"绿色产业服务综合体的消费群体。

17.2.2　贡川产业发展基础

贡川全镇森林覆盖率达 74.3%，森林资源呈现面积和面积量双增长的势头；木材蓄积量 794278m³，用材林面积 4.3 万亩，毛竹林面积达 6.8 万亩，蓄积量大、生产效益突出，是三明市十佳毛竹乡镇；同时，贡川还是三明市 30 个重点工业乡镇之一和"中国贡鸡第一镇"。目前，贡川镇年出栏贡鸡 530 万只，销售遍及福建全省及上海、广东、浙江、湖南、河南等地，年可创值 6000 多万元；果蔬业总面积达 6200 亩，亩产值达到 1.1 万元以上；植树造林 3780 亩，全镇生产毛竹 110 万根，笋干 890 吨，鲜笋 5000 吨。由此可以看出，贡川具有产业发展的良好市场基础和资源基础。

17.2.3　永安产业发展基础

永安全市笋竹两用林面积稳定在 102 万亩，其中建设高效笋竹两用林示范基地 10 万亩，辐射带动 60 万亩；以生态竹林为主的竹林生态经营区 20 万亩，主要发展笋制品加工和竹产品深加工；从旅游业看，贡川古镇、桃源洞、鳞隐石林、天宝岩、山地自行车公园、竹天下等服务区周边景点近五年旅客人次为 1596.35 万人次、平均停留时间为 1 天、主要游客客源地以本省为主，江西、上海、广东约占 20%～30%。

此外，永安"126"战略也对产业发展指明了方向和重点，主要体现在"森林永安"、"健康永安"的建设和"永安竹天下"的打造各方面，具体是：森林永安——林业发展向侧重于生态转变；做大竹产业基地，发展林下经济，培育智慧林业发展新模式，实现"把山当田耕"到"把山当园养"的转变；健康永安——打造"健康永安"生态福地品牌，以健康管理中心为平台和医疗服务网络为依托，融合发展医疗服务、健康保健、养老康复、健康体育、休闲旅游等系列健康产业；永安竹天下——推动竹第一、第二、第三产业融合发展，建设国家竹产业科技示范园区，依托竹具设计大赛、竹工艺品创作大赛提升竹产业创新能力，打造竹集成材、竹家具制造及竹具产品研发基地。"126"战略将进一步促进永安产业经济的快速发展。

17.2.4　文化旅游资源

三明、永安、贡川的文化旅游资源如表 17.1 所示。

文化旅游资源　　　　　　　　　　　　　　　　　　　　　表 17.1

	物质文化资源	非物质文化资源	旅游资源
三明	• 全国重点文物保护单位 10 处,省级文物保护单位 76 处; • 国家级历史文化名镇"宁化石壁"; • 中国历史文化名村尤溪桂峰、清流赖坊、泰宁大源、将乐良地、明溪御帘、三元忠山,尤溪桂峰村等 16 个村落被列入中国传统村落名录	• 永安大腔戏、泰宁梅林戏、大田板灯笼、将乐竹纸制作技艺、宁化石壁客家祖地祭祖习俗等 5 个国家级非物质文化遗产; • 古砚制作、客家山歌等 31 个省级非物质文化遗产	• 有泰宁水上丹霞、永安桃源胜景、将乐玉华古洞、宁化客家祖地和沙县风味小吃等; • 全域分为西部山水客家观光度假旅游区、中部沙溪滨河城市休闲区和东部书香茶园文化体验旅游区
永安	• 历史文化名乡吉山古村、安贞堡等国家重点文物保护单位; • 永宁桥古戏台、文庙、吉山村刘氏宗祠等省市级文物保护单位	• 大腔戏、古琴、龙角舞、"唱花"、划龙舟、抬烛桥、木偶戏、舞狮(打黑狮)、迎龙灯、竹竿舞等	• "三区一中心",包括桃源洞—鳞隐石林、槐南安贞堡、天宝岩、甘乳岩、九龙湖、普禅山等
贡川	• 古城墙、会清桥、笋帮公栈、李宝焌故居 4 个省级文物保护单位; • 陈氏大宗祠、正顺庙、古井、张若谷墓、福兴桥 5 个市级文物保护单位	• 贡川草席、放河灯、舞龙、抬戏、花灯、划龙舟、春秋祭祖、"迎百神"、"送瘟神"春秋祭祖等	• 贡川古镇

17.3　地方产业联动

依托长深高速巨大的车流、人流、物流,贡川高速服务区充分发挥其平台效应和窗口效应,拉动地方经济。根据其周边产业现状和发展基础,规划重点发展农副产品、竹、物流、旅游、会议会展五大产业。

17.3.1　农副产品产业链

以周边区域农副产品资源为基础,发展集"种养—展销—食用"于一体的农副产品产业链。发展重点是贡鸡、果蔬和竹笋 3 条链。其中核心圈和贡川镇以农副产品展销为主,打造贡川美食一条街,建设中国贡鸡交易市场,并举办贡川美食节、中国贡鸡交易节等活动。示范圈产业项目以主题餐厅、果蔬采摘园、田园风光、四季花海、五彩梯田观光、贡鸡鸡舍体验、农耕活动体验等为主。同时,为扩大影响范围,配合服务区农副产品产业链的发展,福川工业园和辐射圈可引进贡鸡、果蔬等产品深加工项目,延伸农副产品产业链,促进服务区与产业园的高效互动。如图 17.5 和图 17.6 所示。

17.3.2　全竹产业链

以区域内丰富的毛竹资源与竹产业为发展基础,在永安市"126"发展战略——打造"竹产业"基地的有力带动下,形成全竹产业链,拓展"竹产品＋贡产品＋文化创意"的创新产业结合形式,生产如竹具、竹景观小品、竹乐、贡系列伴手礼、竹系列文创品、竹旅游商品等产品。在核心圈,布置竹产品展销、竹笋美食体验等功能;在示范圈,设置主题餐厅、毛边纸生产工艺体验、竹笋挖掘活动体验、笋竹产品制作体验、竹产品生产参观、竹业生产的传统劳作参与、竹林迷宫体验、百竹园观光、竹科普教育、竹元素景观小品、建筑、基础设施等项目。与此同时,竹产品展销要配合永安竹产业的发展和研发成果,并在邻近的福川工业园和辐射圈内其他产业园大力发展竹产业相关项目,形成全竹从

图 17.5　农副产品产业链

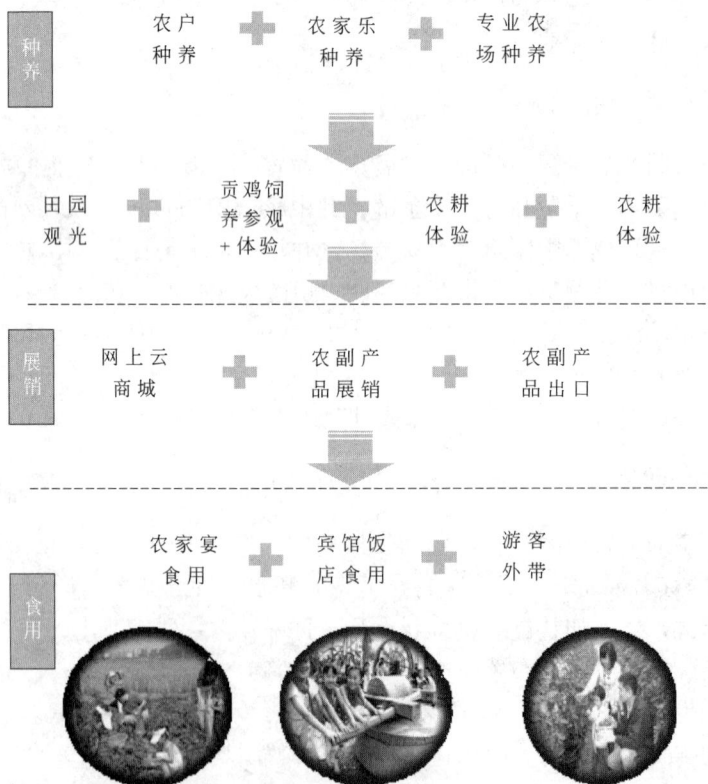

图 17.6　农副产品产业链发展示意图

上游到下游的完整产业链。如图 17.7 和图 17.8 所示。

图 17.7 全竹产业链

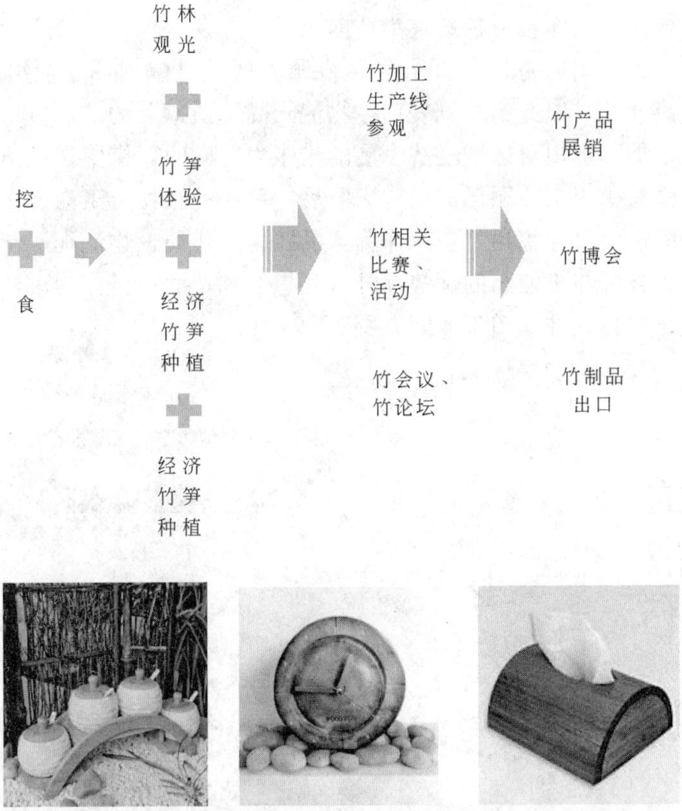

图 17.8 全竹产业链发展示意图

在更大范围内,服务区作为地区的窗口,通过服务区的竹产业的展示,让高速往来的巨大人流迅速了解永安强大的全竹产业能级,扩大永安全竹产业的知名度,为地区全竹产业发展起到触媒效应。

17.3.3 物流配送产业链

1. 物流业发展优势

在此发展物流业的优势主要有三点:紧邻长深高速 G25 和国道 205;有贡川的产业资源与基础;有福川工业园区互为依托,通过加强与工业园区的互动联系,为企业提供一体化的物流服务,可加快工业园与贡川镇"贡字牌"产品的对外流通。

2. 道口经济+前店后厂

道口是当地生活资料、生产资料快速集散区域。道口经济是依托道口优越的交通条件而兴起的经济区域,"物流+道口"的"道口经济"能迅速拉动地方经济,是当今经济发展的必然趋势。

"前店后厂"是珠江三角洲地区与港澳地区经济合作中地域分工与合作的独特模式。其中"前店"指港澳地区,"后厂"指珠江三角洲地区。港澳地区利用海外贸易窗口优势,承接海外订单,从事制造和开发新产品、新工艺,供应原材料、元器件,控制产品质量,进行市场推广和对外销售,扮演"店"的角色。珠江三角洲地区则利用土地、自然资源和劳动力优势,进行产品的加工、制造和装配,扮演"厂"的角色。港澳在前,珠江三角洲在后,彼此紧密合作,因而被形象地称为"前店后厂"。

贡川互通口,距贡川服务区约 3km,可供服务区及其辐射圈、福川工业园、贡川镇内各类产品的物流仓储。以此为基础发展"物流+高速道口"的"道口经济"模式,可有效发挥经济效益,加大贡川对区域经济发展的扩张力。同时,借鉴珠三角与港澳地区的合作模式,使服务区与福川工业园形成前"店"后"厂"的独特分工与合作模式,服务区作为产品的产销和配送窗口,福川工业园作为产品的生产作坊,物流配送作为连接纽带和对外通道,可实现服务区与工业园的优势互补、互惠互利,而道口作为对外窗口又会进一步刺激和吸引产业、项目入驻福川工业园(图 17.9)。

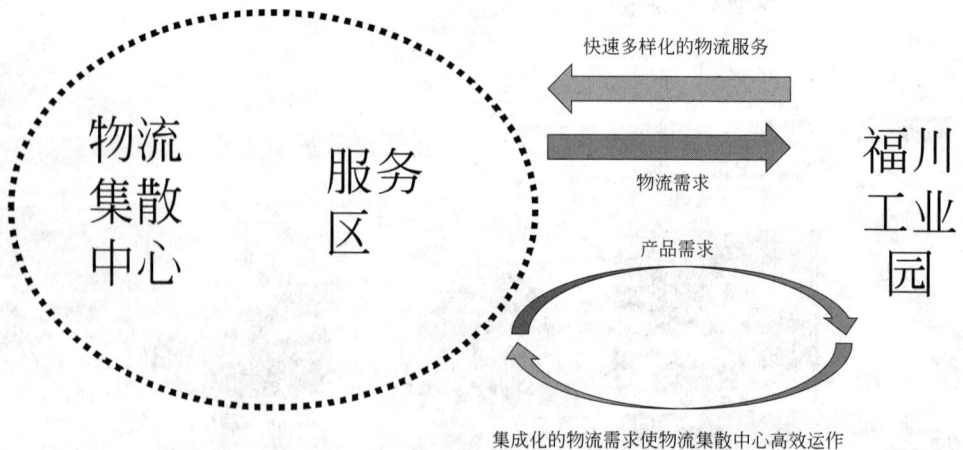

快速多样化的物流服务

物流集散中心 服务区

福川工业园

物流需求

产品需求

集成化的物流需求使物流集散中心高效运作

图 17.9 "前店后厂"发展模式示意图

3. 发展形式

物流发展以普通道路运输方式为主导，以物流"专车"和"零担物流"模式为补充（图 17.10）。在服务区内，发展物流"专车"（类似于城市客运中的滴滴专车和优步），即利用租赁车企业和驾驶员劳务公司（主体为社会空载车辆），基于移动互联网技术的出行服务信息提供和撮合交易平台。服务区可借鉴城市客运的运营模式，在城际货运中，利用互联网技术，有效使用高速路上的空载货车进行物流配送，形成"农户—服务区物流—市民"的配载模式。

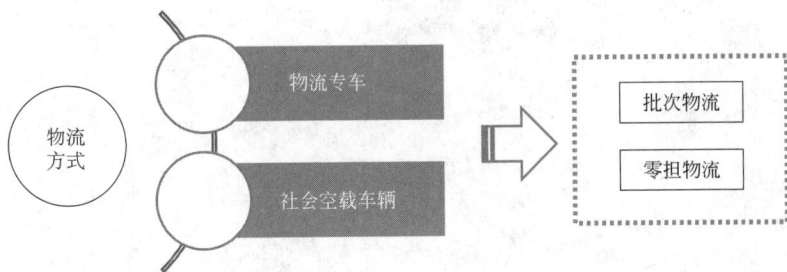

图 17.10 物流发展形式示意图

同时，发展"零担物流"模式。零担货物是指一张货物运单或一批托运货物重量或容积不构成整车运输条件。引入"零担物流"的模式，是在互通口和服务区物流集散处，整合碎片化的货物、运输资源和时间，实现物流业创新、协调、共享的理念，实现省内 5～10 小时送达的快捷服务，发挥"第三圈层"效益。

17.3.4 旅游产业链

1. 规划衔接

贡川服务区在沙溪沿线景观带中处于承上启下的节点位置，上游有桃源洞、贡川古镇、自行车生态公园景区，下游有格氏栲国家森林公园景区，可作为大区域旅游填补空白、加强联系的重要节点，形成旅游集散中心（图 17.11）。

2. 消费群体

未来，城际之间大量的往来车辆、司乘人员、自由行、自驾游、旅行团以及关联性企业、所在区域居民、政府机构等，都将成为"高速公路服务区＋"绿色产业服务综合体的消费群体。

3. 旅游策划

关键词：旅游＋休闲度假＋运动＋健康养生。

发展形式："商、养、学、闲、情、奇"。

商务旅游——商务旅游、会议会展、奖励旅游等旅游；养生旅游——养生、养老、养心、体育健身等健康旅游；研学旅游——修学旅游、科考、培训、拓展训练、摄影、采风、各种夏令营冬令营等活动；休闲度假——乡村休闲、都市休闲、度假等各类休闲旅游；情感旅游——婚庆、婚恋、纪念日旅游、宗教朝觐等各类精神和情感的旅游；探奇——探索、探险、探秘、游乐、新奇体验等探索性的旅游。如图 17.12 所示。

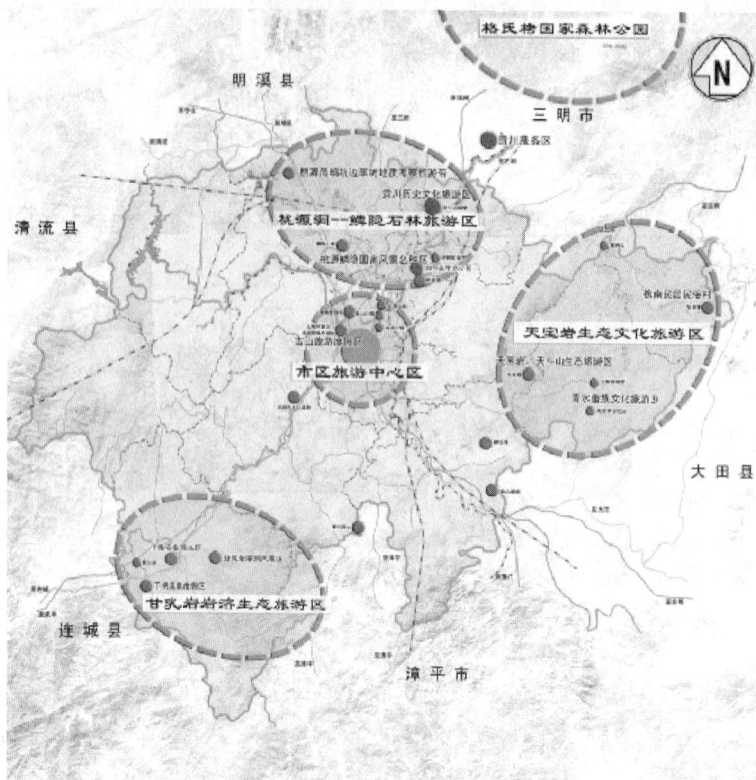

图 17.11 贡川服务区旅游区位图

（资料来源：《永安市城市总体规划》）

图 17.12 旅游链发展形式

发展项目：可依托农林种植、畜禽养殖、竹产品加工等元素，创意性地把农业和工业文明植入到旅游组织要素，营造全新的情景体验，打造富有创意并具有贡川特色的旅游项目；以服务区自产的果蔬、畜禽等为原材料，以贡川特色的官丸、烧卖、棍子鱼、田螺煲等美食为依托，以"绿色＋养生"为主题，发展养生美食等旅游项目；以户外拓展、运动健身为主题，依托规划区复杂起伏地形，拓展创意趣味的户外运动项目；以民宿和露营为主题，打造特色驿站。如图 17.13 所示。

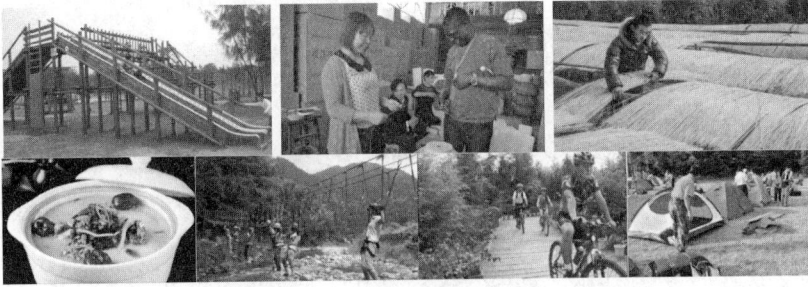

图 17.13　旅游发展形式示意图

4. 旅游线路组织：结合周边旅游资源，打造多样旅游线路（表 17.2，图 17.14）

旅游线路组织表　　　　　　　　　　　　　　　　　　表 17.2

		线　　路
一日游	A	贡川服务区
	B	贡川服务区→贡川古镇
	C	格氏栲→贡川服务区
两日游	A	格氏栲→贡川服务区→贡川古镇→桃源洞→鳞隐石林
	B	月亮湾→格氏栲→贡川服务区→贡川古镇
三日游	A	月亮湾→格氏栲→贡川服务区→贡川古镇→桃源洞→鳞隐石林
	B	万寿岩→月亮湾→格氏栲→贡川服务区→贡川古镇→桃源洞→鳞隐石林

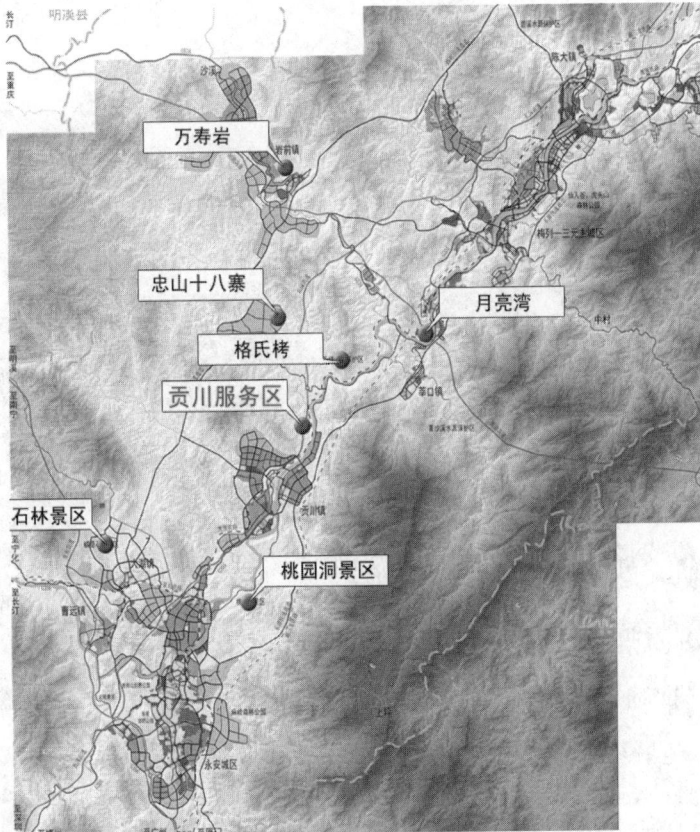

图 17.14　区域旅游线路示意图
（资料来源：《三明市城市总体规划》）

17.3.5 会议会展产业链

1. 产业优势

会议会展产业不仅能创造巨大的直接经济效益，还可以带动上下游的相关产业，是一个集交通宾馆、餐饮、购物、旅游文化交流、区域形象推介、商品交易和投资项目洽谈为一体的高效益、无污染的"产业链"。

在服务B区的拓展区安排大型会议会展场所，承办林博会和永安竹笋节，带动区域发展。

2. 产业发展模式

如图 17.15 和图 17.16 所示。

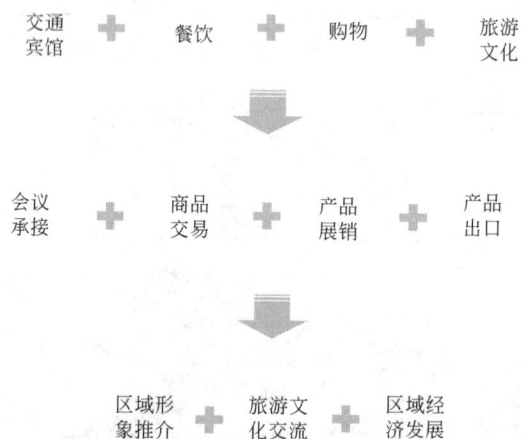

图 17.15 会议会展产业链示意图

图 17.16 会议会展产业发展效果图

17.4　产业总体布局

17.4.1　发展结构

　　打造形成"核心圈—联动圈—辐射圈"的 3 层圈层结构（图 17.17）。核心圈为长深高速路公路贡川服务区，约 2km^2 范围，以综合服务、特色产品展销为主；联动圈为贡川服务区周边紧密联系区域，约 10km^2 范围，以产业融合为特色，主要以旅游休闲业、特色产品加工、商贸为主；辐射圈为辐射带动的周边区域，通过整合资源形成合力，发挥核心圈和联动圈的平台效应，促进区域经济发展、农民致富，打造形成半小时交通经济圈（包括三明市三元区、贡川镇、永安市区范围）。

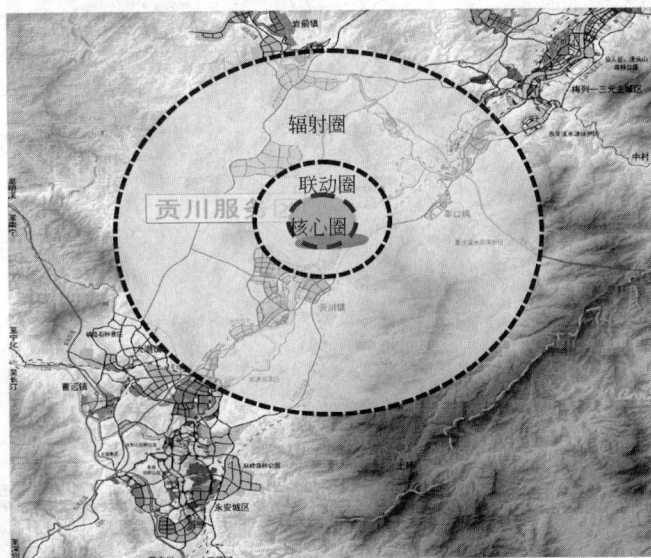

图 17.17　产业发展结构图

17.4.2　产业总体布局

　　1. 基础产业：立足基本功能

　　A、B 两个服务区以满足基本功能为发展目标，功能设置包括停车住宿、餐饮超市、加油加气和汽车修理。同时为旅客提供公共厕所（包括残疾人用的厕所）、免费休息所和必要的医疗、救助等服务设施。如图 17.18 所示。

　　2. 主导产业：动力引擎（至 2020 年）

　　服务区 A 拓展区以休闲农业、林下产业为产业定位，主要发展①特色农宿、②乡村美食、③历史演绎、④农事体验、⑤果蔬采摘、⑥农业观光（百竹林：集福建所有品种竹类）、⑦林下种养殖等产业项目（图 17.19）。

　　如：可依托石马村现有民居适度改造翻修，安排农家体验、特色民宿、农家饭庄等家庭参与项目，打造具有贡川民居特色的民俗风情区；依托岩下村、石马村等现有民居，在

图 17.18　基础产业区

图 17.19　服务区 A 拓展区布局

村庄周边安排花果、竹林等林果种植项目，开展竹笋、果蔬种植采摘项目；在岩下村西侧区域结合山体缓坡打造色彩缤纷的五彩田园，形成高速公路的景观背景；结合农业种植安排农事体验、农趣养殖、山地餐厅、山中茶舍等休闲旅游项目；可在石马村农田西侧设立鸡舍展示项目，让游客体验贡鸡饲养的全过程，并将此作为展示贡鸡的一个重要窗口。如图 17.20 所示。

图 17.20　服务区 A 拓展区项目示意图

　　服务区 B 拓展区以商贸流通业、旅游业、信息产业、体育产业为产业定位，主要发展①全竹产业、②贡品展销、③物流集散（以提货功能为主）、④游客中心、⑤游客集散（兼指挥中心）、⑥永安小吃、⑦特色客栈、⑧房车营地、⑨露营基地、⑩山地运动（自行车、越野、真人 CS)、⑪儿童乐园、⑫智慧服务等产业项目（图 17.21）。

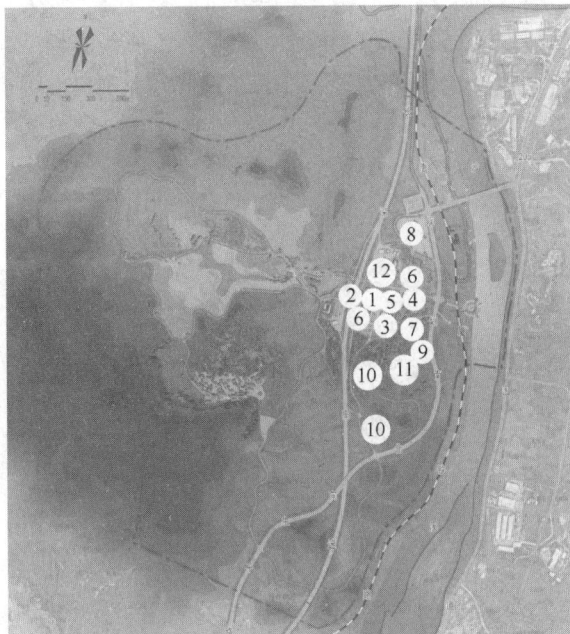

图 17.21　服务区 B 拓展区布局

可设立全竹、贡品、永安特色美食展示区，形成贡鸡、贡笋、竹工艺品、贡川自产果蔬等"贡"产品展销中心和竹文化科普宣教区；游客中心配套个人、团体接待中心，配套旅游文化风情演绎展示厅和应急指挥中心等服务设施；永安小吃和特色客栈的建筑形式以传统风格的木屋、排屋、独栋别墅为主，突出山、水、竹主题；客流集散作为长途汽车换乘点，方便旅客到达和离开；房车营地设于规划区东部的滨河地段，利用现有闲置的平整土地，建设汽车旅游休闲区，设置汽车露营、汽车影院等；露营基地设于沿河风光带，可烧烤，可露营，并配备基本的用水和防火防灾设施等。如图 17.22 所示。

图 17.22　服务区 B 拓展区项目示意图

3. 培育产业

以健康产业、文化创意产业、会议产业、影视产业、水上旅游业为培育产业，主要发展①竹制品研发基地、②贡品研发创意园、③会议会展中心、④影视基地、⑤游船码头、⑥江钓基地、⑦养生地产——天然氧吧、⑧中医疗养馆、⑨茶艺园等产业项目（图 17.23，图 17.24）。

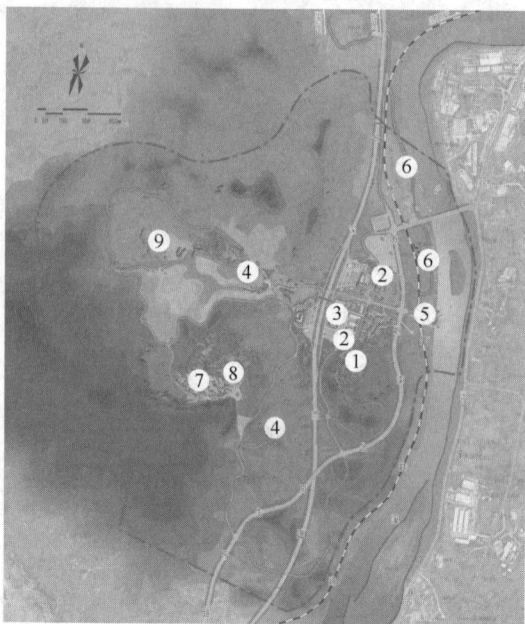

图 17.23　培育产业项目布局

图 17.24　培育产业项目示意图

第 18 章 文 化 建 设

18.1 文化资源分析

通过对区域内文化资源的梳理，文化资源分析部分主要包括竹文化、"贡"文化、宗祠文化、古镇文化和企业文化五个部分。

18.1.1 竹文化分析

1. 中国笋竹之乡

永安有竹林面积 102 万亩，居全省第二位，农民人均占有 5.6 亩，居全国第一位，竹资源极为丰富，盛产毛竹。国家质检总局授予地理标志产品保护：永安"闽笋干"。

竹饮食：竹筒酿酒、竹药材、竹即食食品、竹饮料、汤、甜点等。

2. 笋帮公栈

古老的"笋帮公栈"旧址可以见证 350 多年前永安笋竹业的兴盛和繁荣（图 18.1）。据史料记载，"笋帮公栈"曾为福建、浙江、江西、河南等省市笋业商贸组织的中心联络机构，当时是中原和华东南地区的最大民间笋业同业公会组织。公栈建于清朝，东侧防火墙砖烧制有"笋帮公业"的印记，以示房界，门额上印刻"笋帮公栈"四个大字，门厅上方悬挂清乾隆年间所立的"正直无私"牌匾，大厅正中镶有一块"公平石"。生意成交后，买卖双方并立于石板上，向广大笋农宣布各等级笋价、收购时间、交货地点、付款方式。商道以诚信为本，人格至尊。笋帮公业以和气生财，皆大欢喜。"道术合璧，通天达地"必有经商成功之日。在"正直无私"牌匾的照耀下，贡川笋业贸易的发展与兴盛尽在情理中。

图 18.1 笋帮公栈示意图

3. 关于竹等诗词

清．官荣《贡川八景之峰环翠竹》：列嶂环回耸碧岑，万竿修竹长森森；月笼琐碎筛金影，风度琼琤戛玉音。永安还有"竹枝诗"的传统。

169

4. 小结

永安市竹文化特色鲜明，可作为未来发展的主导文化，并辅以古镇、宗祠等文化，通过与自然环境结合，营造竹林意境，加之地方竹文化故事，形成具有永安风情的特色竹文化体系。

18.1.2 "贡"文化分析

主要包含贡鸡、贡米和贡竹三种贡文化（图 18.2，图 18.3）。贡米是中国古代封建社会时期由盛产稻米的地方经过对本地优质稻米精心挑选而敬奉给当时皇帝享用的大米，是对当地稻米的最高褒奖。"贡鸡"养殖，源远流长，曾被奉举为朝廷贡品。由于是采用自然生态饲养方式（山地放养）培育出的"贡鸡"及禽系列产品肉嫩味香，随着人们生活水平的提高和消费观念的转变，贡鸡深加工产品市场潜力大。贡竹有"画栋雕梁今犹在，竹巷桥边。干笋入生鲜，商贾趋前，公平石上立威权。浙沪湘琼销海外，帮栈迁天"的美名流传。

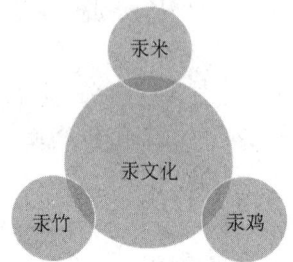

图 18.2 "贡"文化组成部分

图 18.3 "贡"文化示意图

18.1.3 宗祠文化分析

祠堂，维系海外乡亲与本土血缘关系，为乡亲以及所有后代子孙了解祠堂文化、了解当地文化发展史提供了一个重要窗口。祠堂，是一部家族变迁史，一个民俗博物馆，更是传统风俗文化教育的重要基地（表 18.1）。

宗祠文化资料列表 　　　　　　　　　　　　　　　　　　　　　　　　　　　　表 18.1

宗祠	介　绍
陈氏大宗祠	该祠坐落于贡川镇巫峡头，始建于明朝万历三十三年，清嘉庆、光绪年间重修。贡川陈氏大宗祠是八闽陈氏的宗祠，每逢农历二月初十和八月初十，为贡川陈氏大宗祠春秋祭祖日。近几年，各地陈氏后裔，其中不乏党政要人，云集此地仰帆笃先公之恩德，来自闽、粤、赣三省 19 个县，并有中国台湾、新加坡陈氏后裔解囊捐资。2000 年，陈氏大宗祠被列为市级文保单位
机垣杨公祠	位于贡川西面数公里外的建旗峰上。建旗峰在乾隆年间，是杨氏家庭建立的一座著名的私家园林，而杨氏公祠是这座园林的核心所在，精神所在。公祠占地约 300m^2。其杨表正为古琴大师，著有《琴谱大全》

18.1.4 古镇文化资源分析

见表 18.2 和图 18.4。

历史文化资源列表 表 18.2

保护要素	保护内容	名　称
历史结构	传统格局	山环水抱,负阴抱阳
	历史街巷	禾鳝巷,胜利巷,正顺巷
物质文化遗存	文物保护单位	会清桥,古城墙与城门,陈氏大宗祠,临水宫,正顺庙
	历史建筑	笋帮公栈,姜氏宗祠,刘氏宗祠,机垣杨公祠,严九岳旧宅,邢家古院,姜氏家祠,余氏家祠,聂氏家祠,陈氏家祠,严国材旧居,禾鳝巷 6 号、7 号、8 号、12 号,龙凤路 101 号、102 号,胜利巷 6 号、9 号、30 号、38 号、41 号、44 号,朱紫巷 7 号
	传统风貌建筑	其他传统民居院落
	历史环境要素	古城墙与城门,古井
非物质文化遗产	历史文化	闽学文化,宗族文化
	传统工艺	贡席及竹床、竹椅、竹箱、竹篮、竹筐等竹工艺品
	传统风俗	春秋祭祖,春节"迎百神"、"送瘟神",端午龙舟赛,中秋"摸秋",婚茶
	特色饮食	官丸烧卖宴,贡笋,贡鸡,棍子鱼,田螺煲

图 18.4 古镇文化示意图

18.1.5 企业文化分析

企业文化是企业发展的灵魂,是企业发展的持续动力。企业文化凝聚着企业全体员工的智慧精粹、价值理念,导引着全体员工的行为规范、处事准则,是企业核心竞争力的重要组成部分。一直以来,公司在社会主义核心价值体系建设实践中,致力于推进企业文化建设,在培育企业精神、提炼经营理念、提高员工素质、推动制度创新、塑造企业形象等方面做了全面深入的探索(图 18.5)。

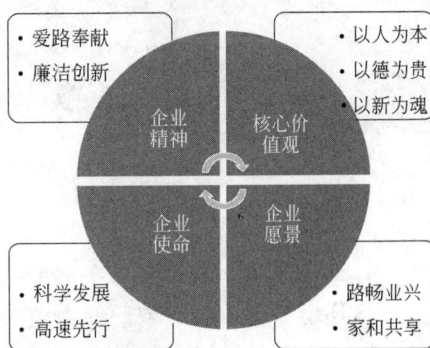

图 18.5 企业文化示意图

18.2 文化建设指引

以竹文化为主题,贡文化、古镇文化、企业文化为补充,促进多元文化的交融。通过

9 大方面的建设，促成文化要素在贡川高速服务区中的落地。如图 18.6 所示。

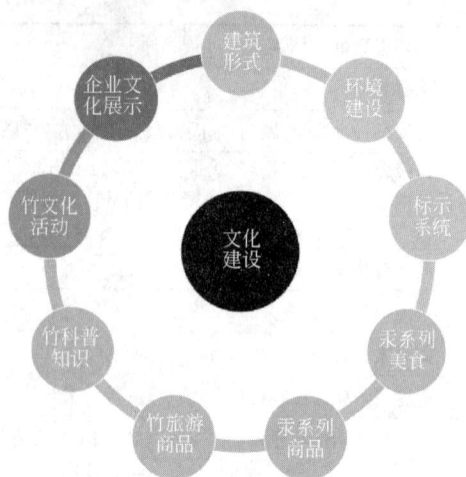

图 18.6　文化建设示意图

18.2.1　建筑形式：贡川历史文化＋竹文化

1. 核心区

高速服务区 A、B 两区。建筑立面以贡川传统建筑风格为主（青瓦、马头墙）；内部装修风格突出竹雅风韵，搭配传统建筑雕花、门窗等；充分应用竹制家具、竹艺品打造和装饰服务区建筑内部环境。如图 18.7 所示。

图 18.7　建筑形式示意图

2. 示范区

（1）综合体将作为主要竹文化示范区进行建设和改造。以原有建筑风格为基础，结合周边竹林环境营造竹气息浓郁的历史文化氛围。同时引入林博会与竹制品展销会，比普通产品展销场馆更具优势与特色。

（2）在美丽乡村改造中可以使用竹编成的竹板作为墙体，或用竹子对墙体进行加固。

（3）新建建筑在竹文化的背景下，重点打造和体现不同形式的设计和功能（如竹海观廊、景观小品、竹屋等）。

18.2.2　景观小品

设计重点：竹＋地名、竹/贡文化＋图腾、竹＋民俗，采用以竹/贡文化元素命名建筑、道路、将竹/贡元素融入环境设施（竹路灯、景观小品等）等形式（图18.8）。

具体措施：（1）在综合体将作为主要竹文化示范区进行环境建设，以原有竹林自然环境为基础，通过对周边竹林和其他绿色基础设施质量的提升，以及改造和修缮景观道路，打造以竹为材料，以贡为背景的建筑景观小品，从而进一步将竹文化和贡文化在服务区的生态环境中体现。（2）整个规划范围环境建设中重视竹元素的融入，如竹制路灯、竹制垃圾桶、围栏、隔断、装饰、道路绿化等。

图18.8　景观小品建设示意图

18.2.3　餐饮美食

开发重点：享美食品文化、笋竹饮食制作体验、尝试传统饮食劳作（图18.9）。

具体措施：（1）贡川服务区的餐饮配套中重视竹元素的融入，并引入当地特色餐饮。（2）通过对服务区内餐厅装修，餐具和食材的选择，打造从特色竹小吃到中高端竹文化餐饮度假村（竹林餐厅）的全布局，满足各种休闲就餐需求，从而进一步将竹文化和贡文化在服务区及该高速公路段的休闲娱乐中体现。（3）赏翠绿竹海，正顺庙祈福，品竹美食——福建贡川竹宴。

图18.9　餐饮美食文化建设示意

18.2.4　标识系统

设计重点：竹牌匾、竹路牌、公司LOGO等（图18.10）。

具体措施：（1）高速公路核心的配套设施建设中重视竹元素的融入，如竹指路牌和隔声板。(2) 通过对服务区内及周边高速公路的指路牌系统和隔声板的改造和修缮，打造以竹为材料，以贡为背景的特色路标系统，从而进一步将竹文化和贡文化在服务区及该高速公路段的运营中体现。让路过的司机与乘客，即使没有在服务区停留也能感受到竹文化和贡文化。

图 18.10　标识系统建设示意图

18.2.5　贡系列商品

主要产品：贡鸡，采用自然生态饲养方式（山地放养）培育；贡竹，包括竹笋、竹席；贡米、优质大米（图 18.11）。

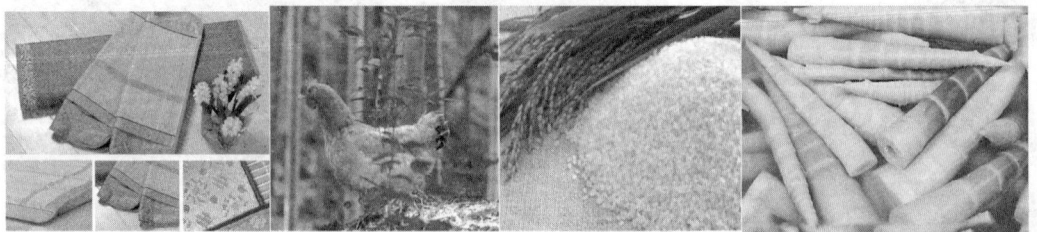

图 18.11　贡系列商品示意图

具体措施：(1) 通过购物券减免高速公路过路费和 O2O 服务区＋互联网来促进贡川特色产品的销售，利用交通区位优势，在努力打造贡川电商村的同时，提高产品销量。(2) 打造系列主题，如贡鸡：记忆里，妈妈的炖鸡，永远是最香的（散养鸡出自贡川和蔼大妈每天的饲养）；贡竹：源于自然、高山野竹，手工制作、源远流长。贡米：好山好水，我们尊重稻谷的每一步生长等。

18.2.6 竹系列商品

生产毛边纸："猫竹，俗称猫儿竹，桂溪人用造纸，行贩四方，今呼贡纸"（注：引自《永安县志》）。

日常生活用具：竹床、竹椅、竹席、竹扁担、竹箱、竹箩、竹篮、竹篓、竹筐、竹篦、竹簸箕、竹扫帚、竹笠等（图18.12）。

图 18.12　竹系列商品示意图

具体措施：（1）利用交通区位优势，通过购物券减免高速公路过路费和智慧服务区来促进竹系列特色产品的销售。（2）努力打造贡川电商村，结合线上 APP 智慧服务和线下实体展销来提高产品销量。（3）建设竹产品展示区和竹产品制作体验区来吸引服务区停留客源。

18.2.7 竹科普知识

重点：竹＋科普教育＋主题文化教育；竹种园内辨竹、种竹、竹艺品 DIY；三明"全国林改旗帜"——林改科学考察游；古代期货商品价格机制——笋帮公栈考察游；竹文化学习教育——正直、向上、不屈精神（图18.13）。

图 18.13　竹科普建设示意图

　　具体措施：（1）打造主题文化科教园，组织周边市县中小学生春秋郊游到此，通过建设手工艺品制作中心组织青少年课外制作课程，来科普教育竹文化。（2）建设历史资源厅，介绍竹子的生态和人类如何利用竹子，与竹子共处的历史发展。

18.2.8　文化活动

　　贡川竹文化节：每年通过竹文化节的举办，扩大贡川竹品牌的知名度和影响力，同时有效地提升贡川服务区的知名度（图18.14）。具体文化节活动包括：

　　观竹之海——"竹"主题书画展；

　　品竹之味——"丝竹况味"竹美食品鉴会；

　　赏竹之艺——"艺术与灵动 竹艺之美"竹艺展销会；

　　筑竹之家——"文化和谐居家"游园会；

　　话竹之情——竹业论坛；

　　其他形式。

图18.14　竹文化节建设示意

第 19 章　智 慧 服 务

19.1　总体框架

随着信息技术和网络技术的日新月异，高速公路服务区的信息化建设迎来了一个快速建设与发展时期。因此，如何总结与重新审视服务区的信息化建设，使其在"网络化"的同时，实现"互联网"与"大数据化"，通过"云网端"的模式真正发挥信息系统在综合集成方面的作用，更好地为经营管理者和公众提供"恰到好处"的服务区将是本部分规划的主要内容。

智慧服务区是在服务区信息化建设的基础上，将综合性服务区的经营服务、管理等功能及设施进行有效整合，通过大数据管理系统收集、分析和处理，以充分挖掘顾客的信息化需求，为旅客提供广泛的综合性服务平台（图 19.1）。

在具体智慧区建设上，主要包括了智慧服务区的云平台搭建、智慧网络基础设施建设和智能终端的开发三大部分。

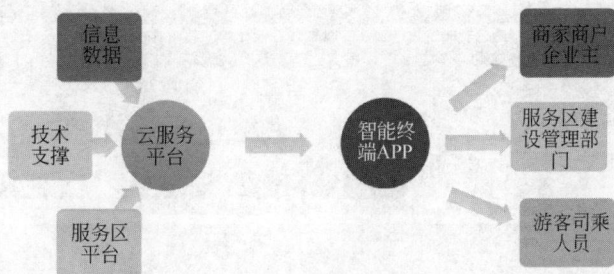

图 19.1　贡川服务区智慧服务总体框架

19.2　"智慧服务区"云平台搭建

智慧服务区是在服务区信息化建设的基础上，以"数据挖掘、智慧服务"为核心理念的顶层设计形态。智慧服务区通过精准化的智能终端（APP），借助信息化的互联网平台，以大数据分析为手段，以无处不在的云服务为环境，为公众提供高速公路的全过程智能服务（图 19.2）。

智慧服务区以底层的技术标准、网络传输和运行环境为三大保障体系，提供基础的支撑环境；以智慧服务区云服务应用平台和大数据处理中心为核心，将收集到的基础信息、商贸信息和路况信息通过建模分析和深度学习，最终向公众和经营管理者提供公告服务、商业服务和管理服务。

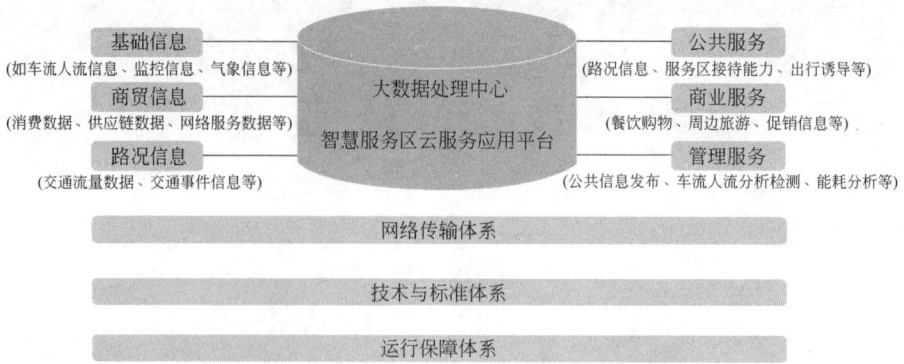

图 19.2　智慧服务区云服务应用平台

其中，智慧服务区云服务应用平台采用 DBA（Data collection—Business intelligence—Application service）架构模式，实现了从各类信息终端的数据采集到各业务需求和模型的数据分析，再到平台使用者所需要的可视化数据服务应用展示的架构与功能的全过程支撑体系（图 19.3）。

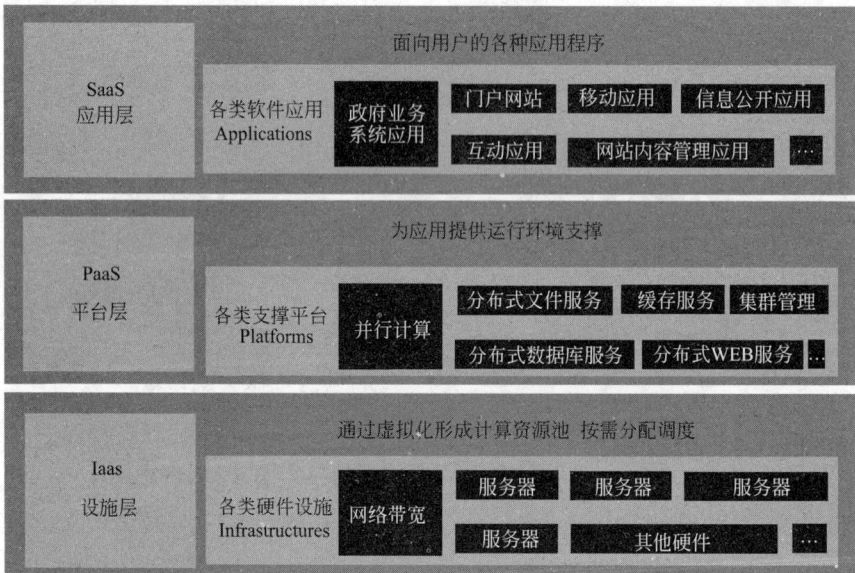

图 19.3　智慧服务区云服务应用平台采用 DBA 架构模式

19.3　智慧网络基础设施建设

智慧网络基础设施建设包括节点机房、传输网、无线网络和服务器建设四部分。

19.3.1　节点机房

依托 AB 区的节点机房，具体包括：（1）物理网络：采用光纤；（2）IP：到达所有功能体、信息点；（3）无线商用 Wi-Fi：无线局域网络全覆盖；（4）无线集群对讲网；（5）有线电话网（IMS）全覆盖。

19.3.2 传输网

运营商需进场，可出租光纤、管道、机房；具体包括：（1）光纤网敷设作为基础，管道路径规划，实现主干的覆盖到达；（2）传输网建设：建设综合业务的IP承载网。

19.3.3 无线网络

无线网络建设包括了商用Wi-Fi、应急保障无线网和无线对讲网三部分（图19.4）。

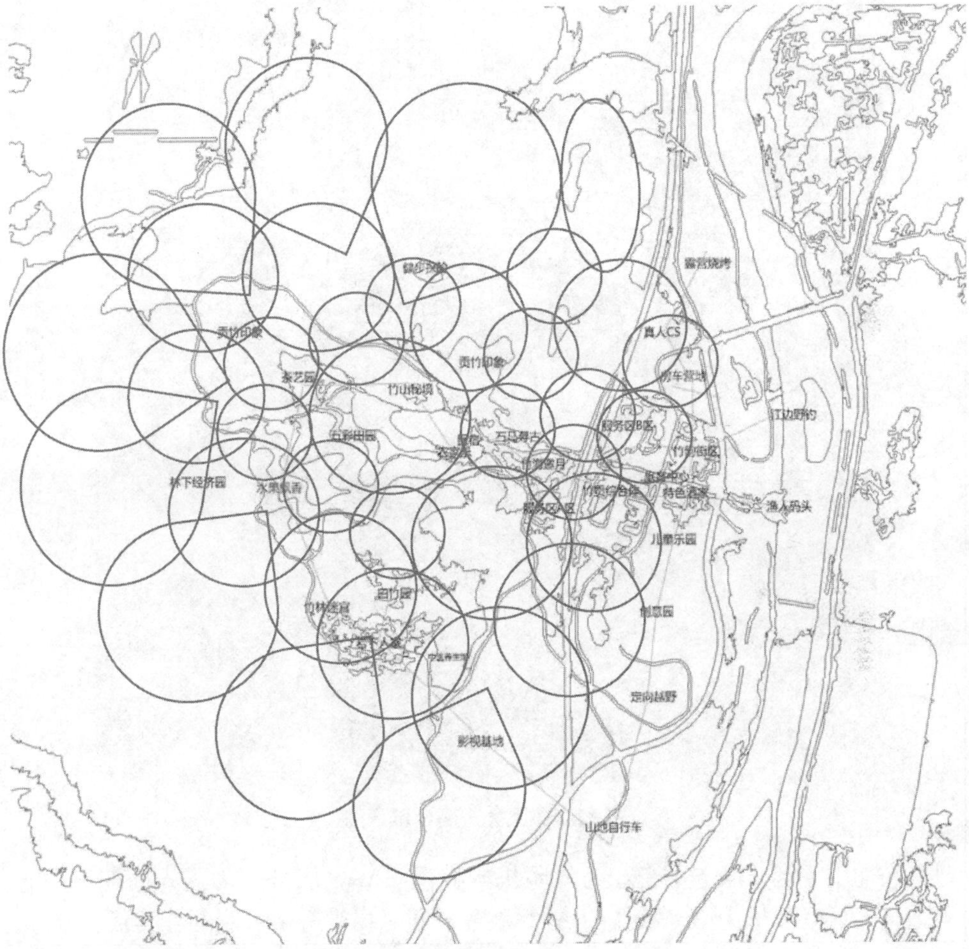

图 19.4 无线网络示意图

（1）无线商用Wi-Fi：无线局域网络全覆盖，部署策略上，先由人流密集区、商业服务区开始，逐步向农业、旷野林场、山区覆盖。

（2）应急保障无线网络：设置无线应急网，当通信网阻断（故障、拥堵、风暴、事故等），应急无线网是运营保障，可以启动应急网。

（3）无线对讲网（中心基站）：以A区机设立移动对讲网中心机房及基地站；用于全区内部应急调度，同时为游客进山探险、户外运动等提供备用通信器材。

19.3.4　服务器建设

服务器机房设置：在 B 区设中心机房。服务器机房是整个智慧服务区的云服务平台、大数据中心、IP 网络中心和多媒体电话网 IMS 交换中心（图 19.5）。

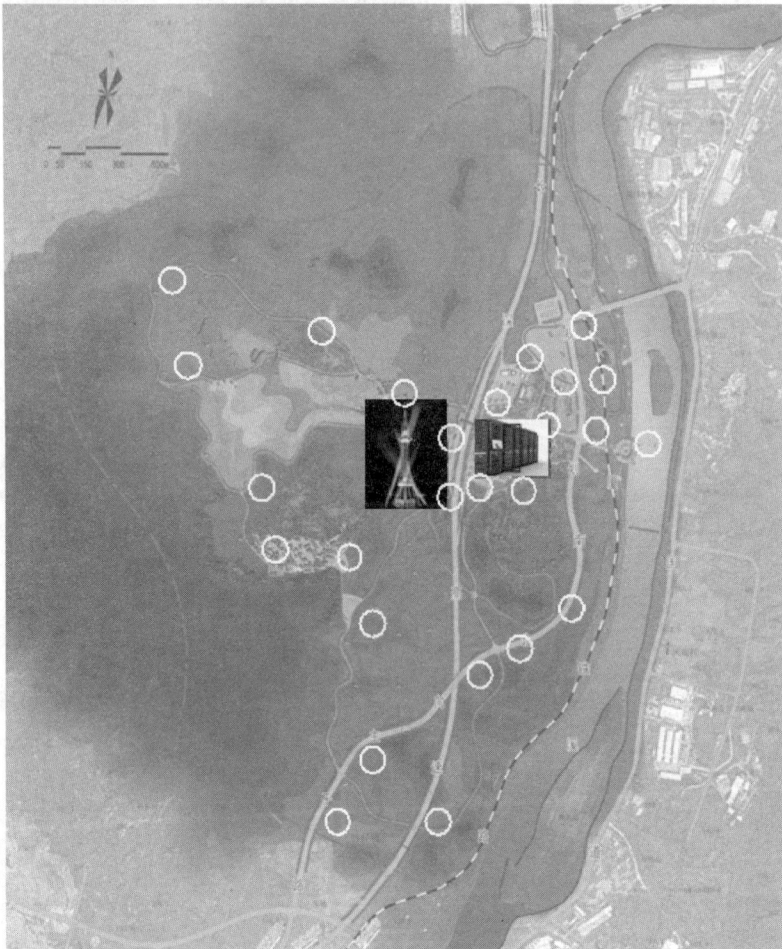

图 19.5　服务器建设示意图

（1）高速服务区云服务平台：为入园机构提供 SAAS 服务，为进入高速路、服务区的司乘人员提供以手机为第一载体的 APP 服务，同时提供触手可及的各类信息服务。

（2）大数据中心：本综合体的综合信息、数据归集中心。

（3）IP 网络中心：各个服务机构均联网到综合体数据中心；各个建筑内（群落中心）设网络接入点、信息交换点；各个场所设置足够的信息点，供各类设施联网；用户在园区内随时可以得到网络服务。

（4）多媒体电话网 IMS 交换中心：在 B 区设置 IMS 交换系统，业务随 IP 网络到达所有入园的服务机构，应有足够的数量配备，均配备多媒体通信系统，同时对游客提供固定终端，如：民宿的房间内可以做 3D 通信；路边的信息亭可以随时用视频发出服务请求；各服务机构通过视频提供面对面的沟通。

19.4 APP 智能终端开发

在云数据平台搭建的基础上，通过 APP 客户端的旅游推送界面，实现信息流、物流、资金流的一体化整合，推动高速公路服务行业现代化，提高多元化经营管理水平，满足交通旅游业现代化建设需要。

结合服务区功能定位，APP 实现面向不同主体，满足不同服务需求，如图 19.6 和表 19.1 所示。

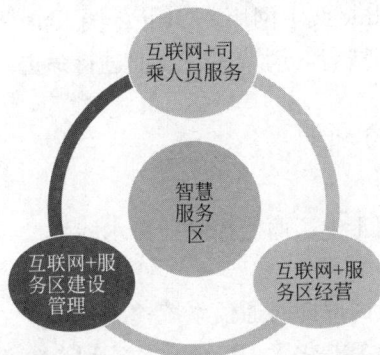

图 19.6　智能终端 APP 主要服务主体

智能终端 APP 主要服务主体及具体内容　　　　　　　　　　　　表 19.1

智慧服务区形态	具体内容
互联网＋司乘人员服务	免费 Wi-Fi、出行服务 APP、服务区云商城、便捷支付、高速公路通行信息发布、广告推荐系统、司乘人员对通行信息的交流互动区、用户调查问卷系统等
互联网＋服务区经营	商业管理系统、O2O 电商平台、广告推送系统、经营决策系统、企业管理系统等
互联网＋服务区建设管理	视频云监控系统（服务区管理人员能够通过手机等智能设备随时监控服务区管理动态）、智能卡口系统（对进入服务区车流数量、车型等进行动态监控）、广播呼叫系统、客车停靠监控系统、危化品车监控系统、物联网监控系统、大数据舆情监控、用户感知群智分析系统等

19.4.1　司乘人员（游客）服务

主要面向服务区的司乘人员和游客的需求服务，依托信息化管理系统和智能终端，可以满足以下具体需求：

（1）免费 Wi-Fi：通过 APP 可以实现一键链接服务区免费 Wi-Fi；

（2）出行服务 APP：出行路况信息、地图导航、天气预报、地方旅游景区推荐和介绍、地方美食推荐、住宿推荐等；

（3）服务区云商城：自助网上购物平台，结合物流配送中心进行打造，可实现在线一键式下单、支付买单和当日发货；

（4）便捷支付：服务区内各类消费（餐饮住宿、景区门票、加油加气、汽车保养、娱乐健身等）便捷支付，如支付宝、微信、Apple Pay 等；

（5）高速公路通行信息发布：实时高速道路路况信息；

（6）广告推荐系统：广告商广告投放；

（7）司乘人员对通行信息的交流互动区：留言互动版块；

（8）用户调查问卷系统：征集意见、服务投诉；

（9）其他服务。

19.4.2　服务区经营（商家商户生产商）服务

基于服务区商家商户管理的需要，以提高管理水平为目的设置的信息化管理系统，主要内容包括：

（1）商业管理系统：商户商业管理系统（办公、会议通知、人员安排等）；

（2）O2O 电商平台：Online 线上网店，Offline 线下消费，商家通过免费开网店将商家信息、商品信息等展现给消费者，消费者在线上进行筛选服务并支付，线下进行消费验证和消费体验；

（3）广告推送系统：商户广告推送；

（4）经营决策系统；

（5）生产线监控系统：用于生产商监控企业流水线生产状况和设备运行状况，可实现无人化生产；

（6）智能通信平台：企业内部即时通信系统；

（7）企业管理系统：企业智能化管理一体化，实现办公、通知、生产包装、人员安排等一体化生产；

（8）其他服务。

19.4.3　服务区建设管理部门服务

（1）服务区设施监控系统：服务区各类基础设施、公共设施运行状态监控和管理系统；

（2）视频云监控系统：服务区管理人员能够通过手机等智能设备随时监控服务区管理动态；

（3）智能卡口系统：对进入服务区车流数量、车型等进行动态监控；

（4）广播呼叫系统：服务区管理、广播找人、重要通知播报、服务区概况介绍；

（5）客车私家车停靠监控系统：通过实时监控便于车位调度；

（6）危化品车监控系统；

（7）安全警报监控系统：应急救援、生命保障系统；

（8）物联网监控系统：监控和统计物流数据；

（9）大数据舆情监控：用户感知群智分析系统，搜集用户分布状态、活动路径和购物偏好，以便于更好地调整服务区服务和商业业态；

（10）其他服务。

19.5　情景模拟

依托云服务平台和智能终端，可以实现全方位实时综合服务。在情景模拟上，主要以司乘人员和游客为主要体验对象。同时依托 APP 智能终端的交互式体验，实现"一卡通"式的全域旅游体验。

具体情景模拟如下：

刘先生是三明市一家企业的业务主管，平时工作繁忙，只有周末相对空闲。一日，通过"高速互联网＋"手机客户端，了解到三明贡川服务区周边有丰富的度假休闲服务，此去不到40km，开车半小时就到了。于是决定预订其中的休闲度假的团购服务，带上家人，自驾车到贡川服务区享受周末闲暇时光。到达贡川服务区后，通过客户端及服务区内的信息提示，在服务区工作人员的引导下，通过连接服务区与旅游休闲区域的道路顺利步行至休闲度假功能区。度假区分为观光休闲区、娱乐体验区、河边景观带，观光休息区中有观景茶室、"竹"文化长廊、地方民宿、登山步道、竹林等休闲设施。娱乐体验区内有农家体验屋、烧烤区、露营区、农产品、竹制品展销中心等消费设施，这些项目既可观光休闲、放松身心，又可品尝地方特色小吃、感受地域文化。通过网络团购的方式，迅速下达订单感受互联网技术带来的便捷服务，同时还可享受贡川服务区周边的桃源洞、鳞隐石林景区门票的折扣。服务区独具地方特色建筑风格、完善的服务设施、浓厚的文化内涵、细致的服务体验及种类丰富的农特产品展销中心都给他和家人留下了深刻的印象。在假期结束的时候，他决定购买一些当地竹制品和农户饲养的贡鸡，但是竹制品体积较大，活禽不易携带让刘先生心生纠结。通过工作人员的提示，他来到了服务区周边的物流集散中心，通过互联网＋APP客户端绑定的一卡通客户卡，下达物流订单，交付一定的运输费用后，物流中心会在最短的时间内将预订的货物或商品通过专属渠道，送至客户家中，免去运输途中的烦恼。周一的中午，刘先生顺利收到了自己购买的物品，并在"高速互联网＋"客户端评价体系上给予了服务与物流企业好评。

> **高速互联网＋APP**
>
> *"刘先生好，前方不到三公里，您将到达贡川服务区。贡川竹天下，高速新驿站，我们为您准备了丰富的服务及产品，如：美食、特色产品、酒店、景点、运动、养生、汽车服务……"*
>
> 入口高速LED竹造型标牌、跨线廊桥、滨水广场竹柱阵、古色古香服务区建筑群
>
> **互动的触摸屏＋"一卡通"式全域旅游模式**
>
> 电子导游图：实时定位、导航服务
>
> "一卡通"式全域旅游模式：通过扫二维码，畅行整个景区
>
> **利用定位系统，APP手机语音景点解说**
>
> 你现在所在站的位置为：石马村，因村头一巨石形同石马而得名……
>
> **利用定位系统，APP手机语音导游指引**
>
> 你现在所前往的方向为：游客中心、竹韵商业街区、特色酒家……，您可以通过旅客中心前往格氏栲国家森林公园、桃源洞风景名胜区……
>
> **利用定位系统，APP手机语音餐饮介绍**
>
> 你现在所在位置为贡川土菜馆，这家土菜馆以贡鸡、贡笋为特色菜肴，您可以选用支付宝、微信进行支付……
>
> **利用定位系统，APP手机语音景点解说**
>
> 您现在所在位置为竹制品家具城，您选用的竹摇椅我们将由物流专车送至您家。司机姓名为……，属于……物流公司，手机号为……

图19.7 情景模拟示意图

在此过程中（图19.7），刘先生在满足自身消费需求的同时，政府通过商业税收、高速经营企业通过多元业务合作经营或销售提成、经营商户通过人流车流产生经营利润、农

户通过种养殖及农产品销售增收，都找到自身经营的价值点。高速公路服务区在此价值链条中发挥极为重要的核心纽带和推广平台作用（图 19.8），这亦是"高速公路服务区＋"经营模式的核心内涵。

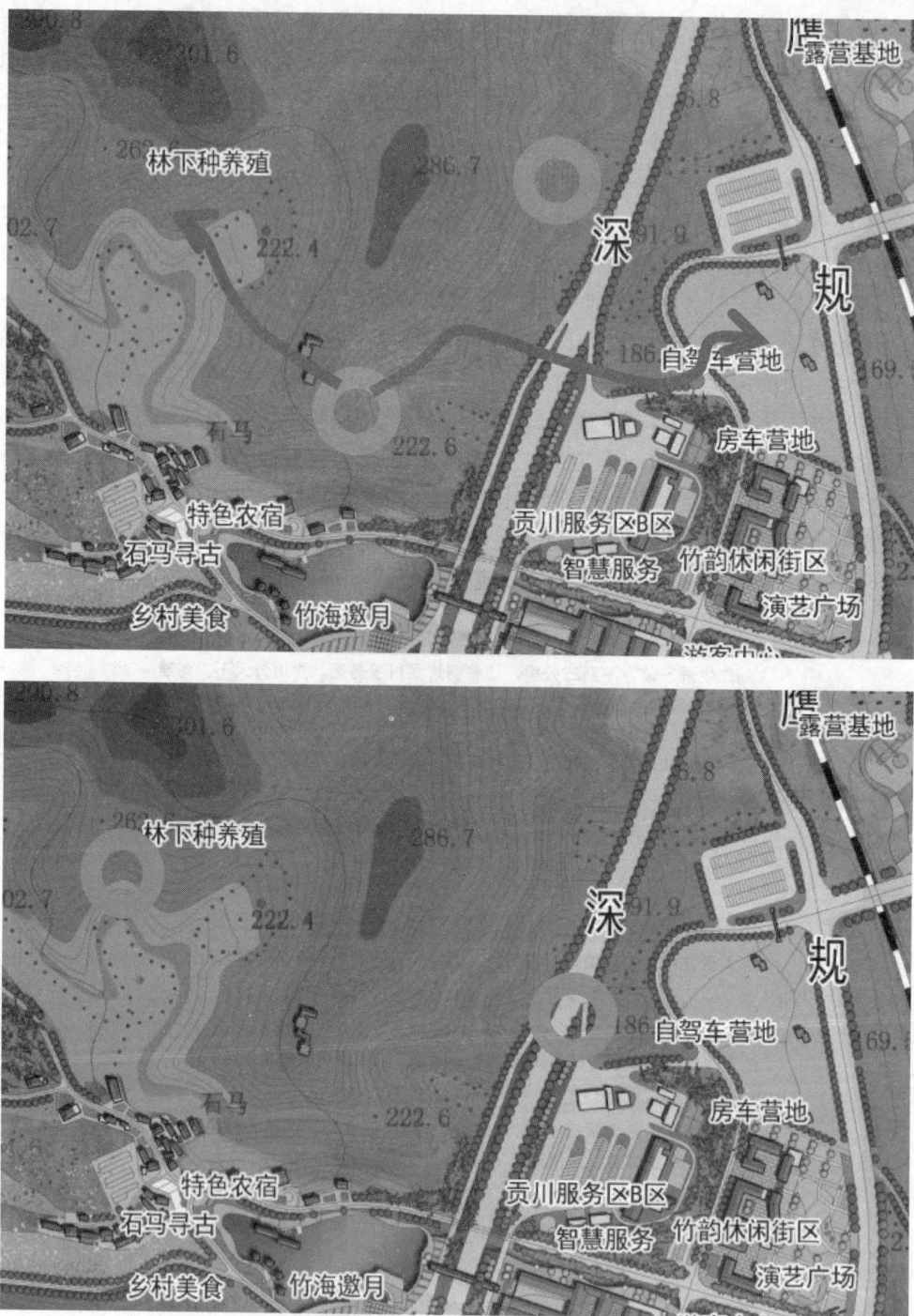

图 19.8　APP 电子地图示意图

第 20 章 项目建设指引与实施成效

20.1 运营模式

服务区的运营需要企业、政府、商户、农户共同参与。政府牵头引导，提供政策支持、项目扶持、消费引导；商户加盟，通过资本注入实现服务区创收，同时企业之间加强合作，加大资金投入、加快资金流动，使项目能平稳落地；最后农户入股，一方面提供土地支持，另一方面提供劳动力支持和项目支持（图 20.1）。

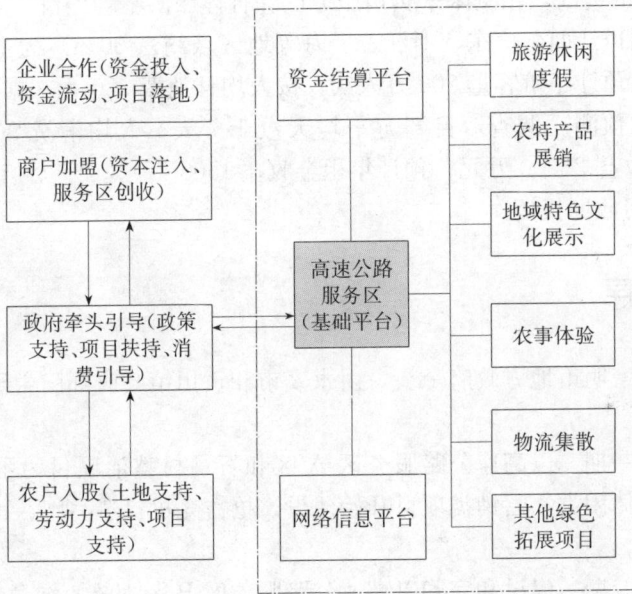

图 20.1 "高速公路服务区＋"绿色产业综合体运营模式

20.2 盈利模式

在总的盈利金额中，房屋租金和土地增值各占 30％，经营利润占 17％，利润分成占 9％，其他利润占 13％（图 20.2）。预计总投资约 102874.56 万元，其中：（1）土地征迁成本 1365.8 万元，此部分费用由政府出资，作为资金入股；（2）土地使用成本 4232 万元，此部分成本由社会化开发建设力量出资，取得所有权以后委托多方参股的投融资平台统一运营管理；（3）建设成本 80131 万元，其中村庄整治项目由农户或村集体自筹 70％，政府按 30％给予补贴，可作为资金入股。道路及基本市政配套建设由政府与高速公路按 4∶6 共同出资，作为基本的开发建设条件。建筑建设及核心区绿化景观由取得土地所有权的社会化开发建设力量出资，既有服务区提升工程由高速公路出资；（4）财务成本和未预见成本 17145.76 万元。成本分担采取 PPP 模式。其中政府出资占比 32.0%，约 32764.56 万元；农户或村集体出资占比 1.5%，约 1512 万元；社会化资本出资占比 42.0%，约 43838.4 万元；高速公司出资占比 24.5%，约 24759.6 万元。

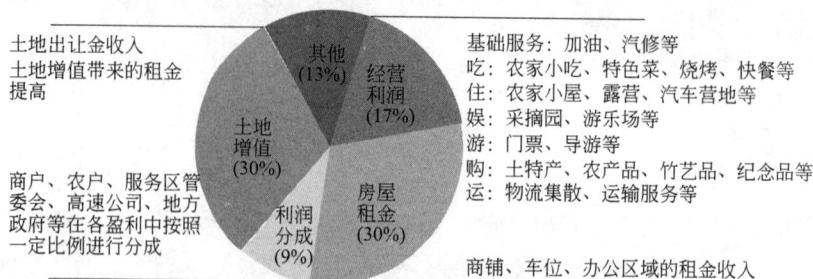

图 20.2 "高速公路服务区＋"绿色产业综合体盈利组成

根据过去五年的情况，预测未来贡川服务区综合体旅游平均停留 1 天、旅客来源以本省（占 60%）及周边江西、广东、浙江、上海等地区（约占 30%）为主，其余地方客流来源占 10%左右。预计年游客量 100 万人次，按人均日消费 280 元（据《2014-2015 年中国旅游发展分析与预测》调查，自驾游平均天数 1.7 天，人均消费 969 元；取 50%均值），预计年游客收益 28000 万元；预计年租金收益 1500 万元，所以预计总收益 29500 万元/年，8～10 年可收回投资。

20.3 开发时序

准备阶段 由三明市地方政府牵头，由永安市和贡川镇政府部门主导，成立项目推进协调小组。

2016～2017：一期 以高速公路服务区 A 区和石马村整治项目为示范和带动。从开发难度较小的农业休闲类、营销类项目开始建设，抢占先机打造品牌、扩大贡川服务区的知名度和影响力。

2017～2020：二期 建设和完善以高速公路服务区 B 区为核心绿色产业服务综合体，重点打造标杆项目。

2020～2025：三期 打造沙溪河景观带，扩展功能和用地空间，形成规模效益。

20.4 项目库

综合体项目库如表 20.1 所示。

"高速公路服务区＋"绿色产业综合体项目库　　　　　　　　　表 20.1

项目类型	项目名称				
综合类建设项目	旅游集散中心	特色展销中心	物流集散中心	智慧 APP	上跨廊桥
营销类建设项目	"贡系列"产品美食节	毛边纸生产工艺体验	竹笋挖掘活动体验	体验笋竹产品制作	参与竹业生产的传统劳作

项目类型	项目名称				
食住型旅游项目	丛林小筑	岩下人家	竹林小雅	主题餐厅	果蔬采摘园
娱乐型旅游项目	百林观鸟	竹海邀月	百竹园	田园风光	五彩梯田
	贡鸡鸡舍	竹林漫步	四季花海	贡竹印象	空中走廊
主题型旅游项目	汽车露营	真人CS野战	竹林迷宫	石马寻古	农趣体验

20.5 项目实施成效

1. 项目特色

项目以贡川服务区为平台,通过模式创新和资产融资,有效地实现了服务区"轻资产重模式"的转型升级。其中轻资产即"轻资产运营模式,就是将产品制造和零售分销业务外包,自身则集中于设计开发和市场推广等业务;市场推广主要采用产品明星代言和广告的方式"。"轻资产运营"模式可以降低公司资本投入,特别是生产领域内大量固定资产投入,以此提高资本回报率。而重模式主要表现为商业模式的创新,即"高速互联网+APP+城乡产业联动"模式。

2. 项目贡献

首先有效带动新农村建设并整合农业资源,推进一产组织再造,成为绿色现代农业发展标杆项目。其次有效促进和带动周边工业园区发展,推进二产创新改造,成为先进制造业基地建设的重要支撑。此外服务区建设形成旅游休闲、商贸展示和物流交易节点,推进三产业态创造,成为城市现代服务业集聚特色高地,并且依托"智慧服务区"建设,探索"互联网+传统产业"融合路径,推进互联网经济构造,建设创新发展新支点。

3. 实施效益

从经济效益方面来说,以服务区为平台,打造以高速公路服务区平台经济为依托的分享经济模式,拉动地方消费经济、拓展网络经济。

从环境效益来说,在尊重当地农民意愿的前提下,促进农村基础设施建设;科学规划,促进新农村建设、改善乡村环境。解决农村剩余劳动力,增加农民收入,改善农村产业结构,提高农民的文化水平,促进农村精神文明建设。

从社会效益方面来说,新型服务区模式实现了政府、企业和农民的有机结合,特色鲜明,具有较强的推广价值和较高的社会效益。其商业模式体现了"现代农业+文化+旅游"综合体模式。通过发掘高速人流及车流的流量资源,开发新的流量经济;文化搭台,经济唱戏,依托特色文化发掘,构筑全国唯一的竹文化休闲游胜地,与周边旅游景区联动发展,促进农副产品及竹制品产业销售。其经营模式打造了"文旅休闲游目的地+物流节点+集散中心",以高速路人流,形成文化展示平台,实现回头客的驻地休养旅游;以高速路车流(空载运力),构建高速物流节点,实现农副产品快捷物流;以高速公路信息流,构建互联网+APP,实现智慧旅游;以区域经济+高速路网,形成旅游集散中心,实现与周边旅游景点协同发展。最后,其运营模式反映了"互联网+APP"的"O2O"模式。一方面三明高速牵头成立综合体管理公司,获得省上(福建高速公司)支持,争取地方政府配合,吸引社会资本的多方参与;另一方面运用互联网+APP的模式,走线上营销,线下体验。

20.6 规划建议

1. 各级政府政策支持

争取获得三明市、永安市和贡川镇等各级政府的各部门关于推进"服务区＋绿色产业服务综合体项目"的支持（图20.3）。从土地供给、产业对接、财税支持等多个方面获得地方政府发展支持，实现资源共享，确保规划区用地指标的划拨、产业和产品展销的发展基础，为项目入驻提供良好的政策和发展环境。

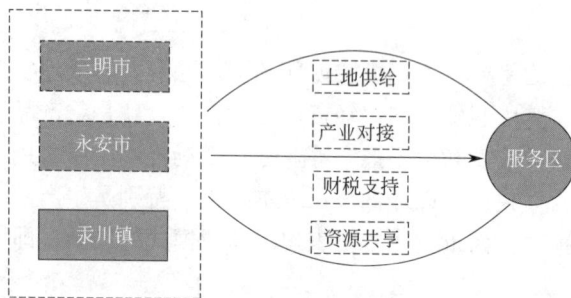

图20.3 高速公路"服务区＋"绿色产业综合体政府支持图示

2. 规划先行，分步实施

从战略高度谋划服务区及周边地区的发展出路，制定整体的发展规划和目标，协调规划区内产业发展和功能布局，同步进行智慧化规划。成立专门的项目小组或机构，统一负责推进服务区＋绿色产业服务综合体项目的推进和实施。规划实施分三步走，第一步推进基础设施和智慧化建设，促进新农村建设；第二步加强与地方产业融合，推动具体开发项目落地；第三步逐步完善运行机制，全面开发并行成规模效益。

3. 上级政策、资金、配套设施

向福建省委、省政府、交通运输厅、省旅游局争取提升高速公路服务区服务质量、拓展多元化经济、开展旅游休闲驿站建设、开发无污染、无公害的绿色新兴产业的政策、资金扶持和相关配套设施建设。同时，创新融资模式，拓宽融资渠道，在政府专项资金的基础上，引入优质企业及社会投资，保证项目的有效推进。

4. 模式复制

服务区建设将与地方政府、职能部门、旅游企业、物流企业、景区、学校、互联网公司建立战略同盟的合作关系，采用"服务区＋多元化产业合作经营同盟＋农户加盟"成立实体经营公司的模式，吸收优质企业的管理经验、人才、资金，共同打造服务综合体产业体系。服务区建设从传统的1.0模式转向2.0模式。同时，服务区在业务系统的支持下，也可以实现轻资产盈利模式，成本支出只涉及购置土地和建设经营场所的费用，其他固定资产投资及运营成本则由合作企业负担，服务区通过收取土地、营业场所租金及共享顾客资源获利，合作企业则通过其提供的产品或服务获利，同时服务业还可以实现分享合作企业的利润等其他模式获取利润。这种全新的服务区建设模式可复制且发展潜力巨大，将以贡川服务区为示范点，逐步向全省、全国推广。